Rudolf Steiner Taschenbücher aus dem Gesamtwerk

Rudolf Steiner

Der Entstehungsmoment der Naturwissenschaft in der Weltgeschichte

und ihre seitherige Entwickelung

Ein Vortragskurs
gehalten in Dornach 1922/23

RUDOLF STEINER VERLAG
DORNACH/SCHWEIZ

Nach vom Vortragenden nicht durchgesehenen Nachschriften
herausgegeben von der Rudolf Steiner-Nachlaßverwaltung

Ungekürzte Ausgabe nach dem gleichnamigen Band
der Rudolf Steiner Gesamtausgabe
Bibliographie-Nr. 326, ISBN 3-7274-3260-8
3. Auflage Dornach 1977

Taschenbuchausgabe
1.–10. Tsd. Dornach 1981

Bestell-Nr. tb 6320

Signet auf Umschlag und Titelseite von Rudolf Steiner

Gesamtherstellung Clausen & Bosse, Leck

ISBN 3-7274-6320-1

INHALT

ERSTER VORTRAG

Dornach, 24. Dezember 1922

Meine sehr verehrten Anwesenden und lieben Freunde! Sie haben sich auch von auswärtigen Orten hier zu diesem Weihnachten zusammengefunden, um innerhalb des Goetheanums einiges zu arbeiten und zu verarbeiten, das auf dem Gebiete der Geisteswissenschaft liegt, und ich möchte Ihnen beim Ausgangspunkte unserer betrachtenden Arbeiten, insbesondere den von auswärts hergekommenen Freunden oder Interessenten unserer Sache einen herzlichsten Gruß, einen herzlichsten Weihnachtsgruß entgegenbringen. Dasjenige, was ich selbst, durch die mannigfaltigsten Arbeiten in Anspruch genommen, gerade in der gegenwärtigen Zeit werde bieten können, werden ja nur Anregungen nach der einen oder anderen Richtung sein können. Allein dasjenige, was sich neben solchen Anregungen, die durch meine und anderer Vorträge kommen sollen, ergeben möchte, das ist ja ein zusammenstimmendes Fühlen und Denken derjenigen Persönlichkeiten, die sich innerhalb unseres Goetheanums finden. Und so darf ich wohl hoffen, daß diejenigen Freunde, die immer oder wenigstens längere Zeit hier am Goetheanum verweilen, und mit demselben in irgendeiner Weise dauernd verbunden sind, in Herzlichkeit entgegenkommen denjenigen, welche von auswärts hergekommen sind. Denn in diesem harmonischen Zusammenarbeiten, Zusammendenken und Zusammenfühlen soll sich ja dasjenige entwickeln, was gewissermaßen als die Seele aller Arbeit am Goetheanum dastehen soll, das Erkennen, das Erfühlen des geistigen Webens und Wesens der Welt, das Wirken aus diesem geistigen Wesen und Weben der Welt heraus. Und je mehr das Realität wird, was uns als Ideal voranleuchten muß, daß das Nebeneinanderhergehen der einzelnen Interessenten der anthroposophischen Weltanschauung auch ein wirkliches gesellschaftliches Zusammen- und Ineinanderwirken werde, desto mehr kann das wirklich zutage treten, was hier zutage treten soll.

Im Hinblick auf diese Hoffnungen, meine sehr verehrten Anwesenden, heiße ich alle diejenigen, die von auswärts herbeigekommen sind, diejenigen, die hier dauernder mit dem Goetheanum verbunden sind, auf das Allerherzlichste willkommen.

Dasjenige, was ich in diesen Kursvorträgen an einzelnen Anregungen werde zu geben versuchen, hängt scheinbar zunächst nicht mit dem Weihnachtsgedanken und den Weihnachtsempfindungen zusammen; aber innerlich, meine ich, hängt es doch zusammen. Streben wir ja doch innerhalb alles desjenigen, was aus dem Goetheanum heraus erarbeitet werden soll, zu einer gewissen Neugeburt, einer geistigen Erkenntnis, eines dem Geiste geweihten Fühlens, eines aus dem Geiste heraus getragenen Wollens. Und das ist, wenn auch in einem späteren Abglanz, ja auch in gewissem Sinne die Geburt eines Übersinnlich-Geistigen und symbolisiert in realem Sinne den Weihnachtsgedanken, die Geburt jenes Geistwesens, das eine Neubefruchtung aller Menschheitsentwickelung auf Erden hervorgebracht hat. Und so möchte ich dennoch diese Betrachtungen als mit dem Charakter einer Weihnachtsbetrachtung ausgestattet sehen.

Wenn das Thema gerade den Entwickelungsmoment herausarbeiten soll, in dem die naturwissenschaftliche Denkungsart in die moderne Menschheitsentwickelung eingetreten ist, so widerspricht das nicht der Intention, die ich eben geäußert habe, denn wer sich erinnert an dasjenige, was ich vor jetzt schon vielen Jahren dargestellt habe in meinem Buche: «Die Mystik im Aufgange des neuzeitlichen Geisteslebens und ihr Verhältnis zur naturwissenschaftlichen Vorstellungsart», der wird sich schon sagen können, daß für mich dasjenige gilt, was ich nennen möchte das Schauen des Embryonallebens einer neuen Geistigkeit in der Hülle naturwissenschaftlicher Vorstellungsarten. Meine Meinung muß sein aus der sachlichen Betrachtung heraus, daß der naturwissenschaftliche Weg, den die neuere Menschheit gegangen ist, wenn er richtig verstanden ist, kein irrtümlicher ist, sondern ein richtiger, daß er aber, wenn er richtig angesehen wird, den Keim einer neuen Geist-Erkenntnis und einer neuen geistigen Willenstätigkeit in sich trägt. Und von diesem Gesichtspunkte aus möchte ich auch diese Vorträge halten. Sie sollen nicht gehalten werden etwa, um eine Gegnerschaft gegenüber der Naturwissenschaft zu betonen, sie sollen gehalten werden gerade zu dem Ziel und aus der Intention heraus, aus der fruchtbaren naturwissenschaftlichen Forschungsart der neueren Zeit Keime zu einem Geistesleben zu finden. Es wurde dies ja von mir zu den verschiedensten Zeiten auf die verschiedenste Weise gesagt. Und einzelne Vorträge, die ich auf verschiedenen Gebieten des naturwissenschaftlichen Denkens gehalten habe, zeigen auch in Einzelheiten den Weg, den ich mehr im großen durch diese Vorträge charakterisieren will.

Wer den eigentlichen Sinn der naturwissenschaftlichen Forschungen der neueren Zeit mit der dahinterstehenden oder wenigstens dahinter möglichen menschlichen Denkweise kennenlernen will, der muß schon um einige Jahrhunderte zurückgehen. Denn man kann leicht das innere Wesen der naturwissenschaftlichen Vorstellung verkennen, wenn man es nur aus der unmittelbaren Gegenwart auffassen will. Man lernt dieses wirkliche Wesen der naturwissenschaftlichen Forschung nur kennen, wenn man das Werden derselben durch einige Jahrhunderte verfolgt. Und wir werden, wenn wir ein solches Verfolgen suchen, zurückgewiesen zu einem Zeitpunkte, der von mir oftmals als ein wichtiger in der ganzen neueren Entwickelung der Menschheit gekennzeichnet worden ist, wir werden in das 14., 15. Jahrhundert zurückgewiesen, in jene Zeit, in welcher ein ganz andersgeartetes menschliches Vorstellen, das noch das Mittelalter hindurch tätig ist, abgelöst wird durch die erste Morgendämmerung desjenigen Denkens, in dem wir heute voll drinnenstehen. Und es begegnet uns in dieser Morgendämmerung der neueren Zeit beim Rückblick eine Persönlichkeit, an der wir gewissermaßen alles sehen können, was Übergang ist aus einer früheren Denkweise in eine spätere, es begegnet uns in dieser Morgendämmerung, in der aber noch vieles lebt von Erinnerungen an dasjenige, was vorangegangen ist, *Nikolaus Cusanus,* der auf der einen Seite der große Kirchenmann war, der auf der anderen Seite einer der größten Denker aller Zeiten war. Und es begegnet uns in diesem Kardinal Nikolaus Cusanus, der als der Sohn eines Schiffers und Winzers im westlichen Deutschland 1401 geboren ist, der 1464 als ein verfolgter Kirchenmann gestorben ist, es begegnet uns in ihm eine Persönlichkeit, die wahrscheinlich sich selbst außerordentlich gut verständlich war, die aber in einer gewissen Beziehung dem nachherigen Beobachter für das Verständnis außerordentliche Schwierigkeiten macht.

Der spätere Kardinal Nikolaus Cusanus ist also als der Sohn eines Winzers und Schiffers in der Rheingegend im westlichen Deutschland geboren. Er erhielt seine erste Erziehung in jener Gemeinschaft, die den Namen erhalten hat «Die Brüder vom gemeinsamen Leben». Da nimmt er seine ersten Jugendeindrücke auf. Diese Jugendeindrücke sind sonderbarer Art. Gewiß lebte wohl schon in dem Knaben Nikolaus etwas von einem menschlichen Ehrgeiz, der aber gemildert war durch eine außerordentlich geniale Begabung im Überschauen desjenigen, was in der Wirklichkeit des sozialen Lebens, also der sozialen Gegenwart des Nikolaus Cusanus notwendig war. Die Brüder des gemeinsamen Lebens waren eine Gemeinschaft, in der sich zusammengefunden haben solche Leute, die aus dem Innersten ihres Gemütes heraus unzufrieden waren sowohl mit den Kircheninstitutionen, wie auch mit demjenigen, was ja damals mehr oder weniger in der Kirche in Opposition gegen dieselbe darinnen stand; welche unzufrieden waren auch mit Mönchtum und Ordenswesen.

Die Brüder vom gemeinsamen Leben waren in einer gewissen Weise mystische Revolutionäre. Sie wollten alles dasjenige, was sie als ihr Ideal ansahen, eigentlich nur erreichen durch die Verinnerlichung eines friedvollen und in menschlicher Brüderlichkeit vollbrachten Lebens. Sie wollten nicht eine auf Gewalt begründete Herrschaft, wie sie die äußere Kirche hatte und damals wahrlich in keiner sympathischen Gestalt verwirklichte. Sie wollten aber auch nicht weltfremd werden wie die Angehörigen des Mönchtums. Sie hielten sehr auf äußere Sauberkeit, sie hielten darauf, daß ein jeglicher von ihnen seine Pflicht im äußeren Leben, in den Einzelheiten des Berufes, innerhalb welchem er stand, erfüllte, treu und fleißig erfüllte. Sie wollten sich nicht von der Welt zurückziehen, sie wollten sich nur in einem der wirklichen Arbeit gewidmeten Leben jeweilig zurückziehen in die Tiefen ihrer Seelen, um neben der äußeren Lebenswirklichkeit, die sie als volle Lebenspraxis anerkannten, Tiefe und Innerlichkeit eines religiös-geistigen Empfindens finden zu können. Und so war diese Gemeinschaft eine solche, welche vor allen Dingen menschliche Eigenschaften als die Atmosphäre ausbildete, in welcher eine gewisse Gottinnigkeit und Geistinnigkeit leben sollte. In Deventer in Holland wurde Nikolaus

Cusanus innerhalb dieser Gemeinschaft erzogen. Die anderen Angehörigen, wenigstens die meisten dieser Gemeinschaft der Brüder des gemeinsamen Lebens, waren zumeist solche Leute, welche eben in engumschränkten Kreisen ihre Pflichten vollführten und dann, man möchte sagen, im stillen Kämmerlein ihren Weg zu Gott und zur geistigen Welt suchten.

Nikolaus war eine Natur, welche veranlagt war dazu, sich hinzustellen und Organisation unter den Menschen im sozialen Leben durch die Kraft seiner Erkenntnis, durch die Kraft seines aus der Erkenntnis herausquillenden Willens zu verwirklichen. Und so fügte bald der innere Drang, der in Nikolaus von Kues veranlagt war, zu der Innigkeit des Bruderlebens das Bestreben, in einem größeren Maße, in einem stärkeren Maße in die Welt hinaustreten zu können. Das wurde ihm zunächst dadurch, daß er die Rechtswissenschaft studierte. Nur muß bedacht werden, daß in der damaligen Zeit, in der ersten Hälfte des 15. Jahrhunderts, die einzelnen Wissenschaften viel mehr Berührungspunkte miteinander hatten, als das später oder gar in unserer Zeit der Fall war und ist. So übte Nikolaus Cusanus eine Zeitlang die Rechtspraxis aus. Allein gerade die Zeit, in der er lebte, war ja eine solche, in der ein Chaotisches im sozialen Leben sich in alle Kreise hinein erstreckte. Und so wurde er bald der Rechtspraxis überdrüssig und ließ sich als Priester der katholischen Kirche einkleiden. Er war dasjenige, was er jeweilig geworden war, ganz. Und so war er auch jetzt ganz Priester der damaligen Papstkirche. Er wirkte so auf den verschiedenen geistlichen Stellen, die ihm anvertraut wurden, er wirkte aber insbesondere so auf dem Konzil zu Basel. Da stellte er sich an die Spitze der Minorität, jener Minorität, welche eigentlich zuletzt das Bestreben hatte, die absolute Macht des päpstlichen Stuhles aufrechtzuerhalten. Die Majorität, die zum größten Teil aus Bischöfen und Kardinälen des Westens bestand, sie strebte, ich möchte sagen, eine mehr demokratische Art der Kirchenverwaltung an. Der Papst sollte den Konzilien unterstellt werden. Es führte das ja zu der Spaltung des Konzils. Diejenigen, die Anhänger des Nikolaus Cusanus waren, verlegten den Konzilssitz nach dem Süden; die anderen blieben in Basel, stellten einen Gegenpapst auf. Aber Nikolaus blieb fest in seiner Verteidigung des absoluten Papsttums. Man kann sich, wenn man genügend Einsicht hat, wohl vorstellen, welche Empfindungen Nikolaus Cusanus dazu drängten, man kann sich vorstellen, wie er sich sagte: Dasjenige, was heute aus einer Mehrheit herauskommen kann, das kann doch nur gewissermaßen eine etwas sublimierte Art des allgemeinen Chaos werden, das wir schon haben. Dasjenige, was er wollte, war eine feste Hand, um Organisation und Ordnung herbeizuführen. Er wollte allerdings die Taten dieser festen Hand durchdrungen haben von Einsicht, aber er wollte doch diese feste Hand. Und diese Forderung machte er auch geltend, als er später, nach Mitteleuropa geschickt, für die Befestigung der Papstkirche eintrat. So ward er eigentlich, man möchte sagen, mit Selbstverständlichkeit dazu bestimmt, ein Kardinal der damaligen Papstkirche zu werden.

Ich sagte vorher, es ist etwas Merkwürdiges, daß wahrscheinlich Nikolaus sich selber sehr gut verstanden hat, daß aber der nachherige Beobachter Schwierigkeiten hat im Verständnis dieser Persönlichkeit. Das wird uns besonders klar, wenn wir nun den Verteidiger des absoluten Papsttums überall herumziehen sehen und in ihm finden – wenigstens wenn wir die Worte unmittelbar nehmen, die er gesprochen hat – einen fanatischen Verteidiger dieser päpstlich gefärbten Christenheit des Abendlandes, zum Beispiel gegen die hereinbrechende Türkengefahr der damaligen Zeit. Und es waren flammende Worte auf der einen Seite, die der dazumal schon im Heimlichen wahrscheinlich zum Kardinal ernannte Nikolaus Cusanus sprach gegen die Ungläubigen, flammende Worte, mit denen er aufforderte die europäische Zivilisation, Front zu machen gegen dasjenige, was von Asien herüberkam als Türken. Aber es wirkt wieder merkwürdig, wenn wir auf der anderen Seite eine Schrift von Nikolaus Cusanus in die Hand nehmen, die wahrscheinlich mitten in diesen fanatischen Kämpfen, die er gegen die Türken führte, entstanden ist, so daß wir uns vorstellen können: Da predigt Nikolaus Cusanus in der flammendsten Weise gegen die herandrängende Türkengefahr und stachelt die Gemüter auf, gegen diese Türkengefahr sich zu richten, Europas Zivilisation zu retten. Dann setzt er sich an den Schreibtisch hin und schreibt nieder eine Abhandlung darüber, wie im Grunde genommen Christen und Juden und Heiden und Mohammedaner alle, wenn man sie nur richtig versteht, erzogen werden können zu friedevollem Zusammenwirken, zu der Verehrung und Erkenntnis des einen, allmenschlichen Gottes, wie im Grunde genommen im Christen, Juden, Mohammedaner und Heiden ein Gemeinsames lebt, das nur herausgefunden zu werden braucht, um Friede unter allen Menschen zu stiften. Und so sehen wir ausfließen in der stillen Kammer dieser Persönlichkeit die friedevollste Stimmung gegenüber allen Religionen und Konfessionen, und wir sehen oder hören, wenn sie öffentlich spricht, die fanatischsten Worte, die zum Kampf auffordern.

Das sind solche Dinge, die es schwierig machen, eine Persönlichkeit wie Nikolaus Cusanus zu verstehen. Allein derjenige muß sie verstehen, der wirklich mit einsichtigem Blicke in die Zeit hineinschaut. Und man wird sie am leichtesten verstehen, wenn man sie herausversteht aus dem ganzen Gang der inneren Geistesentwickelung ihres Zeitalters. Wir wollen nicht kritisieren, wir wollen zunächst diesen äußeren, in sprudelnder Tätigkeit begriffenen Mann, der also wirkte, wie ich es geschildert habe, anschauen nach der einen Seite, und wollen jetzt einmal anschauen, was in seiner Seele lebte, wollen die zwei Seiten einfach nebeneinanderstellen.

Was in der Seele des Nikolaus Cusanus vorging, man kann es am besten beobachten, wenn man die Stimmung dieser Persönlichkeit studiert, in der sie war, als er zurückkehrte von einer Mission, die er im Auftrage des Papsttums in Konstantinopel auszuführen hatte, wo er zu wirken hatte für die Versöhnung der abendländischen und morgenländischen Kirche. Auf der Rückfahrt, als er auf dem Schiffe ist, im Anblicke des gestirnten Himmels, geht ihm auf der Grundgedanke, man könnte auch sagen, das Grundgefühl jener Schrift, die er dann 1440 veröffentlichte unter dem Titel: «De docta ignorantia» – Von der gelehrten Unwissenheit. – Welche Stimmung lebt sich in dieser «docta ignorantia» aus? Nun, der Kardinal Nikolaus Cusanus hat natürlich längst aufgenommen in seiner Seele alles dasjenige, was durch das Mittelalter hindurch an Geist-Erkenntnis getrieben worden ist. Der Kardinal Nikolaus Cusanus war wohl bewandert in alledem, was der wiedererstandene Platonismus und auch der wiedererstandene Aristotelismus im Mittelalter erarbeitet hatten. Der Kardinal Nikolaus Cusanus war natürlich tief bekannt mit alldem, wie zum Beispiel Thomas Aquinas gesprochen hat über geistige Welten eben so, wie wenn es den Menschenbegriffen das Natürlichste wäre, von der Sinneserkenntnis zur Geist-Erkenntnis aufzusteigen. Der Kardinal Nikolaus Cusanus verband mit alldem, was mittelalterliche Theologie war, eine gründliche Kenntnis desjenigen, was in der damaligen Zeit an mathematischen Erkenntnissen den Menschen zugänglich war. Nikolaus war ein außerordentlich guter Mathematiker, so daß sich das Gefüge seiner Seele zusammensetzte auf der einen Seite aus dem Bestreben, durch die theologischen Grundbegriffe sich zu erheben zu jener Geistwelt, die als göttliche sich dem Menschen offenbart; auf der anderen Seite lebte in dieser Seele alles dasjenige, was an innerer Denkdisziplin, an innerer Denkstrenge und auch an innerer Denksicherheit dem Menschen wird, wenn er sich in das mathematische Gebiet vertieft.

So war auf der einen Seite Nikolaus ein inniger und auf der anderen Seite ein sicherer Denker. Im Anblick des gestirnten Himmels, als er von Konstantinopel herüberfuhr nach dem mehr westlichen Europa, da löste sich dasjenige, was bisher in der charakterisierten Zweiheit dahinfloß, dasjenige, was bisher in seiner Seele als Stimmung gelebt hatte, in das Folgende. Er empfand von dieser Fahrt an die Gottheit als etwas außerhalb des menschlichen Begriffs- und Ideenwissens Liegendes. Er sagte sich: Mit unserem Begriffs- und Ideenwissen können wir hier auf Erden leben, wir können uns mit unserer Erkenntnis durch diese Begriffe und Ideen ausbreiten über dasjenige, was uns in den Reichen der Natur umgibt. Aber diese Begriffe werden lahmer und immer lahmer, wenn wir den Blick hinaufwenden wollen zu demjenigen, was sich als Göttliches offenbart. Und dasjenige, was in der Scholastik zwischen der menschlichen Erkenntnis und der Offenbarung als ein Abgrund sich aufgetan hatte aus einem ganz anderen Gesichtspunkte heraus, das wurde bei Nikolaus innerste Seelenstimmung, persönlichste Herzensangelegenheit. Er hat wohl oftmals in seiner Seele diesen Ausblick getan und in Gedanken den Weg gemacht, wie der Gedanke sich zuerst erstreckt über dasjenige, was uns in dem Reiche der Natur umgibt, wie der Gedanke dann sich erheben will von diesem

Reiche der Natur zur Göttlichkeit der Gedanken, wie er da immer dünner und dünner wird und endlich vollständig in Nichts zerflattert und nun weiß: Jenseits dieses Nichts, in das er als Gedanke zerflattert ist, liegt nun erst die Gottheit. Und nur wenn der Mensch in inniger Liebe, die er abseits von gedanklichem Leben entwickelt, den Weg, den dieser Gedanke im Blicke durchmacht, noch ein wenig weiter machen kann, wenn die Liebe einen Vorsprung gewinnt über den Gedanken, dann kann diese Liebe sich hineinerstrecken in dasjenige Gebiet, wohin das Gedankenwissen nicht reicht. Und so wurde es Nikolaus Cusanus eine Herzensangelegenheit, hinzuweisen auf das eigentlich göttliche Gebiet als auf dasjenige, vor dem der menschliche Gedanke erlahmt, vor dem das menschliche Wissen in Nichts zerflattert: docta ignorantia – gelehrte Unwissenheit. Und wenn die Gelehrsamkeit, wenn das Wissen, so sagte sich Nikolaus Cusanus, im edelsten Sinne die Gestalt annimmt, daß es sich selber aufgibt in dem Momente, wo es den Geist erreichen will, dann wird dieses Wissen das Beste, dann wird es docta ignorantia. Und aus dieser Stimmung heraus veröffentlichte Nikolaus Cusanus 1440 eben seine «Docta ignorantia».

Wenden wir jetzt den Blick ein wenig von Nikolaus Cusanus ab und gehen wir in das einsame Kämmerlein eines dem Nikolaus Cusanus vorangehenden mittelalterlichen Mystikers. Ich habe ihn in meinem Buche über Mystik geschildert, soweit er für Geisteswissenschaft eben wichtig ist. Gehen wir in das Kämmerlein des *Meisters Eckhart* hinein. Wir stehen dann vor derjenigen Persönlichkeit, welche von der äußeren Kirche als Ketzer erklärt worden ist. Man kann die Schriften des Meisters Eckhart in der mannigfaltigsten Art durchlesen und sich an der Innigkeit dieser Eckartschen Mystik erfreuen. Aber man wird vielleicht am tiefsten ergriffen, wenn man öfter wiederkehrend zu einer Grundstimmung der Seele bei dem Meister Eckhart kommt. Ich möchte diese Grundstimmung also charakterisieren: Auch der Meister Eckhart, früher als Nikolaus Cusanus, ist durchdrungen von dem, was christliche Theologie des Mittelalters als Aufstieg zur Gottheit, zur geistigen Welt sucht. Wir können, wenn wir die Schriften des Meisters Eckhart studieren, in vielen Wendungen die thomistischen Wendungen wieder erkennen. Aber immer verfällt, indem sich die Seele dieses

Meisters aus dem theologischen Denken heraus hingibt solchem Aufschwung nach der eigentlichen Geisteswelt, mit der aber diese Seele sich verbunden fühlt, immer verfällt diese Seele darauf, sich zu sagen: An dasjenige, was mein Innerstes ist, der göttliche Funke in meinem Innersten, an das komme ich mit all diesem Denken, mit all dieser Theologie nicht heran. Dieses Denken, diese Theologie, diese Ideen, sie geben mir da ein Etwas und da ein Etwas und da ein Etwas; überall dieses oder jenes Etwas. Aber nichts von allen diesen Etwas ist etwas, das ähnlich ist dem, was in meinem eigenen Inneren als der geistgöttliche Funke ist. Und so bin ich herausgeworfen aus alledem, was meine Seele mit Gedanken, was meine Seele zunächst auch mit Gefühlen und Erinnerungen erfüllt, aus allem Weltwissen, das ich bis in die höchsten Stufen aufnehmen kann. So bin ich herausgeworfen aus alledem, wenn ich das tiefste Wesen meiner Eigenheit suchen will. Ich bin in nichts, wenn ich dieses tiefste Wesen meiner Eigenheit suchen will. Ich habe gesucht und gesucht. Ich bin sie durchgegangen, diese Wege, die mir Ideen, die mir aus der Welt herausgeholte Empfindungen zuführen, und ich suchte auf diesen Wegen, auf denen ich ja vieles fand, mein Ich. Und auf dieser Suche nach dem Ich bin ich, ehe ich dieses Ich gefunden habe, welches zu suchen mich alles in den Reichen der Natur anleitete, in das «Nichts» gefallen.

Und so fühlte sich der Meister Eckhart bei seinem Suchen nach dem Ich in das Nichts hineingefallen. Und aus diesem Gefühle heraus tönt ein Wort dieses mittelalterlichen Mystikers, das das Herz, das die Seele tief, tief berührt. Es ist das: Und ich versenke mich in das Nichts der Gottheit und bin ewiglich durch dieses Nichts, durch dieses Nicht ein Ich. Ich versenke mich in das Nichts der Gottheit und werde in dem Nicht ein Icht, ein Ich. Ich muß mir in Ewigkeit aus dem «Nicht» der Gottheit das Ich holen. In aller Stille tritt uns bei diesem Mystiker ein gewaltiges Wort entgegen. Und warum ertönte in der innersten Herzenskammer dieses Mystikers dann, wenn er aus dem Weltsuchen heraus in das Ich-Suchen hineinkommen wollte, dieser Drang nach dem Nicht, in dem Nicht das Ich zu finden, warum? Ja, gehen wir zurück in frühere Zeiten, dann finden wir, daß in aller Erkenntnis der früheren Zeiten beim Hineinschauen in die Seele lebte die Möglichkeit, daß dieser Innenschau von innen entgegenleuchte Geist. Das war noch die Erbschaft aus uralter Pneumatologie, von der hier noch zu sprechen sein wird. Wenn zum Beispiel, sagen wir, *Thomas Aquinas* hineinschaute in die Seele, so fand er innerhalb dieser Seele Geistiges webend und lebend. Nicht in der Seele selbst, aber in dem, was als Geistiges in der Seele webt und lebt, suchte Thomas von Aquino, suchten seine Vorgänger das eigentliche Ich. Sie blickten durch die Seele zum Geist, und im Geiste fanden sie das Ich als das ihnen gottgegebene Ich. Und sie sagten, wenigstens hätten sie es immer sagen können, wenn sie es auch nicht immer ausgesprochen haben, sie sagten: Ich dringe in das Innere meiner Seele, schaue in den Geist und finde in dem Geist das Ich. – Aber das war in der Menschheitsentwickelung geschehen, daß sie bei ihrem Fortschritt hin nach dem Reiche der Freiheit die Fähigkeit verloren hatte, beim Nach-innen-Schauen den Geist zu finden.

Noch nicht so wie der Meister Eckhart hätte etwa *Johannes Scotus Erigena* sprechen können. Johannes Scotus Erigena hätte eben gesagt: Ich blicke in mein Inneres. Wenn ich die Wege durchmessen habe, die mich durch die Reiche der Außenwelt geführt haben, entdecke ich in meinem Inneren, in meiner Seele den Geist und finde dadurch das die Seele durchwebende und durchlebende Ich. In die Gottheit als Geist versenke ich mich und finde Ich. – Es war einfach Menschenschicksal, daß derselbe Weg, der in früheren Jahrhunderten noch für die Menschheit gangbar war, eben nicht mehr gangbar war zur Zeit des Meisters Eckhart. Indem der Meister Eckhart dieselben Wege ging wie Johannes Scotus Erigena oder auch nur dieselben Wege wie Thomas von Aquino, versenkte er sich nicht in Gott den Geist, er versenkte sich in das Nicht der Gottheit und mußte aus dem Nicht das Ich herausholen. Das aber heißt nichts Geringeres, als: Die Menschheit hat bei der Innenschau den Ausblick nach dem Geist verloren. Und der Meister Eckhart holt aus der tiefen Innigkeit seines Herzens heraus aus dem Nicht das Ich. Und sein Nachfolger, Nikolaus Cusanus, gesteht mit aller Bestimmtheit ein: Alles dasjenige, was uns an Gedanken und Ideen die Wege leitet bei dem vorherigen Suchen, es erlahmt, es wird zunichte, wenn man das Geistgebiet betreten will. Die Seele hat die Möglichkeit verloren, in ihrem Inneren das Geistgebiet zu finden. Und Nikolaus Cusanus sagt sich: Wenn ich empfinde all dasjenige, was mir Theologie geben kann, so werde ich hineingebracht in dieses Nichts des menschlichen Denkens, und ich muß mich vereinigen mit dem, was in diesem Nichts lebt, um in der docta ignorantia das Erleben des Geistes erst haben zu können. – Dann aber läßt sich dieses Wissen, dieses Erkennen ja nicht aussprechen. Dann muß der Mensch ja verstummen, wenn er auf dem Punkte angelangt ist, in dem sich durch docta ignorantia das Erleben des Geistigen ergibt zunächst.

Nikolaus Cusanus ist also derjenige, der die Theologie des Mittelalters in seiner eigenen persönlichen Entwickelung an ihrem Ende empfindet und einläuft in die docta ignorantia. Aber er ist zugleich ein sicherer Mathematiker. Er hat die innere Denkstrenge in sich aufgenommen, welche aus der Beschäftigung mit dem Mathematischen herkommt. Aber ich möchte sagen: er ist innerlich scheu davor geworden, dasjenige, was er an solcher mathematischer Sicherheit in seiner Seele aufgenommen hat, anzuwenden da, wo sich ihm die docta ignorantia ergeben hatte. Er versucht mit allerlei mathematischen Symbolen und Formeln sich zaghaft symbolisierend zu nähern dem Gebiete, in das er durch seine docta ignorantia geführt wird. Aber er ist sich immer bewußt: Das sind Symbole, die mir die Mathematik liefert. Diese Mathematik habe ich mir in meiner Seele errungen. Sie ist mir als das Letzte geblieben aus dem alten Wissen. Ihre Sicherheit kann ich nicht so bezweifeln wie die Sicherheit der Theologie, denn ich erlebe die mathematische Sicherheit, indem ich Mathematik in mir aufnehme. – Aber zu gleicher Zeit ist die andere Last in ihm so schwer geworden, die sich ihm aus der Nullität der Theologie ergeben hatte, daß er sich nicht getraut, die mathematische Sicherheit anders als in Symbolen auf das Gebiet der docta ignorantia anzuwenden. Damit schließt eine Epoche der menschlichen Denktätigkeit. Nikolaus Cusanus ist fast schon so in seiner inneren Seelenstimmung Mathematiker, wie später Cartesius, aber er wagt es nicht, dasjenige, was sich ihm so charakterisiert hatte, wie er es in seiner Docta ignorantia dargestellt hat, in mathematischer Sicherheit zu ergreifen. Er empfand gewissermaßen, wie sich das Geistgebiet von der Menschheit zurückgezogen hatte, wie es immer mehr und mehr in Fernen hin entschwunden ist, wie es nicht zu erlangen ist mit dem menschlichen Wissen, wie man unwissend werden muß im allerinnersten Sinne, um in Liebe sich zu vereinigen mit diesem Geistgebiete.

Diese Stimmung strömt aus von demjenigen, was man herauslesen kann aus der 1440 erschienenen «Docta ignorantia» von Nikolaus Cusanus. Die Menschheit der abendländischen Zivilisation hatte sich gewissermaßen so entwickelt, daß sie einstmals glaubte, das Geistgebiet in naher Perspektive vor sich zu haben. Dann entfernte sich den betrachtenden und beobachtenden Menschen dieses Geistgebiet immer weiter und weiter und entschwand. Und die docta ignorantia von 1440 ist das offene Eingeständnis, daß der gewöhnliche menschliche Erkenntnisblick der damaligen Zeit nicht mehr hineinreicht in jene perspektivischen Fernen, in die sich das Geistgebiet von dem Menschen zurückgezogen hat. Die sicherste Wissenschaft, die Mathematik, wagt es nur noch an dasjenige, was man nicht mehr sieht innerlich seelisch, mit symbolischen Formeln heranzutreten. Und es ist nun so, als ob eben dieses Geistgebiet, immer weiter und weiter perspektivisch sich entfernend, der europäischen Zivilisation in unmittelbarer Art entschwunden wäre, aber rückwärts nachgekommen wäre ein anderes Gebiet, dasjenige Gebiet, was jetzt europäische Zivilisation in ihre Neigungen, in ihre Beobachtungsgabe aufnimmt, das Gebiet der sinnlichen Welt. Und was 1440 Nikolaus Cusanus schüchtern symbolisch getan hat mit der Mathematik in bezug auf das Geistgebiet, das ihm entschwindet, das wendet kühn und trotzig *Nikolaus Kopernikus* auf die äußere Sinneswelt an: das mathematische Denken, das mathematische Wissen. Und indem 1440 erschienen ist die «Docta ignorantia» mit dem Eingeständnis, selbst mit der sicheren Mathematik erblickst du nicht mehr das Geistgebiet, erscheint 1543 «De revolutionibus orbium coelestium» von Nikolaus Kopernikus, wo mit schroffer Kühnheit das Weltenall so vorgestellt wird, daß es sich der sicheren Mathematik ergeben muß.

Denken wir das Geistgebiet so weit ferne von der menschlichen Erkenntnis, daß selbst die Mathematik nur in stammelnden Symbolen sich ihm nähern kann – so sprach es 1440 Nikolaus Cusanus aus; denken wir das Mathematische so stark und so sicher, daß es das Sinnliche bezwingt und in mathematischen Formeln die Sinneswelt wissenschaftlich und erkennend zum Ausdrucke gebracht werden kann – so sprach 1543 Nikolaus Kopernikus zu der europäischen Zivilisation. Ein Jahrhundert liegt dazwischen. In diesem Jahrhunderte ist die abendländische Naturwissenschaft geboren worden. Vorher war sie im Embryonalzustand. Und wer verstehen will, was zur Geburt dieser abendländischen Naturwissenschaft geführt hat, der muß seinen Blick einsichtig lenken auf jenes Jahrhundert, das zwischen der «Docta ignorantia und «De revolutionibus orbium coelestium» liegt. Welche Befruchtungen da für das menschliche Seelenleben geschehen, welchen Entsagungen sich das menschliche Seelenleben hingeben muß, das muß studiert werden, wenn man den Sinn der Naturwissenschaft auch heute noch verstehen will. So weit muß zurückgegangen werden. Da muß begonnen werden und nur ein wenig zurückgeschaut werden auf den Embryonalzustand, der allerdings dem Nikolaus Cusanus voranging, wenn man heute noch in der richtigen Weise drinnenstehen will in naturwissenschaftlicher Gesinnung und wenn man richtig sehen will, was Naturwissenschaft der Menschheit leisten kann, wie auch aus Naturwissenschaft ein neues geistiges Leben erblühen kann. Davon, meine sehr verehrten Anwesenden, werde ich dann morgen sprechen.

ZWEITER VORTRAG

Dornach, 25. Dezember 1922

Die Geschichtsbetrachtung, welche diesen Vorträgen zugrunde liegt, ist eine symptomatologische, wie ich sie nennen möchte, das heißt, es soll versucht werden, durch eine solche Geschichtsbetrachtung dasjenige, was in den Tiefen der Menschheitsentwickelung vor sich geht, gewissermaßen durch die aus diesem Strome der Menschheitsentwickelung aufgeworfenen Wellen, welche die Symptome sind, zu charakterisieren. Das muß eigentlich bei jeder wahren Geschichtsbetrachtung aus dem Grunde geschehen, weil das Geschehen, die Summe der Vorgänge, die eigentlich in jedem Zeitpunkte in den Tiefen der Menschheitsentwickelung liegen, so mannigfaltig, so intensiv bedeutsam sind, daß man immer nur eben hindeuten kann auf dasjenige, was in den Tiefen liegt, durch die Schilderung der aufgeworfenen Wellen, welche eben symptomatisch andeuten dasjenige, was wirklich vorgeht.

Ich erwähne dies aus dem Grunde heute, weil ich gestern zur Charakterisierung der Geburt naturwissenschaftlicher Denk- und Forschungsweisen geschildert habe die beiden Persönlichkeiten, den *Meister Eckhart* und namentlich *Nikolaus den Kusaner.* Wenn solche Persönlichkeiten hier geschildert werden, so geschieht es aus dem Grunde, weil dasjenige, was in der Seele und im ganzen Auftreten solcher Persönlichkeiten geschichtlich zu beobachten ist, eben auch von mir als Symptome angesehen wird für dasjenige, was in den Tiefen des allgemeinen Menschheitswerdens vorgeht. Es sind ja immer nur, ich möchte sagen, ein paar an die Oberfläche getriebene Bilder, die man dadurch auffangen kann, daß man in die eine oder in die andere Menschenseele hineinblickt. Dann schildert man aber dadurch das Grundwesen der einzelnen Zeitabläufe. So war es gemeint, wenn ich gestern Nikolaus den Kusaner schilderte, um anzudeuten, wie in seiner Seele sich symptomatisch offenbart alles dasjenige, was eigentlich in der geistigen Menschheitsentwickelung, zur naturwissenschaftlichen Betrachtungsweise hindrängend, im Beginne des 15. Jahrhunderts sich abspielt. Daß weder alles dasjenige Wissen, das man gewissermaßen in der Seele ansammeln kann dadurch, daß man auf der einen Seite sich hingibt dem, was die Erkenntnis auf dem theologischen Boden bis dahin hervorgebracht hat, noch auch die sichere mathematische Anschauungsweise hinführen können bis zum Ergreifen der geistigen Welt, so daß man haltmachen muß mit der ganzen menschlichen Begriffs- und Ideenerkenntnis vor dieser geistigen Welt und gegenüber dieser geistigen Welt nur eine «Docta ignorantia» schreiben könne, das ist dasjenige, was in Nikolaus dem Kusaner auf eine so großartige Weise zum Ausdrucke kommt. Damit aber hat er gewissermaßen abgeschlossen mit der Art von Welterkenntnis, wie sie bis zu ihm in der Menschheitsentwickelung heraufgekommen ist. Und ich konnte hinweisen darauf, wie jene Seelenstimmung schon vorhanden ist bei dem Meister Eckhart, der gründlich bewandert ist in der theologisierenden Erkenntnis des Mittelalters, und der mit dieser theologisierenden Erkenntnis hineinblicken will in die eigene Menschenseele, um in dieser Menschenseele den Weg zu finden zu den göttlich-geistigen Weltengründen. Und er, dieser Meister Eckhart, kommt zu einer Seelenstimmung, die ich gestern mit einem seiner Sätze Ihnen andeutete. Er sagte – und er sagte Ähnliches wiederholt –: Ich versenke mich in das Nichts der Gottheit und werde aus dem Nicht in Ewigkeit ein Ich. – Er fühlt sich angekommen bei dem Nicht mit der alten Erkenntnis und muß aus diesem Nicht, das heißt aus dem Versiegen aller überzeugenden Kräfte des alten Wissens, durch einen, ich möchte sagen, Urspruch aus der Seele herausholen die Gewißheit des eigenen Ich.

Wenn man näher auf eine solche Sache hinschaut, dann kommt man darauf, wie so jemand wie damals der Meister Eckhart hindeutet auf eine ältere Seelenerkenntnis, die bis zu ihm herauf in der Menschheitsentwickelung gekommen ist, die noch den Menschen etwas gegeben hat, von dem er sagen konnte: Das lebt in mir; das ist ein Göttliches in mir, das ist etwas. – Jetzt aber waren die tiefsten Geister des Zeitalters bei dem Bekenntnis angekommen: Wenn ich das Etwas da, wenn ich das Etwas dort aufsuche, dann reicht alle Erkenntnis dieses Etwas nicht aus, um eine Gewißheit zu finden über das eigene Sein. Und ich muß von dem Etwas zu dem Nichts gehen, um eben mit einem

Urspruch gewissermaßen in mir aufleben zu lassen aus dem Nichts heraus das Bewußtsein vom Ich.

Und nun möchte ich gegenüberstellen diesen beiden Persönlichkeiten eine andere, welche etwa zweitausend Jahre vorher gelebt hat, eine Persönlichkeit, die ebenso charakteristisch ist für ihr Zeitalter, wie charakteristisch ist etwa der Kusaner, fußend auf dem Meister Eckhart, für den Beginn des 15. Jahrhunderts. Wir werden dieses Zurückgehen in ältere Zeiten brauchen, um besser verstehen zu können dasjenige, was dann aus den Untergründen des menschlichen Seelenlebens an Erkenntnisstreben im 15. Jahrhundert aufgetaucht ist. Die Persönlichkeit, von der ich Ihnen da heute reden will, von der meldet allerdings kein Geschichtsbuch, kein historisches Dokument, denn die gehen in solchen Sachen nicht zurück bis etwa ins 8. vorchristliche Jahrhundert. Dennoch können wir uns nur Kunde über dasjenige, was den eigentlichen Ursprung der Naturwissenschaft charakterisiert, holen, wenn wir durch Geisteswissenschaft, durch die rein geistige Beobachtung weiter zurückgehen, als äußere historische Dokumente uns verkünden. Eine Persönlichkeit, die, wie gesagt, ja nur durch Geistesschau gefunden werden kann, über zweitausend Jahre vor diesem Zeitalter, dessen Anfangspunkt ich gestern als in der ersten Hälfte des 15. Jahrhunderts liegend bezeichnet habe. Das ist eine Persönlichkeit des vorchristlichen Lebens, welche aufgenommen wurde in eine der südeuropäischen sogenannten Mysterienschulen, da gehört hatte alles dasjenige, was diese Mysterienlehrer ihren Schülern zu sagen hatten, diese geistig-kosmischen Weistümer, geistig-kosmischen Wahrheiten, Wahrheiten über die geistigen Wesenheiten, welche im Kosmos lebten und leben. Aber diese Persönlichkeit, die ich meine, die hörte von den Mysterienlehrern schon dazumal eine Weisheit, die mehr oder weniger nur noch traditionell war, die die Wiedergabe war von viel, viel älteren Schauungen der Menschheit, die Wiedergabe war desjenigen, was viel ältere erkennende Weise geschaut haben, wenn sie den damals hellseherischen Blick hinausrichteten immer wieder und wiederum in die Weltenweiten, und wenn aus diesen Weltenweiten, wie es ja war, zu ihnen gesprochen haben die Bewegungen der Sterne, die Konstellationen der Sterne, auch gesprochen haben manche anderen Vorgänge in den Weltenweiten. Diesen alten Weisen war das Weltenall nicht jene Maschine oder jenes maschinenähnliche Gebilde, das es den heutigen Menschen ist, wenn sie hinausblicken in den Weltenraum, sondern es waren ihnen die Weltenweiten etwas, in dem sich diese Weisen vorkamen wie in einem allebendigen, alldurchwebenden, alldurchgeistigten Wesen, das zu ihnen eine kosmische Sprache redete. Sie fühlten sich in dem Weltenwesen des Geistes selber darinnen, und sie fühlten, wie dasjenige, in dem sie lebten und webten, zu ihnen sprach, wie sie gewissermaßen an die Welt selber die Fragen stellen konnten, welche die Rätsel der Welt bedeuten, und wie ihnen die Erscheinungen aus den Weiten antworteten. Das wurde als dasjenige empfunden, was wir etwa ganz abgeschwächt und abstrakt in unserer Sprache den Geist nennen. Und der Geist wurde eigentlich als dasjenige empfunden, was überall ist, was aber auch von überallher wahrgenommen werden kann. Man blickte in Welteninhalte, von denen schon die Griechen nichts mehr mit dem Seelenblicke sahen, die schon für die Griechen ein Nichts geworden waren. Und man nannte dieses Nichts der Griechen, das aber noch ein vollinhaltliches Etwas für die ältesten Weisen der nachatlantischen Zeit war, man nannte das eben mit jenen Worten, die damals üblich waren, und die eben in unserer Sprache abgeschwächt und abstrakt «Geist» heißen würden. Also das später Unbekannte, den später verborgenen Gott, nannte man, als er noch bekannt war, Geist. Das war das erste für jene älteren Zeiten.

Das zweite war, daß der Mensch, wenn er in sich selber hineinsah, seine Seele sah mit dem Seelenblicke, mit dem nach inwärts gerichteten Geistesblicke. Und diese Seele empfand er als dasjenige, was herkam von dem Geiste, der später der unbekannte Gott geworden ist, und er empfand seine eigene Seele so, dieser älteste Weise, und mit ihm die Menschheit, die sich zu diesem ältesten Weisen bekannte, daß man die Bezeichnung, die damals aus diesen Anschauungen heraus dem menschlichen Seelenwesen hat gegeben werden können, umgewandelt in unsere Sprache, Geistbote oder schlechthin Bote nennen könnte. So daß man also sagen kann, wenn man schematisch darstellen will, was für diese ältesten Zeiten als Anschauung galt: Als Weltumfassendes, außer dem nichts anderes ist, und das in jedem Etwas zu finden ist, galt damals der Geist. Und der Geist, der in seiner Urgestalt unmittelbar wahrnehmbar war, wurde wieder gesucht in der menschlichen Seele, und er wurde gefunden, indem diese menschliche Seele sich selber als den Boten dieses Geistes erkannte. So daß man sagen kann: Die Seele wurde angesehen als Bote.

Und als drittes hatte man um sich herum die äußere Natur mit demjenigen, was wir heute das Wesen, das Körperwesen nennen. Ich sagte, außer dem Geiste gab es kein Etwas, denn der Geist ward überall geschaut, er ward erkannt in seiner Urgestalt durch unmittelbares Schauen. Er ward erkannt in der menschlichen Seele, die die Botschaft von ihm in ihrem eigenen Leben verwirklichte. Er ward aber auch erkannt in demjenigen, was wir heute die Natur nennen, die Körperwelt. Und diese Körperwelt, sie wurde angesehen als Abbild des Geistes.

So hatte man in jenen alten Zeiten nicht diejenigen Vorstellungen von der Körperwelt, die man heute hat. Wo immer man hinschaute auf irgendein Naturgebilde, schaute man, weil man eben den Geist überall schauen konnte, in jedem Naturgebilde ein Abbild des Geistes. Dasjenige Abbild des Geistes, das einem am nächsten stand, das war der Menschenleib, der Körper des Menschen, dieses Stück Natur. Aber indem alle anderen Naturgebilde Abbilder des Geistes waren, war auch dieser Menschenleib Abbild des Geistes. Schaute daher dieser ältere Mensch auf sich selbst zurück, so erkannte er sich als ein dreifaches Wesen. Erstens wohnte in ihm der Geist in seiner Urgestalt, wie in einem seiner Häuser. Der Mensch erkannte sich als Geist. Zweitens fühlte sich innerhalb der Welt der Mensch als Bote dieses Geistes, und insofern als Seelenwesen. Drittens fühlte sich der Mensch als Leib, und durch den Leib als Abbild des Geistes. So daß wir sagen können: Wenn der Mensch auf sich selbst zurückblickte, so erkannte er sich in der Dreiheit seines Wesens nach Geist, Seele, Leib; nach Geist als in seiner Urgestalt, nach der Seele als dem Gottesboten, nach dem Leibe als dem Abbild des Geistes.

In dieser älteren Weisheit der Menschen gab es keinen Widerspruch zwischen Leib und Seele, keinen Widerspruch zwischen Natur und Geist, denn man wußte: Geist ist in seiner Urgestalt im Menschen; dasjenige, was die Seele ist, ist nichts anderes als der weitergetragene, der als Botschaft weitergetragene Geist; der Leib ist das Abbild des Geistes. Aber man fühlte auch keinen Gegensatz zwischen dem Menschen und der umliegenden Natur, denn man trug in dem eigenen Leib das Abbild des Geistes in sich, und man sah in jedem Körper draußen ein Abbild des Geistes. So wurde der eigene Leib in Verwandtschaft empfunden mit allen Naturkörpern. Man erkannte ein innerlich Verwandtes, wenn man hinausschaute in die Körperwelt und wenn man hinschaute auf den Menschenleib. Man fühlte die Natur nicht als etwas anderes. Als eine Einheit, ein Monon fühlte sich der Mensch mit der ganzen übrigen Welt. Das fühlte er dadurch, daß er eben die Urgestalt des Geistes wahrnehmen konnte, daß die Weltenweiten zu ihm sprachen. Und die Folge dieses Sprechens der Weltenweiten zu dem Menschen war, daß es eigentlich keine Naturwissenschaft geben konnte. Geradeso wie wir keine Wissenschaft der äußeren Natur begründen können von demjenigen, was in unserer Erinnerung lebt, so konnte dieser ältere Angehörige der Menschheit keine äußere Naturwissenschaft begründen, denn er sah das Bild des Geistes, wenn er in sich selber hineinschaute, und er erkannte wiederum dieses Bild des Geistes, wenn er in die äußere Natur hinausschaute. Ein Gegensatz zwischen sich selber als Mensch und Natur war nicht da, ebensowenig ein Gegensatz zwischen Seele und Leib, denn Seele und Leib entsprachen einander so, daß der Leib, ich möchte sagen, nur die Schale, das Abbild, das künstlerische Abbild der geistigen Urgestalt war und die Seele der vermittelnde Bote zwischen den beiden. Alles war in inniger Einheit. Von einem Begreifen konnte gar nicht die Rede sein, denn man begreift dasjenige, was außerhalb des eigenen Lebens liegt, während man dasjenige, was man in sich selbst trägt, unmittelbar erlebt, nicht erst begreift.

Solche Weisheit in unmittelbarer Anschauung lebte in den ältesten Mysterien der Menschheit noch vor der Griechen- und Römerzeit. Von solcher Weisheit hörte jene Persönlichkeit, die ich heute meine. Von solcher Weisheit hörte sie, und sie sah, daß die Lehrer ihres Mysteriums eigentlich im Grunde genommen nur noch als Überlieferung aus älteren Zeiten das hatten, was sie zu ihm sprechen konnten. Sie hörte nicht mehr Ursprüngliches, aus dem Hinhorchen auf die Geheimnisse des Kosmos Erkanntes. Und diese Persönlichkeit machte sich auf weite Reisen, besuchte andere Mysterien, und im Grunde genommen erfuhr sie überall in diesem 8. Jahrhunderte der vorchristlichen Zeit schon ein Ähnliches. Überall waren nur noch die Überlieferungen alter Weisheit vorhanden. Die Schüler lernten sie von den Lehrern, die selber nicht mehr schauen konnten, wenigstens nicht in der Lebhaftigkeit der alten Zeiten.

Aber die Persönlichkeit, die ich meine, hatte aus den Tiefen der Menschennatur heraus den ungeheuren Drang nach Gewißheit, nach Wissen. Sie hörte aus den Mitteilungen, daß man einmal eine Sphärenharmonie wirklich hören konnte, daß aus dieser Sphärenharmonie der Logos heraustönte, der Logos, der identisch war mit der geistigen Urgestalt aller Dinge. Aber eben nur Überlieferungen hörte sie. Und ebenso, wie sich später, zweitausend Jahre später aus den Überlieferungen seines Zeitalters heraus etwa der Meister Eckhart in sein stilles Kämmerchen gesetzt hat auf der Suche nach der inneren Kraft der Seele und des Ich und zu dem Ausspruche gekommen ist: Ich versenke mich in das Nichts der Gottheit und erlebe in Ewigkeit im Nicht das Ich –, so sagte sich jener alte, einsame Schüler der Spätmysterien: Ich horche hin auf das stumme Weltenall und aus der Stummheit hole ich mir die logostragende Seele. Ich liebe den Logos, denn der Logos kündet von einem unbekannten Gotte.

Das war das ältere Parallelbekenntnis zu demjenigen des Meisters Eckhart. Wie der Meister Eckhart sich mit den Kräften seiner Seele hineinversenkt hat in das Nicht der Gottheit, von dem ihm die Theologie des Mittelalters sprach, wie er aus diesem Nicht heraus das Ich geholt hat, so horchte hin jener alte Weise auf eine stumme Welt, denn dasjenige, wovon ihm die überlieferte Weisheit sprach, das hörte er nicht mehr. Er konnte nur hinhorchen in ein stummes Weltenall. Und er holte sich, wie früher die geistdurchtränkte Seele sich die alte Weisheit geholt hat, er holte sich aus dem stummen Weltenall die logostragende Seele. Und er liebte den Logos, der nicht mehr die Gottheit selber der alten Zeit war, sondern nur noch ein Bild der Gottheit der alten Zeiten. Mit anderen Worten: Der Geist war bereits in jenen Zeiten der Seele entschwunden, und so wie später der Meister Eckhart in der ernichteten Welt das Ich suchen mußte, so mußte in der entgeisteten Welt die Seele gesucht werden.

Oh, in früheren Zeiten hatten die Seelen gewissermaßen die innere Festigkeit, die sie brauchten, um sich sagen zu können: Ich bin selbst ein Göttliches in dem inneren Wahrnehmen des Geistes, der in mir west. Jetzt aber wohnte der Geist für die unmittelbare Anschauung nicht mehr in ihr, jetzt fühlte sich die Seele nicht mehr als den Boten des Geistes. Denn um Bote von etwas zu sein, muß man es kennen. Jetzt fühlte sich die Seele als Logosträger, als Träger des Geistesbildes, wenn auch dieses Geistesbild ganz lebendig war in ihr, wenn auch dieses Geistesbild sich ausdrückte in der Liebe zu dem Gotte, der sich so noch in seinem Bilde in der Seele auslebte. Aber die Seele empfand sich nicht mehr als Bote, die Seele empfand sich als Träger, Träger des Bildes des göttlichen Geistes. Und so kann man sagen, wenn man wieder schematisch darstellen will: Jetzt entstand eine andere Menschenkenntnis, wenn der Mensch in sein Inneres blickte: Seele – Träger. Die Seele ward vom Boten zum Träger:

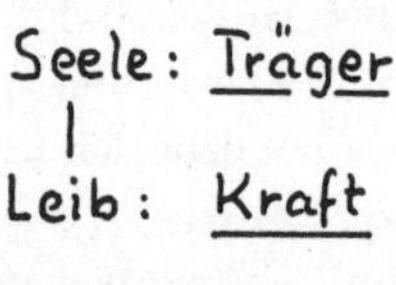

Dadurch aber, daß man gewissermaßen aus der Anschauung den einstmals lebendigen Geist verloren hatte, dadurch war auch der Leib nicht mehr Abbild dieses Geistes. Um ihn als Abbild zu erkennen, hätte man die Urgestalt erkennen müssen. Der Leib wurde für diese spätere Anschauung etwas anderes. Er wurde dasjenige, was ich nennen möchte: die Kraft. Der Kraftbegriff trat jetzt ein. Er wurde als Kraftzusammenhang vorgestellt, nicht mehr ein Bild, das das Wesen des Abgebildeten in sich trägt, nicht mehr ein Abbild – eine Kraft, die nicht das Wesen desjenigen, aus dem sie entspringt, in sich trägt, das wurde der Menschenleib. Und vom Menschenleib aus mußte man auch in der Natur überall Kräfte vorstellen. War die Natur früher überall Abbild des Geistes, war sie jetzt zu den aus dem Geiste fließenden Kräften geworden. Damit aber fing die Natur an, dem Menschen mehr oder weniger ein Fremdes zu sein. Man möchte sagen: Die Seele hat etwas verloren, denn sie hat das unmittelbare Geistbewußtsein nicht mehr in sich. – Wenn ich mich grob ausdrücken sollte, müßte ich sagen: Die Seele ist in sich dünner geworden; der Körper, die äußere Körperwelt hat an Robustheit gewonnen. Sie hatte früher das noch Geistähnliche des Abbildes. Jetzt wurde sie durchsetzt von dem Kraftmäßigen. Der Kraftzusammenhang ist robuster als das Bild, dem der geistige Inhalt noch anzusehen ist. Soll ich mich wieder grob ausdrücken, müßte ich sagen: Die Körperwelt ist dichter geworden, während die Seele dünner geworden ist. Das war dasjenige, was in das Bewußtsein derjenigen Menschen überging, zu deren ersten jener alte Weise gehörte, der hinhorchte auf das stumme Weltenall, und aus der Stummheit des Weltenalls sich das Bewußtsein herausholte, daß seine Seele wenigstens Logosträger ist.

Und jetzt entstand zwischen der dünner gewordenen Seele und dem dichter Gewordenen der Körperwelt der Gegensatz, der früher nicht da war. Früher hat man die Einheit des Geistes in allem gesehen. Jetzt entstand der Gegensatz zwischen Leib und Seele, Mensch und Natur, so daß jetzt auftrat der Abgrund zwischen Leib und Seele, der früher gar nicht vorhanden war, bevor jener alte Weise, von dem ich Ihnen heute erzählt habe, gesprochen hat, daß aber der Mensch sich auch fühlte abgegrenzt von der Natur, was ebenfalls in der alten Zeit nicht gefühlt wurde. Und dieser Gegensatz, er bildet im Grunde genommen den Kerninhalt alles Denkens in der Zeit zwischen jenem alten Weisen, von dem ich Ihnen heute erzählt habe, und Nikolaus Cusanus.

Da ringt die Menschheit, zu begreifen den Zusammenhang auf der einen Seite zwischen Seele und Leib, der Seele, welcher Geistwirk-

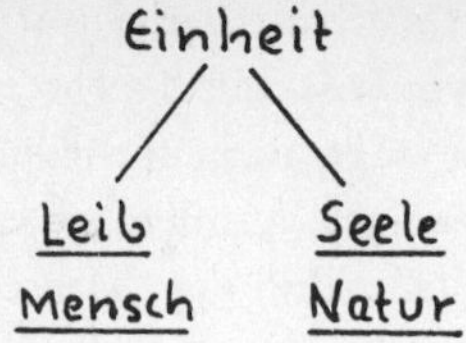

lichkeit fehlt, dem Leib, der dicht geworden ist, zur Kraft, zum Kraftzusammenhang geworden ist. Und es ringt die Menschheit nach einem Empfinden des Verhältnisses zwischen Mensch und Natur. Aber die Natur ist überall Kraft. Eine Vorstellung von dem, was wir heute Naturgesetze nennen, ist eigentlich in diesem Zeitalter, da wo seine besonders charakteristischen Epochen liegen, gar nicht vorhanden. Man redete nicht in Gedanken von Naturgesetzen, man fühlte überall Naturkräfte. Aus allem heraus erlebte man Naturkräfte. Und wenn man in sich hineinschaute, so fühlte man nicht eine Seele, die wie später ein dumpfes Wollen, ein fast ebenso dumpfes Fühlen und ein abstraktes Denken in sich trägt, sondern man fühlte eine Seele, welche Träger des lebendigen Logos ist, von dem man zwar weiß, er ist nicht tot, er ist ein göttliches, lebendiges Abbild des Gottes.

Man muß sich hineinversetzen können in diesen Gegensatz, der bis ins 11., 12. Jahrhundert vorhanden war in aller Schärfe, und der ein ganz anderer ist als diejenigen Gegensätze, die heute von der Menschheit gefühlt werden. Wenn man sich nicht mit lebendigem Bewußtsein in diesen ganz andersartigen Gegensatz einer älteren Menschheitsepoche hineinversetzen kann, dann passiert einem das, was allen Geschichtsschreibern der Philosophie passiert, daß sie den alten griechischen *Demokritus* aus dem 5. vorchristlichen Jahrhundert so beschreiben, als ob er im modernen Sinne ein Atomist gewesen wäre, weil er Atome angenommen hat. Wenn Worte einen kleinen Schein von Ähnlichkeit andeuten, dann ist die Ähnlichkeit noch nicht vorhanden. Zwischen dem modernen Atomisten und dem Demokritus ist ein gewaltiger Unterschied, weil Demokritus überhaupt aus jenem Gegensatze, den ich eben charakterisiert habe, von Mensch und Natur, Seele und Leib heraus redet, so daß seine Atome durchaus noch Kraftzusammenhänge sind, und als solche Kraftzusammenhänge von ihm entgegengestellt werden in einer Weise dem Raume, wie der moderne Atomist seine Atome nicht dem Raum gegenüberstellen kann. Wie sollte der moderne Atomist sagen, was Demokritus gesagt hat: Das Sein ist nicht mehr als das Nichts, das Volle ist nicht mehr als das Leere. Das heißt, Demokritus nimmt an, daß der leere Raum eine Verwandtschaft hat mit dem im Atom erfüllten Raum. Das hat nur einen Sinn innerhalb eines Bewußtseins, das überhaupt den modernen Körperbegriff noch gar nicht kennt, also auch nicht von Atomen eines Körpers sprechen kann, sondern selbstverständlich nur von Kraftpunkten spricht, die eine innerliche Verwandtschaft dann haben mit demjenigen, was außer dem Menschen ist. Der heutige Atomist kann das Leere nicht dem Vollen gleichsetzen. Denn wenn Demokritus das Leere so vorgestellt hätte, wie wir heute vom Leeren sprechen, so hätte er es nicht dem Sein gleichsetzen können. Er kann es gleichsetzen, weil er in diesem Leeren drinnen sucht dasjenige, was Seelenträger ist, Seele, welche Träger des Logos ist. Wenn er diesen Logos auch mit einer Art von Notwendigkeit vorstellt, so ist es die griechische Notwendigkeit, nicht unsere heutige Naturnotwendigkeit. Darauf kommt es an, wenn man verstehen will, was heute ist, daß man in der richtigen Weise in die Vorstellungs- und Empfindungsnuance der älteren Zeiten hineinschauen kann.

Und nun kam die Zeit, die ich eben gestern charakterisiert habe, die Zeit des Meisters Eckhart, die Zeit des Nikolaus Cusanus, in der auch das Bewußtsein von dem in der Seele lebenden Logos verloren ward. Der Meister Eckhart und der Kusaner fanden da, wo der alte Meister beim Hinhorchen in das Weltenall nur über die Stummheit zu klagen hatte, da fanden sie das Nichts, und mußten aus dem Nicht das Ich suchen. Damit aber beginnt überhaupt erst die neuere Zeit des menschlichen Denkens. Jetzt hat die Seele nicht mehr den lebendigen Logos in sich, jetzt hat sie die Ideen und Begriffe in sich, wenn sie in sich hineinschaut, die Vorstellungen, dasjenige, was zuletzt zu den Abstraktionen führt. Jetzt ist sie noch dünner geworden. Die dritte Phase der menschlichen Anschauung beginnt. Einstmals in der ersten Phase hat die Seele in sich des Geistes Urgestalt erlebt. Sie war sich

Geistesbote. Die zweite Phase: Die Seele erlebt in sich das lebendige Gottesbild im Logos, sie wird sich Logosträger.

Jetzt, in der dritten Phase, wird sie gewissermaßen Behältnis von Ideen und Begriffen, die in der Sicherheit der Mathematik zwar zum Vorschein kommen, die aber eben Begriffe und Ideen sind. Sie fühlt sich innerlich am verdünntesten, möchte man sagen. Und wiederum wächst der Körperwelt Robustheit zu. Es entsteht die dritte Art, wie sich der Mensch fühlt. Er kann sein Seelisches noch nicht ganz aufgeben, aber er fühlt dieses Seelische als den Behälter des Ideellen und er fühlt den Leib nun nicht mehr bloß als Kraft, sondern als ausgedehnten Körper.

Seele: ideell
|
Leib : ausgedehnter Körper

Der Körper ist noch robuster geworden. Er ist in der Anschauung zu dem geworden, was den Geist nunmehr völlig verleugnet. Hier begegnet uns erst der Körper, von dem dann *Hobbes, Bacon* sprachen, *Locke* sprach, hier begegnet uns der Körper, der am dichtesten geworden ist, und zu dem das Innere des Menschen keine Verwandtschaft mehr fühlen kann, sondern nur noch eine abstrakte Beziehung, die sich immer mehr und mehr herausbildet in der Entwickelung des menschlichen Anschauens.

An die Stelle des früher konkreten Gegensatzes Seele und Leib, Mensch und Natur, tritt jetzt ein anderer Gegensatz, der immer mehr und mehr in die Abstraktion hineinkommt. Dasjenige, das sich früher noch, weil es in sich das Logosbild der Gottheit fühlte, in sich konkret vorkam, das verwandelte sich allmählich bloß zum Gefäß des Ideellen, es wurde sich Subjekt, und stellte sich das, mit dem es gar keine Verwandtschaft mehr fühlte – während es alle Verwandtschaft in der alten Geistzeit gefühlt hat –, als Objekt gegenüber.

Der frühere menschliche Gegensatz von Seele und Leib, von Mensch und Natur, wurde der immer mehr und mehr bloß erkenntnistheoretische Gegensatz zwischen dem Subjekt, das in einem ist, und dem

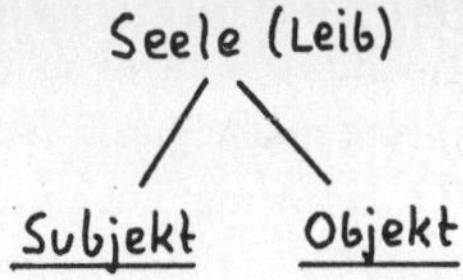

Objekt, das draußen ist. Die Natur verwandelte sich in das Objekt des Erkennens. Kein Wunder, daß die Erkenntnis aus dem eigenen Bedürfnisse heraus nach dem Objektiven schlechthin strebte.

Was aber ist dieses Objektive? Dieses Objektive ist nicht mehr dasjenige, was dem Griechen die Natur war, dieses Objektive ist von äußerer Körperlichkeit, in der kein Geistiges mehr geschaut wird. Es ist die Natur, die geistlos geworden ist, die von außen, vom Subjekt aus begriffen werden soll. Weil der Mensch erst aus seinem Wesen herausverloren hat den Zusammenhang mit der Natur, suchte er eine Naturwissenschaft von außen. Da sind wir wiederum auf dem Punkte, mit dem ich gestern den Schluß machen konnte, indem ich sagte, der Kusaner sah auf das, was ihm die göttliche Welt sein sollte, und er sagte: Man muß vorher haltmachen mit der Erkenntnis, man muß schreiben, wenn man von der göttlichen Welt schreibt, von einer docta ignorantia. – Und leise nur wollte er in den Symbolen, die aus der Mathematik genommen sind, etwas festhalten von dem, was so als das Geistige ihm erschien. Aber er war sich bewußt, das kann man nicht, das Geistige in mathematischen Symbolen festhalten.

Und ich sagte, etwa hundert Jahre darnach – 1440 ist die «Docta ignorantia» erschienen, 1543 «De revolutionibus orbium coelestium» –, also etwa ein Jahrhundert später bemächtigt sich mit mathematischem Geiste Kopernikus gewissermaßen der anderen, der äußeren Seite desjenigen, was der Kusaner nicht mit der Mathematik, nicht einmal symbolisch voll erfassen konnte. Und wir sehen heute, wie tatsächlich die Anwendung dieses mathematischen Geistes auf die Natur in dem Momente möglich wird, wo dem Menschen aus dem unmittelbaren Erleben die Natur entfällt. Das kann man bis in die Sprachgeschichte hinein nachweisen, denn «Natur» deutet noch hin auf etwas, was mit dem Geborenwerden verwandt ist, während dasjenige, was heute als die Natur angesehen wird, bloß die Körperwelt ist, die aber in sich nur das Tote enthält – ich meine für das menschliche Anschauen natürlich, denn die Natur enthält heute noch immer selbstverständlich das Leben und den Geist, aber für das menschliche Anschauen ist sie ein Totes geworden, zu dessen Erfassung vor allen Dingen zunächst das sicherste Begriffswissen gelten soll, das mathematische.

So sehen wir eine mit innerer Gesetzmäßigkeit ablaufende Entwickelung der Menschheit vor uns: Die erste Epoche, wo der Mensch Gott und Welt gesehen hat, aber Gott in der Welt, die Welt in Gott, das Monon, die Einheit; die zweite Epoche, wo der Mensch gesehen hat in der Tat Seele und Leib, Mensch und Natur, die Seele als Träger des lebendigen Logos, als Träger dessen, was nicht entsteht und nicht vergeht, die Natur als dasjenige, was entsteht und stirbt; die dritte Phase, wo der Mensch aufgestiegen ist zu dem abstrakten Gegensatz: Subjekt, das er selber ist, Objekt, das die Außenwelt ist. Das Objekt ist das Robusteste, in das mit den Begriffen hineinzuleuchten gar nicht mehr versucht wird, das empfunden wird als das dem Menschen Fremde, das von außen untersucht wird mit der Mathematik, welche kein Talent dazu hat, in das Innere als solches zu dringen, daher sie auch der Kusaner nur symbolisch auf das Innere, und das schüchtern, anwandte.

So muß man sich aus älteren Anlagen der Menschheit das Bestreben hervorgegangen denken, Naturwissenschaft zu entwickeln. Es mußte die Epoche einmal herankommen an die Menschen, wo diese Naturwissenschaft entstehen mußte. Sie mußte auch so werden, wie sie ist. Das sehen wir gerade, wenn wir scharf die Phasen ins Auge fassen, die ich charakterisiert habe in der geistigen Menschheitsentwickelung, wenn wir ins Auge fassen, wie die erste Phase hingeht bis zu jenem alten südlichen Weisen des 8. vorchristlichen Jahrhunderts, den ich Ihnen heute charakterisiert habe, die zweite von ihm bis zu Nikolaus Cusanus. Die dritte Phase, in der stehen wir drinnen. Die erste ist pneumatologisch, nach dem Geist in seiner Urgestalt gerichtet; die zweite ist mystisch, wenn man das Wort mystisch im weitesten Sinne nimmt; die dritte ist mathematisch. So – wenn wir die eigentlichen charakteristischen Merkmale nehmen – zählen wir die erste Phase bis zu dem alten südlichen Weisen, den ich Ihnen heute geschildert habe; bis zu ihm zählen wir die alte Pneumatologie. Von ihm bis zu dem Meister Eckhart und dem Nikolaus Cusanus zählen wir die magische Mystik. Von dem Kardinal Nikolaus Cusanus bis in unsere Zeit und weiter zählen wir die Zeit der mathematisierenden Naturwissenschaft.

Darauf wollen wir dann morgen weiter bauen.

DRITTER VORTRAG

Dornach, 26. Dezember 1922

Es ist von mir versucht worden, in den beiden letzten Betrachtungen den Zeitpunkt anzudeuten, in dem innerhalb der neueren Menschheitsentwickelung naturwissenschaftliche Anschauung und naturwissenschaftliches Denken, wie wir es heute verstehen, entstanden ist, und ich konnte gestern darauf hinweisen, daß der ganze Charakter dieses naturwissenschaftlichen Denkens, wie er zuerst am deutlichsten hervortritt in der Auffassung der Astronomie durch Kopernikus, daß dieser ganze Charakter des naturwissenschaftlichen Denkens abhängig ist von der Art, wie man allmählich im Laufe der Menschheitsentwickelung die Mathematik, das mathematische Denken in ein Verhältnis brachte zur äußeren Weltwirklichkeit. In der Tat hängt außerordentlich viel für die wissenschaftliche Entwickelung der neueren Zeit davon ab, daß auch in bezug auf das mathematische Denken selber ein Umschwung – man möchte fast sagen: eine Revolution – der menschlichen Anschauung eingetreten ist. In der Gegenwart ist man ja so sehr geneigt, die Art und Weise, wie man selber denkt in dieser Gegenwart, gewissermaßen als etwas absolut Geltendes hinzustellen, und gar nicht das Augenmerk darauf zu richten, wie sich die Dinge verändert haben. Man hat heute eine gewisse Stellung zur Mathematik und wiederum eine gewisse Anschauung über das Verhältnis des Mathematischen zu dem Weltwirklichen. Und man denkt, das sei eben einmal das Gegebene, das richtige Verhältnis. Gewiß, man diskutiert darüber, aber innerhalb gewisser Grenzen betrachtet man das als das richtige Verhältnis und denkt nicht daran, in welch einer uns eigentlich gar nicht so besonders ferne liegenden Vergangenheit über die Mathematik selber von der Menschheit anders empfunden worden ist. Man brauchte sich nur einmal mit einer genügenden Schärfe daran zu erinnern, wie auch nicht lange nach jenem Zeitpunkt, den ich als den bedeutungsvollsten des neueren Geisteslebens bezeichnet habe, bald nach diesem Zeitpunkt, in dem der *Kusaner* seine bedeutungsvollen Auseinandersetzungen der Welt gegeben hat, wie bald nach diesem Zeitpunkte nicht nur *Kopernikus* mit einem mathematisch orientierten Denken die Bewegungen des Sonnensystems erklären wollte, mit einem schon so mathematisch orientierten Denken, wie wir es auch heute gewöhnt sind, sondern wie auch Philosophen – *Cartesius, Spinoza* – geradezu ihr Ideal darinnen gesehen haben, die Art und Weise, wie man in der Mathematik denkt, auf das umfassendste Darstellen des ganzen physischen und geistigen Weltengebäudes anzuwenden.

Spinoza, der Philosoph, legte einen besonderen Wert darauf, seine philosophischen Grundsätze und Forderungen selbst in einem solchen Buche, wie in seiner «Ethik» so darzustellen, daß, wenn auch nicht mathematische Formeln, wenn auch nicht Rechnungen in diesem Buche eine besondere Rolle spielen, eben doch die Art des Schließens, die Art, spätere Gesetze aus früheren herzuleiten, nach dem Muster des Mathematischen geschehe. Das war nach und nach den Zeitgenossen wie etwas Selbstverständliches erschienen, daß man in der Mathematik ein Musterbild für die Erlangung innerer Gewißheit in sich selber trage, und daß, wenn es gelinge, den Weltenverlauf durch Gedanken so auszudrücken, daß diese Gedanken in der haarscharfen Architektonik aneinandergegliedert sind, wie die Gedanken des mathematischen, des geometrischen Systems, daß man dadurch eben etwas erreiche, was der Wirklichkeit entsprechen müsse. Aber die besondere Art, wie man sich zur Mathematik und zum Verhältnis der Mathematik zur Wirklichkeit stellt, die muß, wenn man den Charakter naturwissenschaftlichen Denkens richtig erfassen will, durchaus verstanden werden. Die Mathematik war in jener Zeit allmählich das geworden, was man im Verhältnis zu etwas Früherem, das ich gleich nachher charakterisieren werde, nennen könnte: ein sich selbst genugsames inneres Denkvermögen. Was meine ich damit?

Man kann schon sagen, daß man die Mathematik für die Zeit des Descartes, des Cartesius, für die Zeit des Kopernikus so charakterisieren kann, wie man das annähernd auch noch heute kann. Nehmen wir zum Beispiel einmal den heutigen Mathematiker, der Geometrie darstellt, der innerhalb der geometrischen Vorstellungswelt ja auch seine analytischen Formeln sucht, um diese oder jene physikalischen Vorgänge zu begreifen. Dieser Mathematiker geht als Geometer, zunächst in der Auffassung der euklidischen Geometrie, von dem dreidimensionalen Raume aus oder überhaupt von dem dimensionalen Raum, wenn man etwa auch auf die nichteuklidische Geometrie Rücksicht nehmen wollte, und er unterscheidet im dreidimensionalen Raum drei aufeinander senkrecht stehende, aber im übrigen gleichartige Richtungen. Es ist der Raum, ich möchte sagen, ein sich selbst genügendes Gebilde, das einfach so, wie ich es jetzt beschrieben habe, vor das Bewußtsein hingestellt wird, ohne daß viel gefragt wird: Woher kommt dieses Gebilde, woher kommt überhaupt das ganze geometrische Vorstellen? – Bei der Äußerlichkeit, welche in der neueren Zeit das psychologische Denken allmählich angenommen hat, war es auch natürlich, daß der Mensch nicht in jene Seelentiefen, überhaupt nicht in jene inneren Tiefen hinuntersteigen konnte, aus denen die Grundlagen zum Beispiel des geometrischen Denkens heraufkommen. Der Mensch nimmt einfach sein gewöhnliches Bewußtsein hin und erfüllt dieses gewöhnliche Bewußtsein mit der erdachten, aber nicht erlebten Mathematik. Nehmen wir es im speziellen Fall mit den erdachten, nicht erlebten, drei aufeinander senkrecht stehenden Dimensionen des euklidischen Raumes. Aber niemals wäre der Mensch zu jenem Erdenken der drei aufeinander senkrecht stehenden Dimensionen des euklidischen Raumes gekommen, wenn er nicht in sich erlebte eine dreifache Orientierung.

Die eine Orientierung, die der Mensch in sich erlebt, ist von vorne nach rückwärts. Wir brauchen nur daran zu denken, wie sich in der äußerlichen heutigen anatomisch-physiologischen Betrachtungsweise für den Menschen – ich spreche dabei nur vom Menschen, nicht von den Tieren, das ist in diesem Zusammenhange nicht notwendig –, wie sich für den Menschen, sagen wir zum Beispiel die Nahrungsaufnahme, das Absondern und auch sonstige Vorgänge des Organismus in der Richtung von vorn nach hinten abspielen, und wie diese Orientierung ganz bestimmter Vorgänge im Inneren des Menschen verschieden ist von dem, wenn ich zum Beispiel irgend etwas ausführe mit meinem rechten Arm, und dazu symmetrisch etwas ausführe mit meinem linken Arm. Da sind die Vorgänge orientiert nach rechts und links. Und endlich brauchen wir uns nur zu erinnern, wie mit Bezug auf eine andere Orientierung der Mensch eigentlich erst während seines Erdendaseins in diese hineinwächst: Er kriecht im Anfange und richtet sich allmählich erst so auf, daß eine Orientierung in ihm selber von oben nach unten oder von unten nach oben fließt.

So wie die Dinge heute stehen, nimmt man diese drei Orientierungen des Menschen recht äußerlich hin, indem man ja nicht innerlich erlebt, sondern von außen anschaut, was Vorgänge im menschlichen Organismus sind, die sich im wesentlichen von vorn nach hinten, oder solche, die sich von rechts nach links oder von links nach rechts, oder solche, die sich von oben nach unten abspielen. Könnte man seelenbetrachtend in frühere Zeitalter zurückgehen mit einer wirklichen Psychologie, so würde man eben wissen, daß für eine ältere Menschenempfindung, ein älteres Menschenerleben diese drei Orientierungen innere Erlebnisse waren. So wie wir heute als innere Erlebnisse, ich möchte sagen, halbwegs noch anerkennen das Gedanken-Haben, Gefühle-Haben, so hatte der Mensch einer früheren Zeit ein richtiges inneres Erlebnis zum Beispiel von dem Von-vorn-nach-Hinten. Für ihn war noch nicht verlorengegangen, sagen wir, die Ablähmung des vorne in der Mundhöhle sich intensiv entwickelnden Geschmacks gegen hinten zu. Das Qualitative, das darinnen lag, daß man den Geschmack intensiv vorne auf der Zunge fühlte, und dann ihn immer schwächer und schwächer empfand, indem er sich zurückzog in der Orientierung von vorne nach hinten und endlich sich ganz verlor, dieses Erleben war einmal für das innere menschliche Erleben etwas ganz Reales, Konkretes. Man verfolgte mit solchen Qualitätserlebnissen die Orientierung von vorne nach hinten. Der Mensch ist eben nicht mehr so innerlich, wie er einmal war. Daher hat er solche Erlebnisse, wie ich sie eben charakterisiert habe, heute nicht mehr. Ebensowenig hat der Mensch heute eine lebendige Empfindung von der Einstellung der Augenachse, um irgendeinen Punkt durch das Übergreifen der rechten Augenachse über die linke zu fixieren. Ebensowenig hat der Mensch heute eine voll konkrete Empfindung von dem, was ihm wird als Mensch, wenn er in der Orientierung rechts-links zuordnet, sagen wir, den rechten Arm und die rechte Hand dem linken Arm und der linken Hand. Und erst recht eine solche Empfindung wie die, daß man sich sagen kann: Im Haupte durchleuchtet mich der Gedanke, er schlägt ein, indem er sich in der Orientierung von oben nach unten bewegt in mein Herz –, eine solche Empfindung, ein solches Erlebnis ist eben mit der Innerlichkeit des Welterlebens für den Menschen verlorengegangen. Aber ein solches Erleben war da. Der Mensch hat zunächst in sich die drei aufeinander senkrecht stehenden Raumorientierungen erlebt. Und diese drei Raumorientierungen, sein Rechts-Links, sein Vorne-Hinten, sein Oben-Unten, die sind die Grundlage des dreidimensionalen Raumschemas. Das dreidimensionale Raumschema ist erst eine Abstraktion dieses Ihnen eben charakterisierten unmittelbaren Erlebens. Wie können wir also sprechen, etwa wenn wir auf ältere Zeiten hinschauen zu der Geometrie, zu diesem Teil der Mathematik? Wir können so sprechen, daß wir sagen, der Mensch früherer Zeiten war sich klar darüber, daß er sich sagen konnte: Durch meine Menschlichkeit offenbart sich mir in meinem eigenen Leben das Mathematische, das Geometrische, und indem ich verlängere mein Oben-Unten, mein Rechts-Links, mein Vorne-Hinten, umfasse ich von mir aus die Welt.

Man muß nur einmal empfinden, was für ein gewaltiger Unterschied besteht zwischen dieser an das menschliche Erleben gebundene mathematischen Empfindung und dem kahlen, öden mathematischen Raumschema der analytischen Geometrie, die irgendwohin in einen abstrakten Raum einen Punkt stellt, drei aufeinander senkrechte Koordinatenachsen zieht und das erdachte Raumschema von allem Erleben abgesondert hat. Aber dieses erdachte Raumschema hat sich der Mensch erst aus seinem eigenen Innenleben herausgerissen. So daß man tatsächlich die Entstehung der späteren mathematischen Anschauungsweise, die dann die Naturwissenschaft ergriffen hat, wenn man sie richtig verstehen will in ihrem selbstgenugsamen Hinstellen ihrer Gebilde, daß man sie ableiten muß aus der erlebten Mathematik einer früheren Zeit. Die Mathematik einer früheren Zeit war eben etwas ganz anderes. Und dasjenige, was einmal vorhanden war in einem, ich möchte sagen, traumhaften Erleben der inneren Dreidimensionalität und was sich dann verabstrahiert hat, das ist heute völlig im Unbewußten vorhanden. In der Tat ist es auch heute beim Menschen noch so, daß er sich die Mathematik aus seiner eigenen inneren Dreidimensionalität herausholt. Aber dieses Herausholen des Raumschemas aus demjenigen, was der Mensch an innerer Orientierung erlebt, geschieht auf völlig unbewußte Weise. Davon kommt nichts ins Bewußtsein herauf. Ins Bewußtsein kommt herauf zum Beispiel das fertige Raumschema, wie überhaupt alle fertigen, von ihrer Wurzel abgelösten mathematischen Gebilde. Ich habe das Beispiel des Raumschemas gewählt. Ich könnte ebensogut irgendeine andere mathematische Kategorie anführen, auch noch mathematische Kategorien aus der Algebra, aus der Analysis, aus der Arithmetik. Sie sind nichts anderes, als aus unmittelbarem menschlichem Erleben ins Abstrakte heraufgeholte Schemata.

Sehen Sie, wenn man weiter zurückgeht auf die Art und Weise, wie die Menschen über das Mathematische gedacht haben, zurückgeht um etwa ein paar Jahrhunderte vor dem 15., 16. oder 17. Jahrhundert, dann findet man, daß die Menschen wenigstens noch einen Nachklang von Empfindung hatten bei den Zahlen. Sie hätten ja auch nicht in der Zeit, in der die Zahlen schon jenes Abstrakte geworden waren, das sie heute sind, sie hätten ja auch nicht Namen für die Zahlen finden können. Die Namen für die Zahlen sind oftmals so außerordentlich charakteristisch. Denken Sie doch nur an das Wort «Zwei», das deutlich noch einen konkreten Vorgang ausdrückt: entzweien, ja das sogar zusammenhängt mit zweifeln. Aber es ist nicht die Nachbildung eines Äußeren, wenn die Zahl Zwei bezeichnet wird durch das Entzweien, sondern es ist tatsächlich ein im Inneren Erlebtes, das zum Schema gemacht wird, ein aus dem Inneren Heraufgeholtes, geradeso wie das Abstrakte dreidimensionale Raumschema aus dem Inneren herausgeholt ist.

Und da kommen wir zurück zu einer Zeit, die in ihrer vollen geistigen Lebendigkeit zum Beispiel vorhanden war noch in den ersten christlichen Jahrhunderten, und deren geistige Eigentümlichkeit schon daraus ersehen werden kann, daß Mathematik, Mathesis mit Mystik fast als eins angesehen wurde. Mystik, Mathesis, Mathematik sind eines, wenn auch nur in gewisser Beziehung. Für einen Mystiker in den ersten christlichen Jahrhunderten ist die eigentliche Mystik dasjenige, was man mehr seelisch innerlich erlebt, die Mathematik ist jene Mystik, die man mehr äußerlich mit dem Körper erlebt, zum Beispiel die Geometrie mit den Orientierungen des Körpers nach vorne-hinten, rechts-links, oben-unten. Man möchte sagen, die eigentliche Mystik ist eben seelische Mystik, und die Mathematik, Mathesis, ist körperliche Mystik. Man erlebt innerlich die eigentliche Mystik eben in dem, was man sehr häufig Mystik nennt, und man erlebt die Mathesis, die andere Mystik, indem man ein Innenerlebnis des Körperlichen hat, indem man dieses Innenerlebnis noch nicht verloren hat.

Tatsächlich ist auch der Charakter, wie Cartesius und Spinoza von der Mathematik noch fühlen oder auch von der mathematischen Methode noch fühlen, ganz anders geartet. Man vertiefe sich nur einmal, aber nicht so äußerlich, wie man das heute tut, wo man immer die jetzigen, uns in den Kopf eingehämmerten Begriffe auch bei den alten Denkern finden will, sondern selbstlos aus sich herausgehend, in diese Denker, und man wird finden, daß selbst noch Spinoza etwas von mystischem Empfinden hat, indem er sich der mathematischen Methode hingibt. Schließlich unterscheidet sich die Philosophie des Spinoza von der Mystik eigentlich gar nicht anders als dadurch, daß ein Mystiker von der Art eines *Meisters Eckhart* oder des *Johannes Tauler* eben mehr auf dem Gefühlsgrunde seine Weltengeheimnisse zu erleben versucht, während sie ein Spinoza, aber ebenso innerlich, in mathematisch-methodischen Linien, die eben nicht gerade geometrische Linien sind, aber nach mathematischer Methode innerlich erlebt werden, sich konstruiert. In bezug auf die Seelenverfassung und Seelenstimmung im Erleben der mystischen Methode des Meisters Eckhart und der mathematischen Methode des Spinoza ist eigentlich kein Unterschied. Und derjenige, der einen Unterschied macht, der versteht eben eigentlich gar nicht, wie Spinoza richtig mathematisch-mystisch seine «Ethik» zum Beispiel erlebt hat. Da ist noch ein Nachklang bei diesem Philosophen aus derjenigen Zeit, in der Mathematik, Mathesis und Mystik als einerlei Erlebnisse der Seele empfunden worden sind.

Nun werden Sie vielleicht, meine sehr verehrten Anwesenden und lieben Freunde, sich erinnern, wie ich in meinem Buche über «Seelenrätsel» den Versuch gemacht habe, die menschliche Organisation wiederum in einer dem modernen Denken gemäßen Weise zu finden. Ich muß auf die Stelle dieses Buches «Von Seelenrätseln» verweisen. Dort habe ich die menschliche Organisation, unter der ich zunächst die physische Organisation verstehe, gegliedert in das Nerven-Sinnessystem, in das rhythmische System und in das Stoffwechsel-Gliedmaßensystem. Ich brauche hier nicht besonders darauf hinzuweisen, daß damit nicht etwa, wie das von universitärer Seite aus karikiert worden ist, eine solche Gliederung des Menschen gemeint ist, wo die einzelnen Glieder nebeneinandergestellt werden im Raume. Es wird Ihnen ja aus der Darstellung, die ich in meinem Buche «Von Seelenrätseln» gegeben habe, klar sein, daß diese Glieder ineinandergreifen, daß das Nerven-Sinnessystem, wenn man es Kopfsystem nennt, eben durchaus nur der Hauptsache nach im Haupte, im Kopfe lokalisiert ist, daß es aber eben im ganzen Menschen sich ausbreitet, daß diese drei Systeme ineinandergehen, daß natürlich auch der Atmungs- und Blutrhythmus von dem mittleren Menschen, von dem Brustmenschen herauf sich erstreckt in die Kopfesorganisation und so weiter. Die Gliederung ist also eine funktionelle, sie ist nicht eine lokale. Aber man lernt den Menschen doch durchschauen, wenn man ein inneres Verständnis für diese Gliederung hat.

Nun wollen wir uns einmal diese Gliederung heute zu einem bestimmten Ziele vor Augen stellen. Fassen wir zunächst einmal das dritte Glied der menschlichen Organisation, den Stoffwechsel-Gliedmaßenmenschen ins Auge. Wir können ja zunächst unser Augenmerk auf dasjenige richten, was uns in diesem Gliede der Menschenwesenheit besonders ins Auge fällt. Wir können das Augenmerk darauf richten, daß der Mensch sein äußeres Leben, insofern er ein Sinneswesen ist, dadurch vollbringt im Erdendasein, daß er dasjenige, was in seinen Gliedmaßen lebt, anschließt an die inneren Erlebnisse, von denen ich einzelne charakterisiert habe, namentlich das innere Orientierungserlebnis nach den drei Raumrichtungen. Das Gliedmaßensystem des Menschen fügt sich gewissermaßen in seinen äußeren Bewegungen, in seiner Einorientierung in die Welt in dasjenige ein, was innere Orientierung in den drei genannten Richtungen ist. Wir fügen uns in einer gewissen Weise in das Erlebnis des Oben und Unten im Gehen ein. Wir fügen uns bei manchem, was wir mit unseren Händen ausführen oder mit unseren Armen, in die Orientierungsrichtung rechts-links ein. Ja wir fügen uns mit unserem Sprechen sogar, insofern das Sprechen eine Bewegung des Luftartigen im Menschen ist, der Richtung vorne-hinten, hinten-vorne ein. Indem wir uns in der Welt bewegen, stellen wir unsere innere Orientierung in die äußere Welt hinein.

Sehen wir jetzt einmal den wahren Vorgang gegenüber dem bloß Illusionären in einem bestimmten mathematischen Falle an. Es ist etwas Illusionäres, etwas rein im Gedankenschema Verlaufendes, wenn ich irgendwo im Weltenall einen Raumvorgang finde, und ich gehe dann als analytischer Mathematiker an diesen Raumvorgang so heran, daß ich mir die drei Koordinaten des gewöhnlichen Koordinatenachsen-Systems aufzeichne oder auch denke, und nun irgendeinen

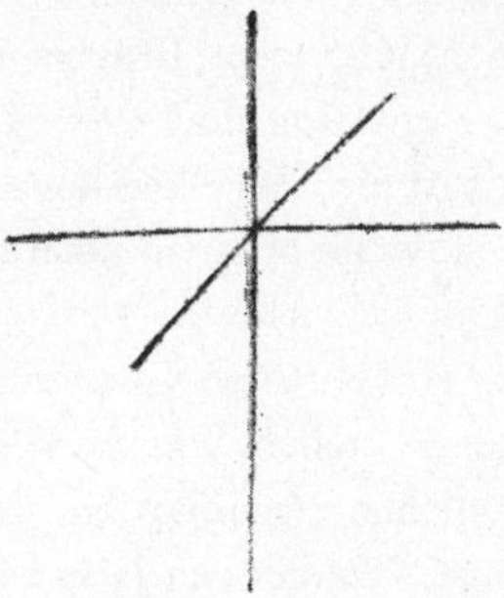

äußeren Vorgang, der dem Raum angehört, in dieses rein konstruierte Raumschema des Descartes, des Cartesius einordne. Das ist ja nur dasjenige, was sich, ich möchte sagen, da oben durch das Nerven-Sinnessystem des Menschen in dem Gebiete des Gedankenschematischen abspielt. Zu einem Verhältnis des Menschen zu einem solchen Vorgang im Raume würde man nicht kommen, wenn nicht zugrunde läge das, was man mit seinen Gliedmaßen tut, mit seinem ganzen Menschen übrigens auch tut, daß man nach der inneren Orientierung des Oben-Unten, Rechts-Links, Vorne-Hinten sich hineinstellt in die ganze Welt. Ich weiß, wenn ich nach vorwärts gehe, daß ich mich auf der einen Seite in das Oben und Unten einstelle, um aufrecht bleiben zu können. Ich weiß aber auch, daß ich mich in das Hinten und Vorne mit meiner Gangrichtung hineinstelle, und wenn ich etwa schwimme und die Arme benütze, orientiere ich mich mit dem Rechts-Links hinein in die Welt. Ich habe gar nicht dasjenige, was der Sache zugrunde liegt, wenn ich das Cartesiussche Raumschema nehme, das abstrakte Koordinatenachsen-System nehme. Ich habe dasjenige, was überhaupt dem Menschen den Eindruck der Wirklichkeit gibt, wenn er mit den Raumdingen verkehrt, erst dann, wenn ich mir sage, da oben im Kopf-Nervensystem spielt sich eigentlich das illusionäre Bild ab von etwas, was tief im Unterbewußtsein, nämlich da sich abspielt, wo der Mensch eben nicht mit seinem gewöhnlichen Bewußtsein hinkommt, was sich abspielt zwischen seinem Gliedmaßensystem und der Welt. Und die ganze Mathematik, die Geometrie, ist heraufgeholt aus unserem Bewegungssystem. Wir hätten keine Geometrie, wenn wir nicht nach innerlicher Orientierung uns in die Welt hineinstellten. In Wahrheit geometrisieren wir, indem wir dasjenige, was sich im Unbewußten abspielt, in das Illusionäre des Gedankenschemas heraufheben. Dadurch erscheint es uns als etwas so abstrakt Selbständiges. Das ist aber eben erst dasjenige, was in der neueren Zeit eingetreten ist. In der Zeit, in der die Mathesis, die Mathematik der Mystik noch nahe empfunden wurde, da wurde einem auch das mathematische Verhalten zu den Dingen noch etwas Menschliches. Was ist denn schließlich Menschliches darinnen enthalten, wenn ich einen Nullpunkt, den ich irgendwo in den Raum auch nur gedacht hineinstelle, durchkreuzen lasse von drei aufeinander senkrechten Richtungen, und dieses Raumschema zusammenfallen lasse mit einem Vorgang, den ich im wirklichen Raume wahrnehme? Es ist ja ganz abgesondert vom Menschen, es ist ja etwas ganz Unmenschliches. Dieses Unmenschliche, das eben in der neueren Zeit aufgetreten ist im mathematischen Gedankenbau, dieses Unmenschliche war einmal ein Menschliches. Aber wann war es ein Menschliches?

Nun, die äußere Zeit habe ich Ihnen ja eigentlich angegeben, aber das Innere davon ist noch zu charakterisieren. Wann war es ein Menschliches? Damals war es ein Menschliches, als der Mensch hinter seinen Bewegungen, hinter seinem Einordnen, seiner inneren Orientierung in den Raum nicht nur innerlich noch erlebte: Du gehst von hinten nach vorne und bewegst dich so, daß du dein Gleichgewicht erlebst von oben und unten, und du bildest vielleicht ein anderes Gleichgewicht mit dem Rechts-Links –, sondern als der Mensch auch noch fühlte, daß ja in jedem solchen Gehen, in jeder solcher Geometrie innerlich das Blut tätig ist. Es ist ja immer eine Bluttätigkeit dabei, wenn ich nach vorne gehe. Und was war für eine Bluttätigkeit vorhanden, als ich als Kind mich aufrichtete aus der horizontalen Lage in die vertikale Lage! Hinter den Bewegungen des Menschen, hinter dem Erleben der Welt durch das Bewegen, das ja auch ein innerliches Erlebnis sein kann und es einmal war, hinter dem steht das Blutserlebnis. Denn in der kleinsten und in der größten Bewegung, die ich erlebe, indem ich sie selber ausführe, liegt ja das Blutserlebnis, das damit verknüpft ist. Nur sehen wir heute eben das Blut als dasjenige an, was sich uns darbietet, wenn wir in die Haut stechen und da der rote Saft herausfließt, oder wenn wir uns in ähnlicher Weise äußerlich von dem Dasein des Blutes überzeugen. Aber die Zeit, wo die Mathematik, die Mathesis noch angeschlossen war an die Mystik, wo das Bewegungserlebnis innerlich, wenn auch traumhaft, in Verbindung war mit dem Blutserlebnis, diese Zeit erlebte das Blut innerlich. Das heißt, der Mensch wurde etwas anderes, wenn er verfolgte, wie durch seine Lungenadern das Blut durchrollt, als wenn durch seine Kopfadern das Blut durchrollt. Und er verfolgte das Durchrollen des Blutes beim Aufheben des Knies, beim Aufheben des Fußes, und er durchfühlte sich, durchlebte sich innerlich in seinem Blut. Das Blut hat eine andere Schattierung, wenn ich den Fuß hoch aufhebe, als wenn ich ihn auf den Boden gesetzt habe. Das Blut hat eine andere Schattierung, wenn ich blöde dasitze und faul schlafe, als wenn ich Gedanken durch den Kopf schießen lasse. So kann der ganze Mensch innerlich Gestalt werden, in verschiedenen Nuancierungen Gestalt werden, wenn er das Blutserlebnis hinter dem Bewegungserlebnis hat. Stellen Sie sich lebendig das vor, was ich hier meine. Denken Sie sich, Sie gehen langsam, Schritt vor Schritt; Sie fangen an schneller zu gehen; Sie fangen an zu laufen; Sie fangen an sich zu drehen, in allerlei Weise zu tanzen, und denken Sie, Sie würden nicht mit dem heutigen abstrahierenden Bewußtsein, sondern mit innerlichem Erleben zuerst die ganz langsame Art haben, sich in den Raum hineinzustellen in allen drei Orientierungen; Sie würden das Schnellerwerden haben, Sie würden das Laufen haben, das Drehen, das Tanzen, aber Sie würden dabei immer haben das entsprechende Blutserlebnis. Zuerst jene innere Schattierung, die Sie natürlich nur immer empfindend erleben können, beim Langsamgehen. Beim Laufen, beim Drehen, beim Tanzen wäre es jeweils anders, so daß Sie, wenn Sie recht vom Inneren heraus Ihr Bewegungserlebnis hinzeichnen wollten, vielleicht folgendes hinzeichnen müßten (Zeichnung, weiße Linie). Aber jetzt würden Sie hinzeichnen für jede Lage, in der Sie während dieses Bewegungserlebens waren, ein innerliches Blutserlebnis (rot, blau, gelb).

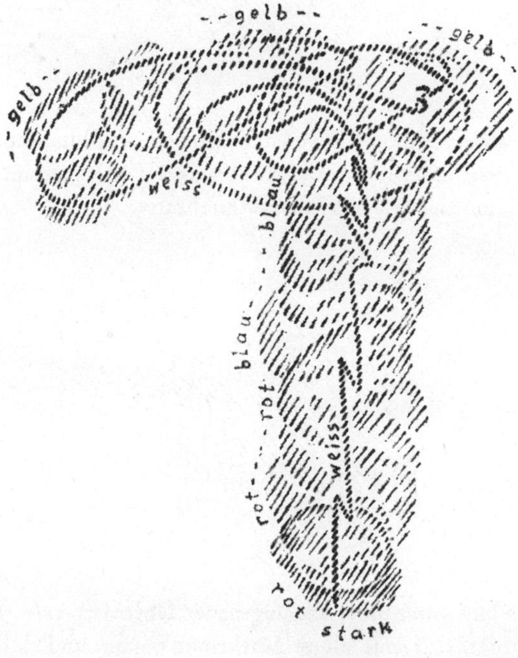

Das erste Erlebnis, das Bewegungserlebnis, von dem würden Sie sagen, Sie erleben es gemeinsam mit dem äußeren Raume, denn Sie gehen fortwährend aus Ihrem Orte heraus. Das zweite Erlebnis, das ich durch

Farben gekennzeichnet habe, ist ein Zeiterlebnis, ist eine Aufeinanderfolge von inneren intensiven Erlebnissen.

Sie können in der Tat auch, wenn Sie nun die Kunst ausführen, im Dreieck zu laufen, ein innerliches Erlebnis haben als Blutserlebnis:

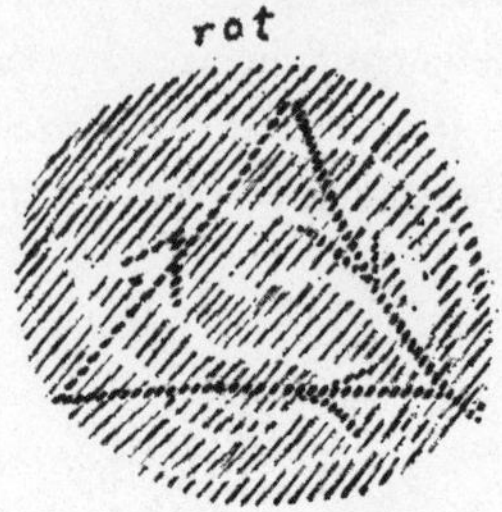

Wenn Sie im Viereck laufen, können Sie ein anderes Blutserlebnis haben. Dasjenige, was äußerlich quantitativ, was äußerlich geometrisch ist, ist innerlich im Blutserlebnis intensiv qualitativ:

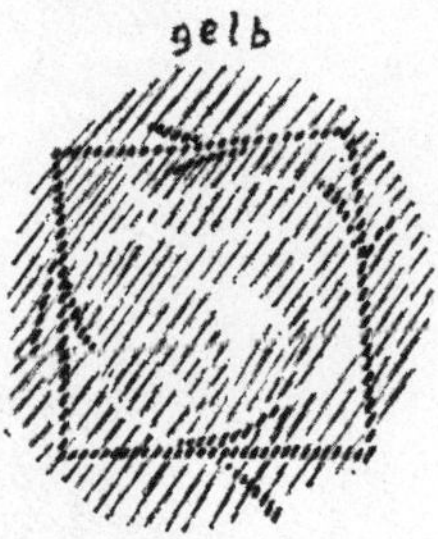

Das ist das Überraschende, das ungeheuer Überraschende, wenn man darauf kommt, daß eine ältere Mathematik ganz anders redet vom Dreieck und Viereck. Wenn darinnen gesehen wird allerlei Geheimnisvolles, so ist das nicht ein Geheimnisvolles, wie es die heutigen nebulosen Mystiker beschreiben, sondern es ist dasjenige, was einer etwa beim Dreieck erlebt hätte innerlich im Blute, wenn er das Dreieck abgelaufen wäre, was einer innerlich erlebt hätte im Blute, wenn er das Viereck abgelaufen wäre. Und gar jenes Blutserlebnis, das für das Pentagramm gilt! Sie sehen, im Blute wird die ganze Geometrie qualitativ inneres Erlebnis. Wir kommen in die Zeit zurück, die wahrhaftig sagen durfte: Blut ist ein ganz besonderer Saft. Denn wird er innerlich erlebt, dieser Saft, so saugt er alle geometrischen Gebilde auf, macht sie zu intensiven inneren Erlebnissen. Aber der Mensch lernt sich ja dadurch auch selber kennen. Er lernt kennen, was es heißt, ein Dreieck erleben, was es heißt, ein Viereck erleben, was es heißt, ein Pentagramm erleben, und er lernt die Projektion der Geometrie auf das Blut und seine Erlebnisse kennen. Das war einmal Mystik. Die Mathematik, die Mathesis, stand nicht nur nahe der Mystik, sondern sie war überhaupt die Bewegungsaußenseite, die Gliedmaßenseite für das Innenerlebnis, für das Blutserlebnis. Die ganze Mathematik verwandelte sich aus einer Summe von Raumesgebilden für den Mystiker einstiger Zeiten in dasjenige, was im Blute erlebt wird, in rhythmisches Innenerlebnis, aber intensives mystisches, rhythmisches Innenerlebnis.

Man kann sagen: Der Mensch hatte einmal eine Erkenntnis, die er erlebte, bei der war er ganz dabei, und er verlor gerade in dem Zeitpunkte, den ich Ihnen charakterisiert habe, dieses Dabeisein seiner eigenen Wesenheit mit der Welt, dieses Dabeisein bei den Weltgeheimnissen. Er riß sich die Mathematik aus seinem Inneren heraus. Er hatte nicht mehr das Bewegungserlebnis, konstruierte sich aber mathematisch die Zusammenhänge der Bewegungen draußen. Er hatte nicht mehr das Blutserlebnis. Dadurch wurde ihm überhaupt das Blut in seinem Rhythmus etwas ganz Fremdes, er wurde sich selber fremd dabei in seinem Blutserlebnis. Denken Sie sich, der Mensch reißt die Mathematik von seinem Körper los, sie wird ein Abstraktes. Er verliert das Verständnis für das Blutserlebnis. Die Mathematik geht nicht mehr nach dem Inneren. Und denken Sie sich das einmal als eine Stimmung der Seele, die einmal auftrat. Denken Sie sich, daß die Seele früher anders gestimmt war, als sie später gestimmt wurde, daß sie früher so gestimmt war, daß sie eben den Zusammenhang zwischen Blutserlebnis und Bewegungserlebnis suchte, und nachher von diesem das eine ganz abgesondert hatte, das mathematische und geometrische Erlebnis ganz abgesondert hatte, nicht mehr auf die eigene Bewegung bezog, das Blutserlebnis verlor. Denken Sie sich das wirklich als Historie, als ein in den Stimmungen der Menschheitsentwickelung Auftretendes. Ja, ein Mensch, der früher gelebt hat, als Mathesis noch Mystik war, der setzte seinen ganzen Menschen in die Welt hinein, der mußte mit seinem eigenen Bewegungswesen den Kosmos abmessen. Er als Mensch maß den Kosmos ab. Er lebte in der Astronomie darinnen. Der neuere Mensch stellt ein Koordinatenachsen-System in den Kosmos hinein und nimmt sich selbst heraus. Der ältere Mensch empfand bei jeder geometrischen Figur ein Blutserlebnis. Der neuere Mensch empfindet kein Blutserlebnis, verliert den Zusammenhang zu seinem eigenen Herzen, in dem die Blutserlebnisse zentriert sind. Kann sich irgend jemand denken, daß etwa im 7., 8. Jahrhundert des Mittelalters, als die Stimmung mit dem Bewegungserlebnis als mathematischem Erlebnis und mit dem Blutserlebnis als mystischem Erlebnis noch vorhanden war, daß da jemand eine Kopernikanische Astronomie begründet hätte, mit einem Koordinatenachsen-System einfach hineingestellt in die Welt, abgesondert von dem Menschen? Nein, das wurde erst möglich, als in der Menschheitsentwickelung diese besondere Seelenverfassung auftrat. Und bald darnach wurde etwas anderes möglich. Das innere Blutserlebnis ist verlorengegangen. Die Zeit war reif, nun die Blutbewegungen am physischen Menschenkörper äußerlich physiologisch-anatomisch zu ergründen. Und Sie haben so jenen Umschwung in der Menschheitsentwickelung, auf der einen Seite die Kopernikanische Astronomie und auf der anderen Seite die Entdeckung des Blutkreislaufes durch *Harvey*, den Zeitgenossen des Bacon, des Hobbes, denn jenes In-die-Welt-Schauen mit abstrakter Mathematik kann nicht mehr die alte Ptolemäische Theorie ergeben. Die ist im wesentlichen an den Menschen und seine erlebte Mathematik gebunden. Jetzt erlebt man das Abgesonderte, mit einem beliebigen Nullpunkt auftretende Koordinatenachsen-System. Jetzt hat man nicht mehr innerlich das Blutserlebnis, jetzt entdeckt man physisch die Blutzirkulation mit dem Herzen in der Mitte.

So stellte sich die Geburt der Naturwissenschaft in die ganze

Menschheitsentwickelung hinein, in ihre bewußten und unterbewußten Prozesse, und nur so versteht man aus dem wirklichen Menschlichen heraus, was sich eigentlich zugetragen hat und was da sein mußte in der neueren Zeit, damit die uns heute so selbstverständliche Naturwissenschaft überhaupt hat entstehen können, damit jemandem erst einfallen konnte, solche Untersuchungen zu machen, wie sie etwa zu der Harveyschen Entdeckung des Blutkreislaufes führten. Dies, meine sehr verehrten Anwesenden, werde ich dann morgen fortsetzen.

VIERTER VORTRAG

Dornach, 27. Dezember 1922

Gestern versuchte ich zu zeigen, wie eine ältere menschliche Anschauung, aus der dann die moderne naturwissenschaftliche Anschauung erst hervorgegangen ist, noch verband das Qualitative und, ich möchte sagen, auch das Figurale der Mathematik, auch der Mathematik, insofern sie Geometrie ist, wie sie also noch verband das Quantitative mit dem Qualitativen. So daß man zurückblicken kann in eine Weltanschauung, in der Erlebnis nicht nur war, sagen wir, ein Dreieck oder irgendein anderes geometrisches Gebilde, gleichgültig ob man mit diesem geometrischen Gebilde eine Körperbegrenzung meint oder ob man etwa die Gestalt der Bewegungsbahn eines Körpers meint, sondern welche ein solches geometrisches Gebilde und auch ein arithmetisches Gebilde noch im innigen Zusammenhange sah mit etwas auch intensiv qualitativ Erlebtem, zum Beispiel ein Dreieck hervorgehend aus einem bestimmten Erlebnis, ein Viereck hervorgehend aus einem bestimmten Erlebnis.

Diese Anschauung konnte erst in eine andere sich verwandeln, als man das Bewußtsein verlor, daß alles Quantitative, also auch alles Mathematische, ursprünglich dennoch von dem Menschen unmittelbar im Zusammenhange mit der Welt erlebt ist, als man dazu gekommen war, abzulösen dieses Quantitative von dem menschlich Erlebten. Und wir können ja geradezu streng diese Ablösung feststellen da, wo ersetzt wird jede Raumauffassung als etwas, in dem der Mensch selber drinnensteht, durch die heute übliche schematische Raumauffassung, wo man den Ausgangspunkt nimmt eben von einem beliebigen Orte aus, durch den man einfach die drei Koordinatenachsen zieht. Das Mathematische in der Form, wie man es heute hat und wie man durch es die sogenannten Naturerscheinungen beherrschen will, es entstand erst in dieser Form, nachdem man es vom Menschlichen abgelöst hatte. Wenn ich mich etwas anschaulicher ausdrücken wollte, so müßte ich sagen: In einer älteren Zeit empfand der Mensch das Mathematische als etwas, was er in sich selber mit seinen Göttern oder mit seinem Gotte zusammen erlebte, wodurch der Gott die Welt ordnete, und gegenüber dem man es als kein Wunder anzusehen braucht, daß man die Welt nun auch in dieser Ordnung findet. Dagegen ist das Beziehen eines ganz willkürlichen Raumschemas oder eines anderen Mathematischen auf Naturerscheinungen, trotzdem man es mit Wesentlichem in diesen sogenannten Naturerscheinungen identifizieren kann, es ist dieses Beziehen des Abstrakt-Mathematischen auf Naturerscheinungen etwas, das nicht in irgendwie fester Weise sich mit menschlichen Erlebnissen verbinden kann und daher auch im Grunde genommen nicht durchschaut werden, sondern höchstens konstatiert werden kann. Daher kann es auch in Wirklichkeit nicht Gegenstand eines Erkennens sein. Man kann eigentlich von dieser Anwendung der Mathematik auf die Naturerscheinungen immer nur sagen, man findet, daß dasjenige, das man erst mathematisch ausgedacht hat, dann auf die Naturerscheinungen paßt. Aber warum das so ist, kann man innerhalb dieser Anschauungswelt nicht mehr finden.

Denken wir zurück an jene Anschauungswelt, von der ich Ihnen in diesen Tagen gesprochen habe, wo alles Körperliche galt als eine Abbildung des Geistigen. Da schaute man auf den Körper, fand in dem Körper ein Abbild des Geistigen. Man schaute dann zurück auf sich selbst, auf das, was man im Verein mit seinem Göttlichen als Mathematisches durch seine eigene Körperkonstitution findet. Und genau ebenso, wie man in dem Kunstwerk eines Künstlers den Abdruck seiner Ideen findet, ohne daß man dabei etwas nicht Durchschaubares hätte, so findet man in den Körpern die mathematischen Abbilder desjenigen, was man erlebt hat mit seinem Göttlichen zusammen, weil diese Körper draußen in der Natur ja selbst die Abbilder des Göttlich-Geistigen sind. So ist also schon in demselben Momente, wo die Mathematik abgesondert wird von dem Menschen und dann doch auf eine Körperlichkeit bezogen wird, die einem nicht mehr ein Abbild des Geistes ist, etwas Agnostisches in die ganze Auffassung notwendigerweise hineingekommen.

Betrachten wir die Sache an etwas Konkretem, an der ersten Erscheinung, welche uns entgegentritt nach der Geburt der naturwissenschaftlichen Denkweise, betrachten wir die Sache an dem kopernikanischen System. Ich habe es heute und überhaupt in diesen Vorträgen nicht zu tun mit der Verteidigung des alten ptolemäischen Systems oder der Verteidigung des kopernikanischen Systems. Ich trete hier zunächst, indem ich nur historisch darstelle, weder für das eine noch das andere ein, habe es nur zu tun mit der Tatsache, daß das kopernikanische System das ptolemäische abgelöst hat. Es sollte also niemand etwa aus demjenigen, was ich heute zu sagen habe, schließen, daß ich für das alte ptolemäische System eintreten wollte gegen das kopernikanische. Aber in bezug auf das geschichtliche Werden ist folgendes zu sagen. Man versetze sich zurück in diejenige Zeit, in welcher der Mensch seine eigene Orientierung im Raum, das Oben-Unten, Rechts-Links, Vorne-Hinten, erlebte. Er konnte sie nur erleben im Zusammenhange mit der Erde. Er konnte zum Beispiel das Oben und Unten an sich selber nur erleben im Zusammenhange mit der Schwerkraftrichtung. Und er erlebte das Rechts-Links, das Vorne-Hinten im Zusammenhange mit den Weltgegenden, nach denen ja die Erde selber orientiert ist. Aber er erlebte auch diese Orientierung mit der Erde zusammen, indem er sich fest auf der Erde stehend fühlte. Das heißt, der Mensch war sich nicht nur für seine Gedanken irgend etwas, was bei seinem Kopfe anfängt und bei seinen Fußsohlen aufhört, sondern der Mensch erlebte sich vielmehr als etwas, durch das die Schwerkraft geht, die mit seinem Wesen etwas zu tun hat, die aber nicht bei den Schuhsohlen aufhört, so daß er, indem er sich in dem Schwerkraftwesen drinnen fühlte, sich als zusammengehörig mit der Erde empfand. Dadurch war für sein konkretes Erleben der Ausgangspunkt seiner ganzen kosmischen Betrachtung durch die Erde gegeben. Damit war aber für ihn die Konstruktion des ptolemäischen Weltsystems berechtigt. In dem Augenblicke, wo der Mensch die mathematische Konstruktion von sich selber loslöste, da war erst die Möglichkeit gegeben, sie auch von der Erde loszulösen und ein astronomisches System zu begründen, das seinen Mittelpunkt in der Sonne hat. Der Mensch mußte erst das ältere In-sich-Erleben verlieren, um außerhalb des Irdischen den Mittelpunkt eines Systems anzunehmen. Es hängt also das Heraufkommen des kopernikanischen Systems auf das innigste zusammen mit der ganzen Umwandlung in der Seelenstimmung der zivilisierten Menschheit. Es kann gar nicht die Entstehung des modernen naturwissenschaftlichen Denkens herausgerissen werden aus der übrigen Gemüts- und Seelenverfassung der Menschen, sondern muß im Zusammenhange damit betrachtet werden.

Es ist ja ganz natürlich, daß wenn man solche Dinge ausspricht, sie zunächst den Zeitgenossen, die an die gegenwärtige Naturanschauung glauben, mit einer viel größeren Intensität als jemals alte Religionsbekenner an ihre Dogmen geglaubt haben, daß sie ihnen absurd erscheinen. Aber man muß, um eben die naturwissenschaftliche Denkweise richtig würdigen zu können – sie wird dadurch gerade, wie wir sehen werden im Verlaufe dieser Vorträge, wertvoller für die Erkenntnis der Welt, als sie den Agnostikern gilt –, man muß sie aus der Gesamtheit der menschlichen Seelenverfassung und der Entwickelung derselben herausholen.

Es war also einmal gegeben diese kopernikanische Weltanschauung, dieses Hinausverlegen des kosmischen Mittelpunktes vom Irdischen in die Sonne. Und damit war eigentlich im Grunde schon gegeben das ganze kosmische Gedankengebäude des *Giordano Bruno,* der 1548 geboren ist, 1600 in Rom verbrannt wurde. Giordano Bruno erscheint, man möchte sagen, geradezu wie der die moderne Naturanschauung, den Kopernikanismus Glorifizierende. Man muß ganz durchdrungen sein von der Einsicht in die Notwendigkeit der Entstehung dieses Weltenbildes, um überhaupt etwas zu empfinden von der ganzen Art und Weise, und namentlich für die Diktion, den Ton, wie Giordano Bruno spricht und schreibt. Man muß es doch bemerken, daß Giordano Bruno in seinen Schriften ganz anders redet als irgendwie sowohl die Anhänger der neuen, wie die Nachzügler der alten, bisher gebräuchlichen naturwissenschaftlichen Darstellungsweise. Man möchte sagen, Giordano Bruno redet eigentlich gar nicht mathematisch, er redet eher lyrisch über das Weltenall. Man möchte etwas Musikalisches finden in der Art und Weise, wie oftmals hinreißend Giordano Bruno die moderne Naturanschauungsweise in Worte kleidet. Warum ist das? Das ist aus dem Grunde, weil Giordano Bruno in der Tat eigentlich mit seinem ganzen inneren Wesen in einer älteren Weltempfindung wurzelt und sich mit seinem äußeren Verstande sagt: So wie die Dinge nun einmal in der Menschheitsentwickelung geworden sind, können wir gar nicht anders, als das kopernikanische Weltanschauungsbild akzeptieren. Er verstand eben die Notwendigkeit, die durch die Zeitentwickelung für die Menschheit gegeben war. Aber, ich möchte sagen, an ihn trat dieses kopernikanische Weltbild eigentlich nicht heran als ein Selbsterarbeitetes, sondern als etwas, was ihm gegeben war, was er fand als das den Zeitgenossen Angemessene. Er konnte aber nicht anders, weil er eben mit seinem Inneren einer älteren Weltempfindung angehörte, als dasjenige, was er erkennen sollte, was er als Erkenntnis akzeptieren sollte, innerlich zu erleben. Er hatte noch das innerliche Erleben. Wissenschaftliche Formen dieses innerlichen Erlebens hatte er noch nicht. Und so verfolgt er eigentlich die Gedankengänge des kopernikanischen Systems, die er so wunderbar darstellt, nicht so, wie sie Kopernikus, wie sie etwa Galilei oder Kepler oder andere verfolgt haben, oder gar Newton, sondern er verfolgte sie so, daß er versuchte, ganz nach alter Art, wo man den ganzen Kosmos in sich selber miterlebt hat, das nun auch mitzuerleben. Aber um in der alten Weise den Kosmos mitzuerleben, mußte die Mathematik zugleich Mystik sein, wie ich gestern darstellte, mußte zugleich innerliches Erlebnis sein. Das konnte sie für Giordano Bruno nicht. Dafür war die Zeit vorüber. Und so wurde das Miterleben nicht eigentlich ein wissendes Miterleben, es wurde ein poetisches Miterleben oder wenigstens ein halb poetisches Miterleben. Das gibt den Giordanoschen Schriften ihre Diktion. Der Atomismus ist noch eine Monadologie, das Atom ist noch etwas Lebendes bei ihm. Die Summe der kosmischen Gesetze hat noch etwas Seelenhaftes, aber nicht, weil er im Sinne eines alten Mystikers das Seelenhafte bis hinein ins Kleinste wirklich menschlich miterlebt hätte oder die mathematische Gesetzmäßigkeit des Kosmos als die Intention des Geistes miterlebt hätte, sondern weil er sich poetisch aufraffte, um dasjenige, was einmal, weil es äußerlich geworden war, auch nur äußerlich gegeben werden konnte, um das zu bewundern und in Bewunderung wissenschaftsähnlich zu glorifizieren. Es ist wirklich in dieser Persönlichkeit des Giordano Bruno etwas wie ein Eckpfeiler der beiden Weltanschauungen, der gegenwärtigen und derjenigen, von der sich der Mensch heute kaum noch einen Begriff macht, die bis ins 15. Jahrhundert hineingeht und in der noch in einer gewissen Weise alles dasjenige vom Menschen miterlebt wird, was kosmisch ist, so daß der Mensch noch nicht einen Unterschied hat zwischen dem Subjekt in ihm und dem kosmischen Objekt draußen, daß beide eigentlich noch zusammenkommen, daß der Mensch noch nicht redet von den drei Raumdimensionen, abgesondert von seiner eigenen Orientierung im eigenen Leibe nach oben-unten, rechts-links, vorne-hinten.

Bei Kopernikus war es zunächst das Astronomische, das er nun mit dem abgesondert gedachten Mathematischen zu erfassen versucht. Bei *Newton* tritt die Mathematik – ich meine jetzt nicht einzelne mathematische Ableitungen, sondern das mathematische Denken überhaupt, aber in Absonderung von dem menschlichen Erleben – nun ganz für sich auf. Newton ist eigentlich – gewiß, man muß in der Hauptsache immer an radikalen Punkten schildern, es kann manches eingewendet werden gegen dasjenige, was ich sozusagen in den Eckpunkten schildere, aber das tut nichts zur Sache –, Newton ist so ziemlich der erste, der mit der abgesonderten mathematischen Denkweise an die Naturerscheinungen betrachtend herantritt. Und dadurch wird Newton, als eine Art Nachfolger des Kopernikus, der eigentliche Gründer der modernen naturwissenschaftlichen Denkweise.

Nun ist es interessant, wie in dieser Newtonschen Zeit und in der Zeit, die darauf folgt, die zivilisierte Menschheit damit beschäftigt ist, zurechtzukommen mit dem ungeheuren Umschwung, der sich in der Seelenverfassung von der älteren mathematisch-mystischen Anschauungsweise zu der neueren mathematisch-naturwissenschaftlichen Anschauungsweise vollzog. Die Geister können eigentlich schwer fertig werden mit diesem gewaltigen Umschwung. Besonders klar wird einem das, wenn man so in die Einzelheiten hineinschaut, in die Aufgaben, mit denen die eine oder die andere Persönlichkeit kämpft. Nehmen wir einmal Newton, wie er darstellt sein Natursystem dadurch, daß er es in Beziehung zu bringen sucht mit der vom Menschen abgesonderten Mathematik, so finden wir, daß er voraussetzt zum Beispiel Zeit, Ort, Raum, Bewegung. Er sagt in seinen Prinzipien der Naturphilosophie: Ort, Zeit, Raum, Bewegung brauche ich nicht zu erklären, denn die kennt eigentlich jeder Mensch. Jeder Mensch weiß, was Zeit ist, was Raum ist, was Ort ist, was Bewegung ist, und so verwende ich innerhalb der mathematischen Welterklärung eben so, wie ich sie aufgreife aus der trivial-populären Anschauungsweise, die Begriffe des Raumes, der Zeit, des Ortes, der Bewegung. Nicht immer ist es so, daß die Menschen mit ihrem Bewußtsein voll das umfassen, was sie aussprechen. Es ist sogar im Leben höchst selten, daß ein Mensch wirklich mit seinem Bewußtsein in all dasjenige eindringt, was er ausspricht. Auch bei den größten Geistern ist das nicht der Fall. Und Newton weiß im Grunde genommen nicht, warum er zu Ausgangspunkten nimmt Ort, Zeit, Raum, Bewegungen und sie nicht irgendwie erklärt, nicht irgendwie definiert, während er bei allen folgenden Ableitungen durchaus darauf sieht, alles zu erklären, alles zu definieren. Warum ist das? Nun, das ist aus dem Grunde, weil einem gegenüber Ort, Zeit, Bewegung, Raum alle Gescheitheit und alles Denken nichts hilft. Man wird nämlich durch alles Denken über Ort, Zeit, Raum, Bewegung niemals gescheiter als man vom Anfange an ist, wo man im gewöhnlichen Erleben eben diese Begriffe, diese Vorstellungen aufnimmt. Die Vorstellungen sind eben so, daß man sie durch seine unmittelbare, ich möchte sagen, triviale Menschlichkeit erlebt und so behalten muß, wie man sie so hat. Einem Nachfolger Newtons, der allerdings mehr auf philosophischem Gebiete tätig war, aber der gerade außerordentlich charakteristisch ist für die Kämpfe während der Entstehung der naturwissenschaftlichen Denkweise, einem der Nachfolger Newtons, *Berkeley,* ist das ganz besonders aufgefallen. Er ist sonst nicht zufrieden mit Newton, davon werden wir noch hören, aber das ist ihm besonders aufgefallen, daß Newton diese Begriffe zugrundelegt, ohne sie zu erklären, daß er sagt: Ich gehe aus von Ort, Zeit, Raum, Bewegung, definiere diese nicht, sondern lege sie meinen mathematisch-naturwissenschaftlichen Betrachtungen zugrunde. Berkeley sagte: Das muß man so machen. Man muß diese Begriffe nehmen, wie sie der einfachste Mensch hat, denn da sind sie immer klar. Unklar werden nämlich die Begriffe von Ort, Zeit, Bewegung und Raum nicht draußen im Erleben, sondern unklar werden sie in den Köpfen der Metaphysiker und Philosophen. Findet man diese vier Begriffe im Leben, so sind sie klar – so meint Berkeley –, findet man sie in den Köpfen der Metaphysiker und Philosophen, so sind sie immer unklar.

Und es ist schon so, daß das Nachdenken über diese Begriffe, die eben erlebt sein wollen, nichts hilft. Das spüre man doch. Deshalb beginnt Newton erst dann mathematisch zu jonglieren, wenn er diese Begriffe für die Welterklärungen braucht. Da jongliert er dann mit diesen Begriffen. Ich will damit gar nichts Abträgliches sagen, sondern will nur, sagen wir, das lebendige Können des Newton charakterisieren. Einer von diesen Begriffen, den Newton so verwendet, ist der Raum. Er manipuliert wirklich mit dem Raum zunächst so, wie der – nun, brauchen wir den philiströsen Ausdruck – gemeine Mann den Raum eben sich vorstellt. Und dadrinnen liegt noch immer etwas von dem Erlebten. Denn, den Raum der Cartesiusschen Mathematik sich vorzustellen, das bringt einen nämlich, wenn man sich nicht selber Illusionen vormacht, mit dem Denken in eine Art von Wirbel hinein, in eine Art von Drehkrankheit, denn dieser Raum, der beliebig irgendwo seinen Mittelpunkt hat, seinen Koordinaten-Anfangspunkt, dieser Raum, der hat etwas so Unbestimmtes. Man kann zum Beispiel in der geistreichsten Weise, ohne daß dabei irgend etwas herauskommt, darüber spekulieren, ob dieser Raum endlich oder unendlich ist, während das gewöhnliche Raumempfinden, das noch mit dem Menschlichen zusammenhängt, sich eigentlich nun wirklich um die Endlichkeit oder Unendlichkeit nicht kümmert. Es kümmert sich nicht darum. Es ist ja auch höchst uninteressant für eine lebensvolle Weltauffassung, ob der Raum nun endlich oder unendlich vorgestellt werden kann. So daß man also sagen kann: Newton nimmt den trivialen Raum, wie er ihn findet. Aber nun fängt er an zu mathematisieren. Er hat aber schon wegen der besonderen Eigentümlichkeit des Denkens in seinem Zeitalter die abgesonderte Mathematik, auch die abgesonderte Geometrie, und indem er die räumlichen Naturerscheinungen und Naturvorgänge mit der Mathematik durchdringt, durchdringt er sie mit einer abgesonderten Mathematik. Dadurch reißt er die Naturerscheinungen selber ganz von dem Menschen los. Und wir treffen in der Tat in dieser Newtonschen Physik zum ersten Mal eigentlich vollständig vom Menschen losgerissene Naturvorstellungen. Wir brauchen nur in frühere

Zeiten zurückzugehen, so werden wir finden, daß nirgends die Vorstellungen über die Natur so vom Menschen losgerissen sind, wie sie in der Newtonschen Physik losgerissen sind.

Wenn wir uns zurückwenden würden zu einem Denker – man kann diese Leute kaum Denker nennen, weil sie ein noch viel lebendigeres Innenleben haben als das bloße Gedankenleben, aber sagen wir dennoch, um den modernen Ausdruck zu gebrauchen, wir wenden uns zurück zu einem Denker des 4., 5. nachchristlichen Jahrhunderts –, so würden wir finden, daß er durchaus der Anschauung ist: Ich lebe, ich erlebe den Raum mit meinem Gotte zusammen. Ich richte mich im Raum in meinem Oben-Unten, Rechts-Links, Vorne-Hinten, aber ich lebe in dem Raum zusammen mit meinem Gotte. Der zeichnet die Richtungen hin, und ich erlebe diese Richtungen. So war es bei solch einem Denker des 3., 4. nachchristlichen Jahrhunderts und auch noch etwas später – es wird eigentlich erst im 14. Jahrhundert anders –, so daß der Mensch, indem er über den Raum dachte geometrisch, er nicht eigentlich ein Dreieck bloß hinzeichnete, sondern sich bewußt war: Das zeichnest du als Mensch, aber in dir lebt der Gott, der zeichnet mit. – Er zeichnet also zugleich sein erlebtes Qualitatives und das von Gott in ihn gesetzte Qualitative hin, so daß überall draußen, wenn Mathematik gesehen wurde, die Intentionen Gottes gesehen wurden.

Jetzt ist die Mathematik abgetrennt. Man hat vergessen, daß man die Mathematik eigentlich als von Gott eininspiriert erhalten hat. Und Newton wendet die Mathematik ganz in dieser abgesonderten Weise auf die Raumbetrachtung an. Als er seine Prinzipien der mathematischen Naturwissenschaft schreibt, geht er einfach darauf los, und wendet diese abgesonderte Mathematik, also einen konstruierten Raum, an, den er nicht definiert, weil er ein dunkles Gefühl davon hat: Wenn man anfängt den Raum zu definieren, da wird nichts daraus. – Er nimmt also den trivialen Begriff des Raumes, aber er behandelt ihn mit abgesonderter Mathematik, reißt ihn aus den inneren Erlebnissen heraus. So spricht er über die Naturprinzipien. Später vertieft sich das etwas bei Newton. Das ist interessant. Da wird – man kann das ganz gut bemerken, wenn man bewandert ist in den Newtonschen Schriften –, da wird ihm, ich möchte sagen, nicht wohl dabei, wenn er seine eigene Raumbetrachtung ins Auge faßt. Er kann diesen vom Menschen herausgerissenen Raum, diesen ganz dem Geiste entfremdeten Raum, später nicht recht vertragen. Und da definiert er: Der Raum ist das Sensorium Gottes. Das ist ein ungeheuer interessantes Faktum, daß derjenige Mann im Ausgangspunkte der neueren Naturwissenschaft, der zuerst den Raum ganz mathematisiert, ganz abgesondert hat vom Menschen, daß der dann diesen Raum doch noch definiert als das Sensorium Gottes, also eine Art Gehirnwahrnehmungsorgan Gottes. Auseinandergerissen hatte Newton die Natur in den Raum und den Menschen, der den Raum erlebt. Auseinandergerissen hatte er es nun einmal, aber schwül wurde ihm innerlich, wenn er jetzt den ja vom Menschen losgerissenen Raum betrachtete, den der Mensch früher mit seinem Gotte zusammen erlebt hatte, so daß er sich sagen konnte: Was mein menschliches Sensorium im Raume erlebt, das erlebe ich mit meinem Gotte zusammen; schwül wurde es Newton, da er jetzt den Raum aus dem menschlichen Sensorium herausgerissen hatte. Er hatte dadurch sich selber losgerissen von dem Durchdrungensein mit dem Göttlich-Geistigen. Der Raum war jetzt mit der Mathematik draußen. Und nun spricht er ihn später an als das Sensorium Gottes. Zwar hat er zuerst das Ganze herausgerissen. Dadurch ist es ungeistig und ungöttlich geworden. Aber es steckt noch so viel Empfindung in Newton, daß er den Raum, der nun draußen ist, doch nicht ungöttlich lassen kann, und so vergöttlicht er ihn wieder.

So hat sich der Mensch wissenschaftlich von seinem Gotte losgerissen, damit vom Geiste losgerissen, und äußerlich dennoch wiederum zu der Annahme dieses Geistes gegriffen. In dem, was dadurch geschehen war, liegt auch die Erklärung dafür, daß eine Persönlichkeit wie *Goethe* eigentlich in gar keinem Punkte mit Newton mitgehen konnte. In der Farbenlehre zeigt sich das nur an einem besonders charakteristischen Punkte. Aber diese ganze Art, das Geistige erst aus dem Menschen herauszuwerfen, es erst abzusondern vom Menschen, das widersprach dem ganzen Goetheschen Wesen. Goethe hatte von vornherein noch ein Gefühl davon, daß der Mensch alles erleben muß, auch das, was in ihm kosmisch ist, daß das Kosmische gewissermaßen selbst für die drei Dimensionen nur Fortsetzung des im Inneren des

Menschen Erlebten ist. Und so war Goethe innerlichst Widersacher Newtons.

Berkeley, der ja allerdings später lebte als Newton, aber durchaus der Zeit der Kämpfe noch angehört, die sich um das Heraufkommen der naturwissenschaftlichen Denkweise abspielten, Berkeley war, wie ich sagte, mit Newtons Hereinnehmen von Ort, Raum, Zeit, Bewegung aus der Trivialanschauung zufrieden, aber im übrigen war er mit der ganzen heraufkommenden Naturwissenschaft nicht zufrieden, vor allen Dingen nicht mit der Ausdeutung der Naturerscheinungen. Denn er war sich klar darüber: Eine solche Natur, die ganz vom Menschen abgesondert ist, die kann ja eigentlich gar nicht erlebt werden. Man täuscht sich nur, wenn man meint, sie werde erlebt. – Daher machte Berkeley geltend, daß es eigentlich Körper, die außen den Sinneswahrnehmungen zugrunde liegen, gar nicht gibt, sondern daß die Wirklichkeit durch und durch geistig ist, und daß die Welt, wie sie uns erscheint, auch da, wo sie uns körperlich erscheint, eben die Offenbarung eines Allgeistigen ist. Bei Berkeley traten diese Dinge sehr stark in Form von Behauptungen auf, denn er hat eigentlich nichts mehr von der alten Mystik, noch weniger von der alten Pneumatologie. Er hat eigentlich keine Gründe, um diese Allgeistigkeit zu behaupten. Er behauptet sie mehr aus dem Dogma seiner Religion heraus, aber er behauptet sie eben, und er behauptet sie so stark, daß für ihn alles Körperliche nur eine Offenbarung des Geistigen wird. So daß es für ihn keine Möglichkeit etwa gibt, zu sagen: Da nehme ich irgendwo eine Farbe wahr, und hinter dieser Farbe ist schwingende Bewegung, die ich nicht wahrnehme –, wie es die moderne Naturanschauung ganz rechtmäßig tut, sondern Berkeley sagte sich: Irgend etwas, was auch nur irgendeine körperliche Eigenschaft hat, wie schwingende Materie, darf ich nicht als Hypothese annehmen. Dasjenige, was der physischen Erscheinungswelt zugrunde liegt, das muß ich geistig erleben, so daß hinter einer Farbwahrnehmung eben als Ursache dieser Farbenwahrnehmung Geistiges ist, das ich eben auch in mir, wenn ich mich als Geist weiß, erlebe. – Spiritualist in dem Sinne, wie das Wort innerhalb der deutschen Philosophie gebraucht wird, ist Berkeley durchaus. So daß also Berkeley eigentlich, ich möchte sagen, zwar aus dogmatischen

Gründen, aber mit einem gewissen Recht, unzählige Einwendungen macht gegen die Annahme einer Natur, über die man mathematisieren dürfe mit einer Mathematik, die man losgerissen hat von dem unmittelbaren Erleben. Denn indem er den ganzen Kosmos eigentlich als geistig betrachtete, betrachtete er auch die Mathematik als etwas, was zusammen mit dem Geist des Kosmos geformt wird, gebildet wird, so daß man also eigentlich die Absichten des Kosmos-Geistes, insofern sie mathematisch gestaltet sind, erlebt, daß man aber nicht in äußerlicher Weise ein Mathematisches auf eine Körperlichkeit anwendet.

Von diesem Gesichtspunkte aus wird nun Berkeley auch Gegner desjenigen, was für Newton und gleichzeitig für *Leibniz* das Mathematische geworden war: der Differential- und Integralrechnung. Bitte, mißverstehen Sie mich auch in diesem Punkte nicht. Der heutige Vortrag muß innerhalb dieser Vortragsserie schon einmal so gestaltet werden, daß er an vielen Punkten, wenn man in den Anschauungen der Gegenwart drinnensteht, Angriffspunkte geben wird. Aber durch die folgenden Vorträge werden diese Angriffspunkte für denjenigen, der unbefangen sein will, schon verschwinden. Ich möchte aber gerade heute die Themen, die uns beschäftigen werden, in einer ziemlich radikalen Weise darstellen.

Berkeley wird ein Gegner der ganzen Infinitesimalrechnung, soweit sie eben damals bekannt war. Gewiß, er ist ein Gegner desjenigen, was nicht erlebbar da ist, und in dieser Beziehung hat Berkeley manchmal ein feineres Gefühl für die Dinge, als er etwa feine Gedanken hätte. Seine Gefühle, seine Empfindungen sind feiner, als es seine Gedanken sind. Er empfindet, wie das Heraufkommen der Infinitesimalrechnung zu den im Geiste erfaßbaren Größen solche hinzubringt, eben Differentiale, die eine gewisse Bestimmtheit erst in den Differentialquotienten erreichen, Differentiale, die eigentlich so konzipiert werden müssen, daß sie dem Denken gewissermaßen immer entfallen, daß das Denken sich nicht einläßt auf ihre vollständige Durchdringung. Das ist für Berkeley etwas, womit er zugleich die Wirklichkeit verliert, denn da er auf das Erlebbare hält in allem Erkennen, so kann er sich nicht entschlüpfen lassen die mathematischen Vorstellungen in das Unbestimmte der Differentiale hinein.

Was tun wir denn eigentlich, wenn wir, sagen wir, Differentialgleichungen suchen für Naturerscheinungen? Wir deuten damit überall hin auf dasjenige, was uns eigentlich im Erlebbaren entschwindet. Nun weiß ich natürlich, daß eine große Zahl der verehrten Zuhörer, indem ich dieses charakterisiere, nicht ganz mitgehen kann, aber ich kann auf der anderen Seite auch nicht die ganze Natur der Infinitesimalrechnung hier charakterisieren. Ich möchte Sie aber doch auf einiges aufmerksam machen, weil eben dieses durchaus hineinführt in eine Betrachtung der Geburt der modernen Naturwissenschaft.

Diese moderne Naturwissenschaft, indem sie den Weg gemacht hat, mit der Mathematik die Naturerscheinungen beherrschen zu wollen, aber mit einer vom Menschen abgesonderten, nicht mehr mit einer innerlich erlebten Mathematik, sie kommt eben, indem sie zu ihrer abgesonderten mathematischen Anschauung übergeht, mit ihren aus dem Menschen herausgerissenen Begriffen dazu, nur noch das Tote betrachten zu können; indem man die Mathematik aus dem Erleben herausgenommen hat, kann man die Mathematik auch nur noch auf das Tote anwenden. Es ist unmöglich, die Mathematik auf etwas anderes anzuwenden als auf das Tote, nachdem man sie aus dem Erlebbaren herausgerissen hat. Und so wird gerade durch die mathematische Betrachtungsweise die neuere Naturwissenschaft ausschließlich auf das Tote verwiesen. Aber im Weltenall äußert sich das Tote im Zerfallenden, im Sich-Atomisierenden, in dem Hineingleiten in mikroskopisch kleinste Teile, grob ausgedrückt: in dem Zerfall in Staub. Diesen Weg nimmt auch die moderne naturwissenschaftliche Anschauungsweise. Sie ergreift in einer aus dem Erlebbaren herausgerissenen Mathematik das im Kosmos Verstaubende, Sich-Atomisierende. Von diesem Zeitpunkte an beginnt auch die Möglichkeit, das Mathematische selber zu zerstäuben in Differentiale, so daß man mit jeder Art von Differentialgleichung, mit jeder differentiellen Betrachtung, wenn man damit auch das lebendigste Gebilde durchsetzen will, es in der Vorstellung tötet. Differenzieren heißt töten, und Integrieren heißt, das Tote wiederum zu einem Schema zusammenflicken, die Differentiale wiederum zu einem Ganzen zusammenfügen. Dadurch werden sie nicht lebendig, wenn man sie erst getötet hat, dadurch bekommt man nur tote Gespenster, nichts Lebendes mehr.

So etwa erschien Berkeley die ganze Perspektive, was da werden sollte durch die Infinitesimalrechnung. Hätte er sich konkret anschaulich ausgesprochen, so hätte er wohl gesagt: Ihr tötet erst die ganze Welt, indem ihr sie differenziert, dann fügt ihr wiederum ihre Differentiale zusammen in Integralen, habt aber keine Welt mehr, sondern nur das Nachbild einer Welt, die Illusion einer Welt. – Jedes Integral ist eigentlich eine Illusion in bezug auf seinen Inhalt – das hat Berkeley schon gefühlt –, so daß eigentlich Differenzieren Töten heißt und Integrieren das Zusammensuchen der Knochen und des Staubes, um aus den getöteten Wesen die alten Gestalten wiederum zusammenzufügen, wodurch sie aber nicht lebendig werden, sondern eben tote Schemata sind. Man kann sagen, solch eine Empfindung bei Berkeley war unzeitgemäß. Das war sie auch ganz sicher, denn die Anschauungsweise, die so vorgeht, mußte kommen, und derjenige, der etwa sagen wollte, es hätte keine Infinitesimalrechnung kommen sollen, der wäre natürlich nicht ein wissenschaftlicher Denker, sondern ein Narr. Aber auf der anderen Seite muß man sich auch wiederum klar sein, daß im Ausgangspunkte dieser ganzen Weltenströmung dennoch so etwas begreiflich ist wie die Empfindung des Berkeley. Ihn schauderte vor dem, was er ahnte aus dem Heraufkommen der Infinitesimalbetrachtung der Natur, die nicht mehr Betrachtung dessen war, was früher als Natur galt, was mit Geborenwerden zusammenhing, sondern Betrachtung desjenigen, was immer in der Natur erstirbt.

Das hatte man ja früher gar nicht einmal betrachtet, das hatte einen gar nicht interessiert. Früher hat man das Werdende, das Sprossende betrachtet; jetzt betrachtet man das Welkende und das zuletzt Zerstäubende. Jetzt arbeitet die Anschauung auf den Atomismus hin. Vorher hatte sie nach dem Kontinuierlichen in den Wesen getrachtet. Da natürlich das Lebendige in der Welt, die uns zunächst gegeben ist, nicht ohne Sterben sein kann, denn das Lebendige muß sterben, so müssen wir auch in der Welt das Tote finden, müssen das Tote auch begreifen. Das heißt, es mußte eine Wissenschaft vom Toten kommen. Sie war schon notwendig. Und das Zeitalter, von dem wir hier reden, das ist eben das Zeitalter, in dem die Menschheit reif war für die Betrachtung dieses Toten. Aber man muß sich eben vorstellen, wie es einem gegen alle Empfindung ging, der wie Berkeley noch ganz im Alten lebte.

Nun stehen wir ja heute durchaus noch in den Nachwirkungen desjenigen, was dazumal geboren worden ist, drinnen. Wir haben geradezu die Triumphe desjenigen naturwissenschaftlichen Arbeitens erlebt, vor dem so jemandem wie Berkeley geschaudert hat. Wir haben die Triumphe erlebt; bis in der modernen Relativitätstheorie die Newtonschen Vorstellungen etwas modifiziert worden sind, haben wir die Alleinherrschaft dieser Newtonschen Vorstellungen erlebt. Denn die Goethesche Reaktion gegen diese ist ja eigentlich nicht aufgekommen, und man muß, um richtig zu verstehen, was da heraufgekommen ist, eben doch auch zu den Ausgangspunkten zurückschauen und bemerken, wie den Geistern, die noch ein lebendiges Empfinden hatten von dem Früheren, doch schauderte, oder wie sie andere Empfindungen, die den älteren ähnlich sind, noch aufrechterhielten.

Giordano Bruno schaudert davor, das Tote, das jetzt betrachtet werden soll, wirklich als Totes zu betrachten mit rein mathematischer Anschauungsweise. Er belebt die Atome zu Monaden, er poetisiert die mathematische Anschauungsweise, um sie im Persönlichen zu halten. Newton geht ganz mathematisch vor im Beginn. Dann wird ihm schwül, möchte ich sagen, und indem er erst den Raum gänzlich mit der äußeren Mathematik aus dem Menschen herausgerissen hat, macht er ihn zum Sensorium Gottes. Berkeley lehnt die ganze Anschauungsweise, die da heraufkommt, ab, und er lehnt damit als ein radikaler Geist zugleich die ganze Tendenz des Infinitesimalen ab.

Wir stehen aber heute drinnen in demjenigen, was Giordano Bruno erst poetisierend schildern wollte, in demjenigen, bei dem Newton selber etwas unbehaglich geworden ist, in dem darinnen, was Berkeley ganz abgelehnt hat. Nehmen wir etwa, wenn wir naturwissenschaftlich im heutigen Sinne denken, ernst, was Newton gesagt hat, der Raum sei ein Sensorium Gottes? So gestattet man sich ja heute immer, daß man die Geister, bei denen man das oder jenes festhalten will, eben als große Geister betrachtet, aber wenn einem bei ihnen etwas nicht paßt, nun, da fühlt man sich ungeheuer erhaben darüber und denkt: Nun ja, in diesem Punkte, da war er halt noch nicht so gescheit wie ich selber. So machen es ja auch diejenigen, die *Lessing* für eine außerordentlich geniale Persönlichkeit halten, aber mit einer gewissen Nachsicht nachher das betrachten, daß er am Ende seines Lebens die wiederholten Erdenleben des Menschen zu seiner Überzeugung gemacht hat.

Gerade aber, weil wir in der Gegenwart gar nicht anders können, als uns auseinanderzusetzen mit den Vorstellungen, die da heraufgekommen sind, müssen wir zu ihrem Ausgangspunkte zurück. Denn es handelt sich wirklich darum, nachdem nun einmal die Mathematik aus dem Menschen herausgerissen worden ist und die Natur durch diese herausgerissene Mathematik ergriffen worden ist, daß allmählich die ganze Natur vom Menschen abgesondert wurde, es handelt sich darum, daß wir wieder damit zurechtkommen, uns in dieser Natur zu finden, in irgendeiner Art zu finden. Denn eher kommen wir nicht zu einer widerspruchslosen Erfassung des Geistigen, ehe wir nicht wiederum auch den Geist in der Natur gefunden haben. Und so wie es selbstverständlich ist, daß der lebende Mensch als physischer Erdenmensch einmal ein Toter wird, ebenso war es selbstverständlich, daß einmal in der Menschheitsentwickelung aus der früheren lebendigen Betrachtung eine Betrachtung des Toten eintreten mußte. Und nicht derjenige kann gewisse Dinge, die man eben nur am Leichnam erkennen kann, erkennen, der den Leichnam nicht untersuchen will, sondern nur derjenige, der ihn untersucht. Und so können gewisse Weltengeheimnisse nur gefunden werden, wenn man die naturwissenschaftliche Denkweise der neueren Zeit ernst zu nehmen vermag.

Gestatten Sie mir am Schlusse eine halb persönliche Bemerkung. Aus dem Grunde, weil diese naturwissenschaftliche Betrachtungsweise der neueren Zeit ernst zu nehmen ist, war ich niemals ein Gegner dieser Denkweise, sondern betrachte sie als etwas, was notwendig in unsere Zeit hereingehört. Aber oftmals habe ich mich gerade gegen dasjenige aussprechen müssen, was der oder jener Wissenschafter oder sogenannte Wissenschafter aus dem gemacht hat, was sich ergeben kann, wenn man in der richtigen Weise das betrachtet, was hat gefunden werden können dadurch, daß man an das Tote vorurteilslos heranging. Man hat das so Gefundene aber dann mißdeutet. Gegen solche Mißdeutungen des Naturwissenschaftlichen habe ich mich gewendet. Und ich möchte es gerade bei dieser Gelegenheit scharf betonen, daß ich durchaus nicht als ein Gegner irgendwie der naturwissenschaftlichen Richtung aufgefaßt werden möchte, und daß ich es als abträglich dem ganzen anthroposophischen Streben empfinden würde, wenn ein unrichtiger Gegensatz eintreten würde zwischen dem, was Anthroposophie auf dem Geisteswege sucht, und demjenigen, was Naturwissenschaft aus dem Geiste der neueren Zeit heraus, wenn ich hier das Wort Geist anwenden darf, auf ihrem Gebiet notwendig suchen muß.

Ich erwähne dieses ausdrücklich, meine sehr verehrten Anwesenden und lieben Freunde, weil innerhalb unserer anthroposophischen Bewegung eine gesunde Auseinandersetzung unbedingt Platz greifen muß über die Beziehung von Anthroposophie und Naturwissenschaft. Alles dasjenige, was in dieser Beziehung fehl geht, kann der Anthroposophie nur in sehr erheblichem Maße schaden. Das sollte eigentlich vermieden werden. Ich muß das hier erwähnen, weil doch in der letzten Zeit, wie ich in der Vorbereitung für diese Vorträge gesehen habe, in der anthroposophischen Zeitschrift «Die Drei» der Atomismusstreit auf ein vollständig totes Geleise getrieben worden ist, von dem er wiederum wegkommen muß. Denn wir kommen nicht weiter, wenn wir in dieser Weise fortfahren, die Dinge alle auf ein totes Geleise zu bringen. Deshalb, meine sehr verehrten Anwesenden und lieben Freunde, möchte ich auch gar nicht zurückhalten damit, sondern es ganz dezidiert aussprechen, daß ich die Polemik in der «Drei» hin und her über den Atomismus als etwas auffassen muß, wodurch die ganze Beziehung von Anthroposophie und Naturwissenschaft tendiert, auf ein totes Geleise gebracht zu werden. Meine Aufgabe ist es, die Anthroposophie am Leben zu erhalten, und ich würde auch jederzeit, wenn ich selbst allein stehen müßte, für dieses Leben und nicht für das Bringen auf tote Geleise in der Anthroposophie eintreten müssen. Deshalb darf ich auch nicht zurückhaltend sein, wo sich mir dergleichen Aperçus aufdrängen, und deshalb werde ich auch versuchen, gerade in diesen Vorträgen dasjenige, was schon wiederum droht, auf ein totes Geleise gebracht zu werden, ins Leben einzuführen, nämlich die Betrachtungen über die Beziehungen von Anthroposophie und naturwissenschaftlicher Denkweise. – Davon dann morgen weiter.

FÜNFTER VORTRAG

Dornach, 28. Dezember 1922

Es hat sich als das hervorragendste Kennzeichen derjenigen geistigen Entwickelung, aus welcher die naturwissenschaftliche Denkweise der neueren Zeit hervorgegangen ist, herausgestellt die Absonderung der menschlichen Ideen vom unmittelbaren menschlichen Erleben, namentlich, nach den bisherigen Ausführungen, der mathematischen Ideen. Stellen wir uns nur noch einmal vor das Seelenauge, wie das gewesen ist.

Wir haben in ältere Zeiten zurückblicken können, in denen der Mensch gewissermaßen dasjenige, was er erkennend mit der Welt auszumachen hatte, gemeinsam mit ihr erlebte, Zeiten, in denen der Mensch innerlich seine dreifache Orientierung erlebte nach oben-unten, rechts-links, vorne-hinten, in denen er aber diese Orientierung nicht so erlebte, daß er sie sich allein zuschrieb, sondern daß er sich innerhalb des Weltganzen fühlte, so daß zugleich sein Vorne-Hinten die eine, sein Oben-Unten die zweite, sein Rechts-Links die dritte Raumdimension waren. Er erlebte dasjenige, was er in der Erkenntnis sich vorstellte, gemeinsam mit der Welt. Daher war auch keine Unsicherheit in seinem Wesen, wie er seine Begriffe, seine Ideen auf die Welt anwenden solle. Diese Unsicherheit war eben erst mit der neueren Zivilisation heraufgekommen, und wir sehen diese Unsicherheit langsam in das ganze moderne Denken einziehen, und sehen die Naturwissenschaft sich unter dieser Unsicherheit entwickeln. Man muß sich über diesen Tatbestand nur völlig klar sein.

Veranschaulichen wir uns das, was da vorliegt, durch einzelne konkrete Beispiele. Nehmen wir einen solchen Denker wie *John Locke*, der vom 17. ins 18. Jahrhundert herüberlebte, und der ja dasjenige in seinen Schriften darstellte, was ein moderner Denker seiner Zeit über die naturwissenschaftliche Anschauung von der Welt zu sagen hatte. John Locke trennt alles dasjenige, was der Mensch in seiner physischen Umgebung wahrnimmt, in zwei Teile. Er trennt die Merkmale der Körper in sogenannte primäre Merkmale und in sekundäre. Die primären Merkmale sind diejenigen, welche er nicht anders kann als den Dingen selber zuschreiben, Gestaltung, Lage, Bewegung. Die sekundären Merkmale sind diejenigen, von denen er die Anschauung hat, daß sie nicht eigentlich den körperlichen Dingen draußen angehören, sondern nur eine Wirkung darstellen dieser körperlichen Dinge auf den Menschen. Zu diesen Merkmalen der Dinge gehört zum Beispiel die Farbe, der Ton, die Wärme als Wärmewahrnehmbares, Wärmeerlebnis. John Locke sagt: Wenn ich einen Ton höre, so ist außer mir die schwingende Luft. Ich kann diese Bewegungen in der Luft, die vom Ton-erregten Körper kommen und bis an mein Ohr sich fortpflanzen, durch meinetwillen eine Zeichnung darstellen. Die Gestalt, welche, wie man sagt, die Wellen in der schwingenden Luft haben, die kann ich durch räumliche Figuren darstellen, kann sie mir vergegenwärtigen in ihrem Verlauf in der Zeit, also als Bewegung. Dasjenige, was da im Raume vorgeht, was an den Dingen Gestalt, Bewegung, Ortsbestimmung ist, das ist sicher draußen in der Welt. Aber alles dasjenige, was da draußen in der Welt ist, was zu den primären Merkmalen gehört, das ist stumm, das ist tonlos. Die Qualität des Tones, die sekundäre Qualität entsteht erst, wenn die Luftwelle an mein Ohr anschlägt und jenes eigentümliche innere Erlebnis da ist, das ich eben als den Ton in mir trage. So auch ist es mit der Farbe, die nun einfach zusammengeworfen wird mit dem Lichte. Da muß irgend etwas draußen in der Welt sein, was irgendwie körperlich ist, was irgendwie Gestalt, Bewegung hat, und was eine Wirkung durch mein Auge auf mich ausübt und dann zu dem Licht- beziehungsweise Farberlebnis wird. Ebenso ist es bei den anderen Dingen, die uns vorliegen für unsere Sinne. Die ganze körperliche Welt muß so angesehen werden, daß wir an ihr unterscheiden die primären Qualitäten, die objektiv sind, die sekundären Qualitäten, die subjektiv sind, die Wirkungen darstellen der primären Qualitäten auf den Menschen. So also könnte man, wenn man etwas radikal schildert, sagen: Im Sinne des John Locke ist die Welt draußen, außer dem Menschen, Gestalt, Lage, Bewegung, und alles dasjenige, was eigentlich der Inhalt der Sinneswelt ist, das ist in Wahrheit irgendwie im Menschen, das webt eigentlich innerhalb der menschlichen Wesenheit. Der wirkliche Inhalt der Farbe als menschliches Erlebnis ist nirgends da draußen, der webt in mir; der wirkliche Inhalt des Tones ist nirgends da draußen, webt in mir; der wirkliche Inhalt des Wärmeerlebnisses oder Kälteerlebnisses ist nirgends da draußen, webt in mir.

In älteren Zeiten, in denen man mit der Welt gemeinsam dasjenige erlebte, was Erkenntnisinhalt geworden ist, konnte man nicht dieser Anschauung sein, denn man erlebte, wie ich dargestellt habe, durch das Mitmachen der eigenen Körperorientierung und des Hineinstellens dieser Orientierung in die eigene Bewegung, darinnen erlebte man die mathematischen Inhalte. Aber man erlebte das zusammen mit der Welt. Man hatte also auch in seinem Erleben zu gleicher Zeit den Grund, warum man Lage, Ort, Bewegung als objektiv annahm. Aber man hatte, nur für einen anderen Teil des inneren menschlichen Lebens, das Zusammenleben mit der Welt auch für Farbe, Ton und so weiter. Geradeso wie man zu der Vorstellung der Bewegung kam aus dem Erlebnis des eigenen Bewegens als Mensch heraus, so kam man zu der Vorstellung der Farbe, indem man in seiner Blutorganisation ein entsprechendes inneres Erlebnis hatte, und dieses innere Erlebnis zusammenbrachte mit demjenigen, was da draußen in der Welt Wärme, Farbe, Ton und so weiter ist. Man unterschied zwar auch in früherer Zeit Lage, Ort, Bewegung, Zeitenverlauf von Farbe, Ton, Wärmeerlebnis, aber man unterschied sie eben als verschiedene Erlebnisarten, die auch zusammen durchgemacht wurden mit verschiedenen Arten des Seins in der objektiven Welt. Jetzt, im naturwissenschaftlichen Zeitalter, war man dazu gekommen, nicht mehr die Ortsbestimmung, die Bewegung, die Lage, die Gestalt und so weiter als Selbsterlebnis zu haben, sondern nur als etwas Ausgedachtes, das man identifizierte mit demjenigen, was draußen war, draußen ist. Und da es doch nicht ganz gut geht, wenn man sich die Gestalt einer Kanone vorstellt, zu sagen: Diese Gestalt der Kanone ist eigentlich irgendwie in mir –, so identifizierte man da eben nach außen. Man bezog die ausgedachte Gestalt der Kanone auf ein Objektives. Da man schließlich auch nicht gerade zugeben konnte, daß, wenn irgendwo eine Flintenkugel fliegt, die eigentlich im eigenen Gehirn fliege, so identifizierte man die ausgedachten Bewegungen eben mit dem Objektiven.

Aber dasjenige, was man an der hinfliegenden Flintenkugel sah, das Farbig-Leuchtende, wodurch man es sah, das Tonliche, das man wahrnahm, das schob man in die eigene menschliche Wesenheit hinein, weil man sonst keinen Ort hatte, wo man es unterbringen konnte. Wie man es mit den Dingen zusammen erlebt, das wußte man nicht mehr, also schob man es in die menschliche Wesenheit hinein.

Es hat eigentlich ziemlich lange gebraucht, bis die im Sinne des naturwissenschaftlichen Zeitalters denkenden Menschen auf das Unmögliche dieser Vorstellung gekommen sind. Denn, was war denn eigentlich da geschehen? Die sekundären Qualitäten: Ton, Farbe, Wärmeerlebnis waren ihrerseits in der Welt, ich möchte sagen, einfach vogelfrei geworden, und sie mußten sich für die Erkenntnis in den Menschen hinein flüchten. Wie sie da drinnen wohnen, nun, darüber machte man sich allmählich überhaupt keine Vorstellungen mehr. Das Erlebnis, das Selbsterlebnis war nicht mehr da. Ein Zusammenhang mit der äußeren Natur ergab sich nicht mehr, weil man ihn nicht mehr erlebte. So schob man diese Erlebnisse in sich selber hinein. Und da waren sie für die Erkenntnis sozusagen im Inneren des Menschen eben verschwunden. So halb bewußt – halb klar, halb unklar – stellte man sich vor, daß, sagen wir, draußen im Raume eine Ätherbewegung ist, die man durch Gestalt, Bewegung eben darstellen kann, daß die eine Wirkung ausübe auf das Auge und von da aus auf den Sehnerv. Da geht es irgendwie ins Gehirn hinein. Und im Inneren suchte man nun zunächst in Gedanken dasjenige, was da als eine Wirkung von den primären Qualitäten sich als sekundäre Qualitäten im Menschen selbst ausleben soll. Es hat lange gebraucht, sage ich, bis einzelne Menschen mit einer gewissen Dezidiertheit auf das Sonderbare dieser Vorstellung hinwiesen, und es ist eigentlich etwas außerordentlich Schlagendes, was der österreichische Philosoph *Richard Wahle* in seinem «Mechanismus des Denkens» hingeschrieben hat, obwohl er durchaus nicht dazu kommt, diesen seinen eigenen Satz voll auszunützen: «Nihil est in cerebro, quod non est in nervis – Nichts ist im Gehirn, was nicht in den Nerven ist.» Nun kann man die Nerven selbstverständlich, auch wenn es heute noch nicht möglich ist mit unseren Mitteln, aber man könnte sie nach allen Richtungen und nach allen Seiten absuchen, man würde in den Nerven den Ton, die Farbe, das Wärmeerlebnis nicht finden. Also sind sie auch nicht im Gehirn. Eigentlich müßte man sich nun gestehen, daß sie einem für die Erkenntnis überhaupt verschwinden. Man untersucht das Verhältnis des Menschen zur Welt. Man behält Gestalt, Lage, Ort, Zeit und so weiter als objektiv; Ton, Wärmeerlebnis, Farbe, sie verschwinden, sie entfallen einem.

Das hat ja schließlich im 18. Jahrhundert dazu geführt, daß *Kant* gesagt hat, auch die räumlichen und zeitlichen Qualitäten der Dinge können nicht irgendwie draußen sein außer dem Menschen. Da aber doch ein Verhältnis des Menschen zu der Welt da sein sollte – denn dieses Verhältnis kann nicht weggeleugnet werden, wenn man überhaupt sich eine Vorstellung davon machen will, daß man mit der Welt lebt, aber das Zusammenerleben der räumlichen und zeitlichen Verhältnisse des Menschen mit der Welt war eben nicht mehr da –, so entstand denn der Kantsche Gedanke: Wenn der Mensch nun doch zum Beispiel die Mathematik auf die Welt anwenden soll, so muß es *ihm* zukommen, daß er erst selber die Welt zum Mathematischen macht, daß er das ganze Mathematische hinüberhängt über die «Dinge an sich», die selber völlig unbekannt bleiben. An diesem Problem hat ja auch dann die Naturwissenschaft des 19. Jahrhunderts furchtbar herumgenagt. Wenn man sich den Grundcharakter des eben dargestellten Verhaltens des Menschen im Erkennen vor Augen stellt, so ist es der, daß eine Unsicherheit hineingekommen ist in sein Verhältnis zur Welt. Er weiß nicht, wie er dasjenige, was er erlebt, eigentlich in der Welt sehen soll. Und diese Unsicherheit, sie kam allmählich immer mehr und mehr in dieses ganze moderne Denken hinein. Wir sehen Stück für Stück diese Unsicherheit in das neuere Geistesleben einziehen.

Nun ist es interessant, wenn man sich zu dieser älteren Phase des John Lockeschen Denkens ein Beispiel aus der neueren Zeit hinzustellt. Ein Biologe des 19. Jahrhunderts, *Weismann,* hat den Gedanken gefaßt, daß man eigentlich, wenn man den Organismus irgendeines Lebewesens biologisch erfaßt, die Wechselwirkung der Organe, oder bei niederen Organismen die Wechselwirkung der Teile als das Wesentliche annehmen muß, daß man dadurch zu einer Erfassung desjenigen kommt, wie der Organismus lebt, daß aber bei der Untersuchung des Organismus selber, bei dem Erkennen des Organismus in der Wechselwirkung seiner Teile sich kein Charakteristikon dafür findet, daß der

Organismus auch sterben muß. Wenn man nur auf den Organismus hinschaut, sagte sich Weismann, der in der zweiten Hälfte des 19. Jahrhunderts gewirkt hat, dann findet man nichts, was das Sterben anschaulich machen kann. Daher, sagte er, gibt es innerhalb des lebendigen Organismus überhaupt nichts, was einen dazu bringen könnte, aus der Wesenheit des Organismus heraus die Idee zu fassen, daß der Organismus sterben müßte. Das einzige, was einem zeigen kann, daß der Organismus sterben muß, ist für Weismann das Vorhandensein der Leiche. Das heißt, man bildet sich den Begriff für das Sterben nicht aus an dem lebendigen Organismus. Man findet kein Merkmal, kein Charakteristikon im lebendigen Organismus, aus dem heraus man erkennen könnte, das Sterbende gehört hinzu zu dem Organismus, sondern man muß erst die Leiche haben. Und wenn dann dieses Ereignis eintritt, daß für einen lebenden Organismus eine Leiche da ist, so ist diese Leiche dasjenige, das einem zeigt: Der Organismus hat auch das Sterbenkönnen für sich.

Nun sagt aber Weismann, es gibt eine Organismenwelt, bei der man niemals Leichen entdecken kann. Das sind die einzelligen Lebewesen. Die teilen sich bloß, da kann man keine Leiche entdecken. Nehmen Sie an: ein einzelliges Lebewesen in seiner Vermehrung. Das Schema stellt sich in folgender Weise dar. Solch ein einzelliges Lebewesen teile

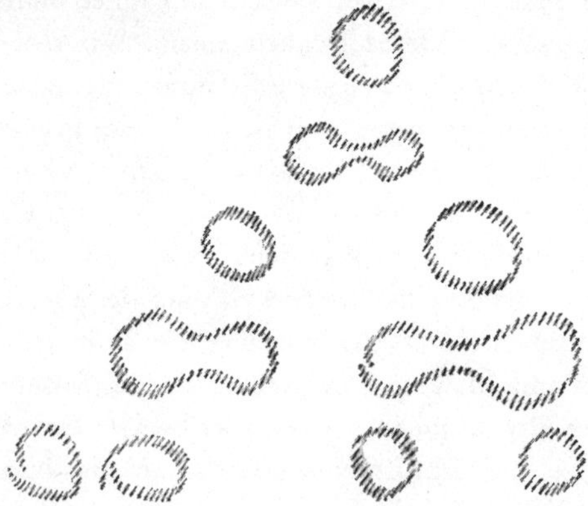

sich in zwei, jedes wieder in zwei und so weiter. So geht die Entwickelung vorwärts, niemals ist eine Leiche da. Also, sagt sich Weismann, sind eben die einzelligen Wesen unsterblich. Das ist die berühmte Unsterblichkeit der Einzelligen für die Biologie des 19. Jahrhunderts. Und warum werden sie als unsterblich angesehen? Nun, weil sie eben nirgends eine Leiche zeigen, und weil man den Begriff des Sterbens im Organischen nicht unterbringt, wenn es einem nicht die Leiche zeigt. Wo sich einem also die Leiche nicht zeigt, hat man auch nicht den Begriff des Sterbens unterzubringen. Folglich sind diejenigen Lebewesen, die keine Leiche zeigen, unsterblich.

Sehen Sie, gerade an einem solchen Beispiel zeigt sich, wie weit man in der neueren Zeit von dem Zusammenleben seiner Vorstellungen und überhaupt seiner inneren Erlebnisse mit der Welt sich entfernt hat. Der Begriff des Organismus ist nicht mehr so, daß man ihm noch anmerken kann, er muß auch sterben. Man muß es aus dem äußeren Bestehen des Leichenhaften ersehen, daß der Organismus sterben kann. Gewiß, wenn man einen lebendigen Organismus nur so anschaut, daß man ihn außen hat, wenn man nicht dasjenige, was in ihm ist, miterleben kann, wenn man also nicht sich in ihn hineinleben kann, dann findet man auch nicht das Sterben im Organismus und braucht ein äußeres Merkmal dafür. Das aber bezeugt, daß man sich mit seiner Vorstellung überhaupt von den Dingen getrennt fühlt.

Aber blicken wir jetzt von der Unsicherheit, die in alles Denken über die Körperwelt hineingekommen war durch diese Absonderung der Begriffswelt von dem Selbsterlebnis, blicken wir in jene Zeit zurück, in welcher dieses Selbsterlebnis eben noch da war. Da gab es in der Tat ebenso, wie es nicht nur einen äußerlich gedachten Begriff eines Dreiecks oder Vierecks oder Pentagramms gab, sondern einen innerlich erlebten Begriff, so gab es einen innerlich erlebten Begriff des Entstehens und Vergehens, des Geborenwerdens und Sterbens. Und dieses innere Erlebnis des Geborenwerdens und Sterbens hatte in sich Gradation. Wenn man das Kind von innen nach außen belebter und belebter fand, wenn seine zuerst unbestimmten physiognomischen Züge innere Beseelung annahmen und man sich hineinlebte in dieses Heranleben des ganz kleinen Kindes, so erschien einem das als eine Fortsetzung des

Geborenwerdens, gewissermaßen als ein schwächeres, weniger intensives, fortdauerndes Geborenwerden. Man hatte Grade im Erleben des Entstehens. Und wenn der Mensch anfing Runzeln zu kriegen, graue Haare zu kriegen, tatterig zu werden, so hatte man den geringeren Grad des Sterbens, ein weniger intensives Sterben, ein partielles Sterben. Und der Tod war nur die Zusammenfassung von vielen weniger intensiven Sterbeerlebnissen, wenn ich das paradoxe Wort gebrauchen darf. Der Begriff war innerlich belebt, der Begriff des Entstehens sowohl wie der Begriff des Vergehens, der Begriff des Geborenwerdens und der Begriff des Sterbens.

Aber indem man so diesen Begriff erlebte, erlebte man ihn zusammen mit der Körperwelt, so daß man eigentlich keine Grenze zog zwischen dem Selbsterlebnis und dem Naturgeschehen, daß gewissermaßen ohne Ufer das innere menschliche Land überging in das große Meer der Welt. Indem man das so erlebte, lebte man sich auch in die Körperwelt selber hinein. Und da haben diejenigen Persönlichkeiten früherer Zeiten, deren charakteristischste Gedanken und Vorstellungen eigentlich in der äußeren Wissenschaft gar nicht mit Aufmerksamkeit verfolgt werden, daher auch gar nicht richtig verzeichnet werden, die haben sich ganz andere Ideen machen müssen über so etwas, wie Weismann hier seine – ich sage das jetzt in Gänsefüßchen – «Unsterblichkeit der Einzelligen» konstruierte. Denn was hätte solch ein älterer Denker, wenn er nun schon durch ein etwa auch damals vorhandenes Mikroskop etwas gewußt hätte von der Teilung der Einzelligen, was hätte er sich für eine Vorstellung gemacht aus dem Zusammenleben mit der Welt? Er hätte gesagt: Ich habe zuerst das einzellige Wesen. Das teilt sich in zwei. Mit einer ungenauen Redeweise würde er vielleicht gesagt haben: Es atomisiert sich, es teilt sich, und für eine gewisse Zeit sind die zwei Teile wiederum als Organismen unteilbar, dann teilen sie sich weiter. Und wenn das Teilen beginnt, wenn das Atomisieren beginnt, dann tritt das Sterben ein. Er würde also nicht aus der Leiche das Sterben entnommen haben, sondern aus dem Atomisieren, aus dem Zerfälltwerden in Teile. Denn er stellte sich etwa vor, daß dasjenige, was lebensfähig ist, im mehr entstehenden Werden ist, daß das unatomisiert ist, und wenn die Tendenz zum Atomisieren auftritt, dann stirbt das Betreffende ab. Bei den Einzellern würde er nur gedacht haben, es sind eben für die zunächst im Momente als tot von einem Einzeller abgestoßenen zwei Wesen die Bedingungen da, daß sie gleich wiederum lebendig gemacht werden, und so fort. Das wäre sein Gedankengang gewesen. Aber mit dem Atomisieren, mit dem Zerklüftetwerden hätte er den Gedanken des Sterbens betont, und in seinem Sinne würde er, wenn der Fall so gewesen wäre, daß man den Einzeller gehabt hätte, der sich zerteilt hätte, und durch die Zerteilung nun nicht zwei neue Einzeller entstanden wären, sondern durch Mangel an Bedingungen des Lebens diese Einzeller sofort übergegangen wären in unorganische Teile, dann würde er gesagt haben: Aus der lebendigen Monade sind zwei Atome entstanden. Und er würde weiter gesagt haben: Überall da, wo man Leben hat, wo man das Leben anschaut, hat man es nicht mit Atomen zu tun. Findet man irgendwo in einem Lebendigen Atome, so ist soviel, als Atome drinnen sind, darinnen tot. Und überall, wo man Atome findet, ist der Tod, ist das Unorganische. So würde aus dem lebendigen inneren Erfahren der Weltempfindung, Weltwahrnehmung, der Weltbegriffe in einer älteren Zeit geurteilt worden sein.

Daß das nicht so deutlich in unseren Darstellungen des Geisteslebens früherer Zeiten steht – für denjenigen, der richtig lesen kann, ist jedoch daran eigentlich nicht zu zweifeln –, daß es aber nicht so steht, namentlich nicht so steht in den modernen Darstellungen etwa der früheren Naturphilosophie oder der früheren Philosophie, davon ist der Grund nur, daß die Denkformen dieser älteren Philosophie, dieser Naturphilosophie dem heutigen Denken schon so unähnlich sind, daß ein jeder, der zum Beispiel Geschichte schreibt, eben «der Herren eignen Geist» in die früheren Köpfe hineinphantasiert. Aber so kann man nicht einmal über den *Spinoza* schreiben, denn Spinoza stellt dar in seinem Buch, das er mit Recht eine Ethik nennt, stellt dar nach mathematischer Methode, nicht indem er Mathematik im heutigen Sinne treibt, sondern indem er die mathematische Art, Idee an Idee zu reihen, für seine Philosophie anwendet. Damit gibt er aber den Beweis, daß in ihm noch etwas ist von dem früheren qualitativen Erleben der quantitativen mathematischen Begriffe. So daß man auch bei Ausdehnung der Betrachtung auf das Qualitative des Innenerlebens des Menschen vom Mathematischen sprechen kann. Heute mit unseren Begriffen das Mathematische auf das Psychologische anwenden zu wollen oder gar auf das Ethische, wäre natürlich der reinste Unsinn.

Sie sehen also, wollen wir einen wichtigen Punkt erfassen in dem modernen Denken, so müssen wir auf diese Unsicherheit gegenüber einer früher allerdings vorhandenen größeren Sicherheit hinweisen, wenn sie auch für unsere heutige Anschauungsweise nicht mehr geeignet ist. Aber diese Unsicherheit, sie hat ja endlich dazu geführt, daß in der gegenwärtigen Phase naturwissenschaftlichen Denkens sogar, ich möchte sagen, schon theoretische Rechtfertigungen dieser Unsicherheiten aufgetreten sind. In dieser Beziehung ist außerordentlich interessant ein Vortrag, den der französische Denker und Forscher *Henri Poincaré* über die neueren Gedanken über die Materie gehalten hat. Da spricht er davon, wie Streit herrscht oder Diskussion darüber, ob man sich das Materielle mehr kontinuierlich denken soll, oder ob man es mehr diskret denken soll, ob man es so sich denken soll, daß gewissermaßen durch den Raum ausfüllende substantielle Wesenhaftigkeit geht, die nirgends wirklich in sich getrennt ist, oder ob man das Substantielle, das Materielle atomistisch denken soll, das heißt mehr oder weniger den leeren Raum und darinnen kleinste Teilchen, die durch ihre besondere Aneinanderlagerung Atome, Moleküle und so weiter bilden. Und wenn man von einigen, ich möchte sagen, dekorativen Ausmalungen dieser Rechtfertigung der Unsicherheit absieht, so enthält der Vortrag Poincarés eigentlich dieses, daß er sagt: Die Forschung, die Wissenschaft geht eben durch verschiedene Zeitalter hindurch. In dem einen Zeitalter liegen Erscheinungen vor, welche den Denker veranlassen, die Materie kontinuierlich zu denken. Es ist bequem, gerade gegenüber den Erscheinungen dieses Zeitalters, die Materie kontinuierlich zu denken und bei dem stehenzubleiben, was nun auch in Kontinuität sich zeigt bei dem äußeren Zusammenhang des Sinnlich-Gegebenen. In einem anderen Zeitalter treten mehr Forschungsresultate auf, denen gegenüber es bequem ist, die Materie zu zerklüften in Atome, diese sich wieder aneinanderlagern zu lassen, also nicht ein Kontinuierliches sich vorzustellen, sondern ein Diskretes, ein Atomistisches. Und nun meint Poincaré, es würde eben immer so sein, daß je nachdem die Forschungsresultate nach der einen oder nach der anderen Richtung hin tendieren, es Zeitalter geben werde, die kontinuistisch denken, und Zeitalter, die atomistisch denken. Er redet sogar von einer Oszillation im Laufe der wissenschaftlichen Entwickelung zwischen Kontinuismus und Atomismus. Und so wird es immer sein, denn, sagt er, der menschliche Geist hat eben das Bedürfnis, in der ihm bequemsten Weise über die Erscheinungen sich Theorien zu bilden. Wenn er sich eine Zeitlang eine kontinuistische Theorie gebildet hat, dann – nun, das sind nicht seine Worte, aber man kann das, was er eigentlich meint, mit diesen Worten charakterisieren – wird er das müde. Andere Forschungsresultate ergeben sich ihm, man möchte sagen, auf unbewußte Art, und er beginnt atomistisch zu denken, ebenso wie man, nachdem man eingeatmet hat, auch wieder ausatmet. Und so soll Oszillation fortwährend sein, soll wechseln Kontinuismus-Atomismus, Kontinuismus-Atomismus und so weiter. Das gehe bloß aus einem Bedürfnis des menschlichen Geistes selber hervor, und eigentlich würden wir gar nichts über die Dinge aussagen. Es entscheide gar nichts über die Dinge, ob wir kontinuistisch denken oder atomistisch denken, sondern das sei bloß der Versuch des menschlichen Geistes, mit der körperlichen Welt draußen zurechtzukommen.

Es ist kein Wunder, daß das Zeitalter, das eben die Selbsterlebnisse nicht mehr im Zusammenhang findet mit dem Weltgeschehen, sondern diese nur als etwas im Inneren des Menschen selber Vorhandenes ansieht, daß es eben in Unsicherheit kommt. Erlebt man sein Zusammensein mit der Welt nicht mehr, so kann man auch nicht Kontinuismus und Atomismus erleben, sondern eben nur den vorher ausgedachten Kontinuismus oder den vorher ausgedachten Atomismus über die Erscheinungen hinüberstülpen. So daß man eigentlich auf diese Art allmählich zu der Vorstellung kommen würde, der Mensch bilde sich seine Theorien eben nach seinen wechselnden Bedürfnissen. So wie er einatmen und dann ausatmen muß, so müsse er eine Zeitlang kontinuistisch denken und dann eine Zeitlang atomistisch denken. Und eigentlich könne er geistig nicht Luft schnappen, wenn er immer kontinuistisch denke; er müsse wiederum atomistisch denken, damit er geistige Luft kriege. Es ist also dadurch lediglich die Unsicherheit konstatiert und gerechtfertigt, die sogar umgedeutet wird halb und halb in eine Willkür. Man lebt überhaupt nicht mehr mit der Welt zusammen, sondern sagt, daß man so oder so mit ihr zusammenleben könne, je nachdem eben das eigene subjektive Bedürfnis ist.

Aber was würde eine ältere Denkweise, eben diejenige, die ich öfter schon angeführt habe, in einem solchen Falle gesagt haben? Sie würde gesagt haben: Nun ja, in einem Zeitalter, in dem die tonangebenden Denker kontinuistisch denken, da denken sie vorzugsweise an das Leben. In demjenigen Zeitalter, in dem die tonangebenden Denker atomistisch denken, da denken sie vorzugsweise an das Tote, an die unorganische Natur und konstruieren auch in das Organische das Unorganische hinein.

Sehen Sie, das ist nicht mehr ungerechtfertigte Willkür, sondern das beruht auf einem objektiven Verhältnis zu den Dingen. Natürlich kann ich mich einmal mit einem Lebendigen, ein anderes Mal mit einem Toten beschäftigen, kann sagen: Aus dem inneren Wesen des Lebendigen folgt, daß ich es kontinuistisch denken muß, und ich muß sagen aus dem inneren Wesen des Toten: Ich muß es atomistisch denken. Aber ich kann nicht sagen, das entspricht bloß einer Willkür des menschlichen Geistes. Es entspricht einem objektiven In-Beziehung-Setzen zur Welt, nicht einem bloßen subjektiven Bedürfnis des menschlichen Geistes. Das Subjektive bleibt dabei eigentlich für die Erkenntnis ganz unberücksichtigt. Denn man erkennt das Lebendige in der Natur auf kontinuistische Art, man erkennt das Tote in der Natur auf atomistische Art. Und wenn einer wirklich nötig hat, oszillatorisch abzuwechseln eben zwischen dem atomistischen Denken und dem kontinuistischen Denken, dann muß das eben auch ins Objektive gewendet werden, dann muß man eben sagen: Da mußt du einmal an das Lebendige, das andere Mal an das Tote denken. Aber es hat keine Berechtigung, daß das durch eine solche Anschauungsart, wie etwa die Poincarés, ins Subjektive hineingepfercht wird, und daß etwa für eine Anschauungsweise, wie ich sie jetzt für ältere Phasen der Menschheitsentwickelung auseinandergesetzt habe, das Subjektive in derselben Weise Geltung hätte.

Nun liegt die Sache so, daß in der Tat, da sich die Sache auf eine innerliche Weise zeigt, daß in der zunächst hinter uns liegenden Phase naturwissenschaftlichen Denkens eine Hinwegwendung geschehen ist vom Lebendigen zum Toten, daher auch vom Kontinuismus zum Atomismus, der ja in bezug auf das Unorganische, in bezug auf das Tote, wenn er richtig verstanden wird, selbstverständlich gerechtfertigt ist. Aber wenn der Mensch sich einmal wiederum objektiv und wahrhaft selbst in der Welt wird finden wollen, dann muß er den Weg suchen, wie er von der großartig entwickelten, atomistisch gedachten, aber doch toten Welt zu seinem eigenen Wesen zurückkommen und sich schon als Organismus lebendig erfassen kann. Denn bisher gipfelte die Entwickelung darin, die Richtung zum Toten, das heißt zum Atomistischen zu nehmen. Und als diese ganz furchtbare Zellentheorie *Schleidens* und *Schwanns* in der ersten Hälfte des 19. Jahrhunderts auftrat, da wurde sie nicht der Weg zum Kontinuismus, sondern sie wurde der Weg zum Atomismus, und zwar, ohne daß man es wirklich zugab und ohne daß es einem bis heute einfiel, daß man es eigentlich zugeben müßte, weil es dem ganzen methodischen Gang der Anschauung entspricht. Und ohne daß man gewahr wurde, daß so, wie man den Organismus sich zerklüftet dachte in Zellen, man ihn eigentlich in Gedanken atomisierte, das heißt eigentlich tötete, ist wirklich die Sache so, daß für die atomistische Betrachtungsweise der Begriff des Organismus überhaupt verlorengegangen ist.

Das ist ja das Bedeutsame in dem Bilde, das man bekommt, wenn man gegenüberstellt die Goethesche Organik etwa der eines Schleiden oder der späteren Botaniker, daß man bei Goethe überall lebendige, erlebte Ideen hat, während nun auf der anderen Seite, trotzdem die Zelle ein Lebendiges ist, und man also eigentlich in Wirklichkeit auf ein Lebendiges hingewiesen wird, die Art, wie man denkt, doch so ist, als wenn die Zellen gar nicht lebten, sondern Atome wären. Natürlich geht da die empirische Forschung ja nicht immer mit dem Rationalen der Sache mit, weil man ja das auch nicht kann gegenüber dem Lebendigen. Auf der anderen Seite wird aber auch das Erfassen des Organischen nicht angepaßt demjenigen, was die wirkliche Beobachtung auch über die Zellenlehre gibt. Es nistet sich das Unatomistische nur ein, weil man, wenn man die wirkliche Zelle studiert, eben nicht anders kann, als sie als ein Lebendiges zu charakterisieren. Aber das ist ja gerade das Charakteristische für viele heutige Darstellungen, daß man die Dinge durcheinanderwirft und die Klarheit nicht eigentlich liebt.

Darüber dann werde ich in der nächsten Kursstunde, die also am Montag sein wird, weiter sprechen.

SECHSTER VORTRAG

Dornach, 1. Januar 1923

Ich habe in einem Teile des letzten Kursvortrages davon gesprochen, wie die naturwissenschaftliche Weltanschauung eine ihrer Wurzeln darinnen hat, daß in jener Zeit, die vergangen ist, seit, ich möchte sagen, dem Geburtsmomente dieser naturwissenschaftlichen Anschauungsweise im 15. Jahrhundert, daß in dieser Zeit *John Locke* und ähnliche Geister unterschieden haben in dem, was uns sinnesgemäß umgibt, die sogenannten primären Qualitäten der Dinge, der Körperwelt von den sekundären Qualitäten. Primäre Qualitäten nannte Locke zum Beispiel alles dasjenige, was sich auf die Gestalt der Körper, auf deren geometrische Eigentümlichkeit, auf das Zahlenmäßige bezieht, auf die Bewegung bezieht, auf die Größe und so weiter. Davon unterschied er dann alles dasjenige, was er die sekundären Qualitäten nennt, Farbe, Ton, Wärmeempfindung und so weiter. Und während er die primären Qualitäten in die Dinge selbst hineinverlegt, so daß er annimmt, es seien räumliche, körperliche Dinge da, welche Gestalt haben, geometrische Eigentümlichkeiten haben, Bewegungen haben, nimmt er an, daß alles dasjenige, was sekundäre Qualitäten sind, Farbe, Ton usw., nur Wirkungen auf den Menschen seien. Draußen in der Welt seien nur primäre Qualitäten in den Körpern. Irgend etwas, dem Größe, Gestalt, Bewegung zukommt, das aber finster, stumm und kalt ist, irgend etwas übt eine Wirkung aus, und diese Wirkung drückt sich eben aus darinnen, daß der Mensch einen Ton, eine Farbe, eine Wärmequalität usw. erlebt.

Nun wies ich auch in diesen Vorträgen darauf hin, wie in diesem naturwissenschaftlichen Zeitalter das Räumliche schon in bezug auf die Dimensionen ein Abstraktes geworden ist. Der Mensch wußte nichts mehr davon, daß in ihm selbst die drei Dimensionen konkret erlebt wurden als oben-unten, rechts-links, vorne-hinten (siehe Zeichnung S. 86). Er nahm auf diese Konkretheit der drei Dimensionen im naturwissenschaftlichen Zeitalter keine Rücksicht. Für ihn entstanden sie in völliger Abstraktheit. Er suchte den Schnittpunkt der drei Dimensionen

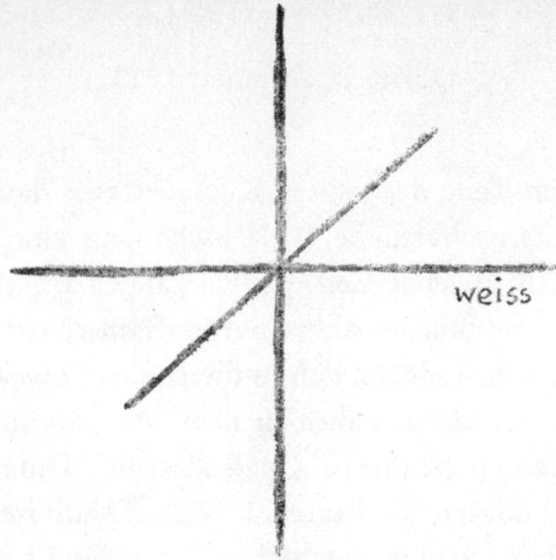

nicht mehr da, wo er real erlebt wird, im menschlichen Inneren, er suchte ihn irgendwo – und da kann er dann wo auch immer sein irgendwo im Raume – und konstruierte sich so seine drei Dimensionen. Jetzt hatte dieses Raumschema der drei Dimensionen ein selbständiges, aber nur gedachtes, abstraktes Dasein. Und das Gedachte wurde eben nicht erlebt als sowohl der Außenwelt wie dem Menschen angehörig, während eine frühere Zeit, wie ich sagte, die drei Raumdimensionen so erlebt hat, daß der Mensch wußte, er erlebt sie in sich mit der Natur der physischen Körperlichkeit zusammen.

Es waren also gewissermaßen schon die Raumdimensionen von dem Menschen abgesondert und nach außen geworfen worden und hatten dadurch einen völlig abstrakten, unlebendigen Charakter angenommen. Der Mensch wußte nicht mehr, daß er die Raumdimensionen – und solches kann ja auch gesagt werden von allem anderen, das geometrisch ist, das zahlenmäßig ist, das gewichtmäßig ist usw. –, daß er alles das in seinem Inneren erlebt mit der Außenwelt zusammen, daß er aber eigentlich, um es in seiner Konkretheit, in seiner vollen, lebendigen Wirklichkeit zu erleben, in sein Inneres blicken müsse, um es da gerechtfertigt zu finden. Und eigentlich ist es so, daß eine Persönlichkeit wie John Locke nur deshalb die primären Qualitäten, die von der Art sind wie die drei Raumdimensionen – denn die drei Raumdimensionen sind eine Art Gestaltung –, in die Außenwelt verlegte, weil nicht mehr gewußt wurde der Zusammenhang dieser Qualitäten mit dem menschlichen Inneren.

Die anderen, die sekundären Qualitäten, die als Sinnesinhalt eigentlich qualitativ erlebt werden, wie Farbe, Ton, Wärmequalität, Geruch, Geschmack, die wurden nunmehr nur als die Wirkungen der Dinge auf den Menschen, als innere Erlebnisse angesehen. Aber ich habe ja darauf hingewiesen, wie im Inneren des physischen Menschen, auch im Inneren des ätherischen Menschen, ja diese sekundären Qualitäten nicht mehr gefunden werden können, wie sie daher in gewisser Beziehung auch für dieses Innere des Menschen vogelfrei geworden sind. Man suchte sie nicht mehr in der Außenwelt, man verlegte sie in das menschliche Innere. Man sagte: Wenn der Mensch nicht zuhört der Welt, wenn der Mensch nicht hinschaut auf die Welt, wenn der Mensch nicht seinen Wärmesinn der Welt offenbart, dann ist die Welt stumm und so weiter. Sie hat primäre Qualitäten, bestimmt gestaltete Luftwellen, aber sie hat keinen Ton; sie hat irgendwie Vorgänge im Äther, aber sie hat keine Farbe; sie hat irgendwelche Vorgänge in der ponderablen Materie, in der Materie, die ein Gewicht hat, aber sie hat nicht dasjenige, was Wärmequalität ist usw. Eigentlich war damit in diesem naturwissenschaftlichen Zeitalter für diese erlebten Sinnesqualitäten nichts anderes gesagt, als: Man weiß sie eigentlich nicht unterzubringen. In der Welt wollte man sie nicht suchen. Man gestand sich, daß man keine Macht habe, sie in der Welt zu finden. Im Inneren suchte man sie zwar, aber nur, weil man gedankenlos war oder ist. Gedankenlos war oder ist man in dem Sinne, daß man ja keine Rücksicht darauf nimmt, daß, wenn man nun dieses Innere des Menschen, soweit man es nun gelten läßt, wirklich durchforscht, das heißt, wenn man es durchforscht, soweit dies natürlich möglich ist – aber das geschieht ja nur als ein Ideal, so daß man eigentlich nicht von der Tatsache eines vollendeten Durchforschens reden kann –, wenn man also dieses Innere durchforscht, so findet man nirgends diese sekundären Qualitäten. Man weiß sie daher eigentlich in der Welt nicht unterzubringen. Woher kommt dieses?

Nun, erinnern wir uns noch einmal: Will man in rechter Weise irgend etwas anschauen, das sich auf Gestaltliches, Räumliches, Geometrisches oder auch Arithmetisches bezieht, will man solches wirklich richtig anschauen, so muß man die innere Tätigkeit ins Auge fassen, diese lebensvolle Tätigkeit, wodurch der Mensch in seinem eigenen Organismus das Räumliche sich konstruiert, wie im Oben und Unten, Vorne und Hinten, Rechts und Links. Man muß also in diesem Falle sagen: Willst du finden das Wesen des Geometrisch-Räumlichen – man könnte aber auch ganz sinngemäß sagen: Willst du finden das Wesen der Lockeschen primären Qualitäten der körperlichen Dinge –, so mußt du in dich selber hineinschauen, sonst kommst du nur auf Abstraktionen. – Nun ist es mit den sekundären Qualitäten, Ton, Farbe, Wärmequalität, Gerüchen, Geschmack so, daß der Mensch davon etwas wissen muß – es kann ja dieses Wissen sehr instinktiv nur sein, aber etwas wissen muß er davon –, daß er mit seinem geistig-seelischen Wesen ja nicht bloß in seinem physischen und ätherischen Leib lebt, sondern daß er auch außerhalb dieser Leiber sein kann mit seinem Ich und seinem astralischen Leibe, nämlich im Schlafzustande. Aber ebenso wie der Mensch bei einem vollen, intensiv empfundenen Wachzustande nicht außer sich, sondern in sich die primären Qualitäten erlebt, wie im speziellen Fall die drei Dimensionen, so weiß der Mensch, wenn es ihm entweder durch Instinkte oder durch eine instinktive Selbsterkenntnis oder auch durch geisteswissenschaftliche Schulung gelingt, das auch wirklich innerlich zu erleben, was außerhalb vom physischen Leib und Ätherleib vom Einschlafen bis zum Aufwachen ist, dann weiß er auch, daß er das wahre Wesen von Ton, Farbe, Geruch, Geschmack, Wärmequalität wirklich dann in der Außenwelt erlebt außerhalb seines Leibes. Wenn der Mensch im Wachzustande bloß in seinem Inneren ist, so kann er nichts anderes erleben als die Bilder der wahren Realitäten von Ton, Farbe, Wärmequalität, Geruch, Geschmack. Aber diese Bilder entsprechen geistig-seelischen Realitäten, nicht physisch-ätherischen Realitäten. Trotzdem dasjenige, was wir als Ton erleben, so stark zusammenzuhängen scheint – es tut es ja auch, aber in einer ganz anderen Hinsicht – mit bestimmt gestalteten Luftwellen, wie Farbe zusammenhängt mit gewissen Vorgängen in der farblosen Außenwelt, so muß eben dennoch anerkannt werden, daß Ton, Farbe und so weiter

Bilder sind, nicht vom Körperlichen, sondern vom Geistigen, Geistig-Seelischen, das in der Außenwelt ist.

Wir müssen also uns sagen können: Wenn wir einen Ton, eine Farbe, eine Wärmequalität erleben, dann erleben wir sie im Bilde. Aber wir erleben sie real, wenn wir außerhalb unseres Leibes sind. Und so können wir etwa schematisch den Tatbestand in der folgenden Weise darstellen (siehe Zeichnung): Die primären Qualitäten erlebt der Mensch wachend, voll wachend, in sich, und schaut sie in die Außenwelt hinein in Bildern; wenn er sie nur in der Außenwelt weiß, so hat er diese primären Qualitäten nur in Bildern (Pfeil). Diese Bilder sind das Mathematische, das Geometrische, das Arithmetische an den Dingen.

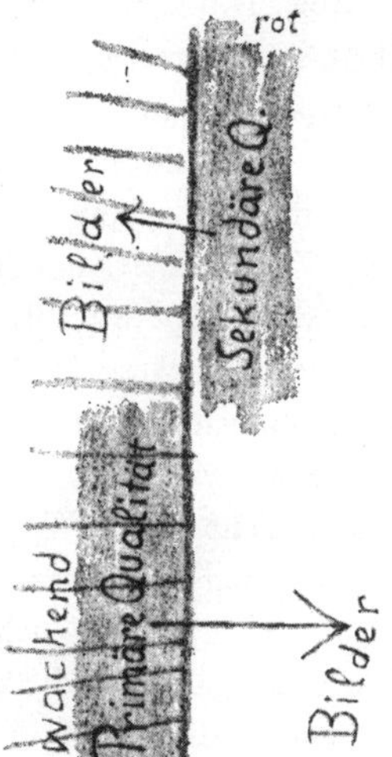

Mit den sekundären Qualitäten ist es anders. Die erlebt der Mensch – wenn ich den physischen und Ätherleib des Menschen mit diesen waagerechten Strichen bezeichne und das Geistig-Seelische, das Ich und das Astralische, mit dem Roten –, die erlebt der Mensch außerhalb seines physischen und Ätherleibes und er projiziert in sich herein nur die Bilder. Weil das nicht mehr durchschaut wurde im naturwissenschaftlichen Zeitalter, wurden gewissermaßen die mathematischen Formen, die Zahlen auch, zu etwas, das der Mensch nur in der Außenwelt abstrakt suchte. Die sekundären Qualitäten, sie wurden etwas, das der Mensch nur in sich suchte. Aber weil sie da bloße Bilder sind, verlor er sie eben für die Wirklichkeit vollständig.

Es war ja so, daß einzelne Persönlichkeiten, die noch Traditionen aus älteren Anschauungen über die Außenwelt hatten, damit rangen, sich Vorstellungen zu machen, welche wirklichkeitsgemäßer waren als diejenigen, welche, ich möchte sagen, als die offiziellen im Laufe des naturwissenschaftlichen Zeitalters allmählich heraufkamen. So zum Beispiel, außer *Paracelsus,* auch *van Helmont,* der sich durchaus bewußt war, daß, wenn Farbe, Ton usw. erlebt werden, das Geistige des Menschen in Tätigkeit ist. Aber weil dieses Geistige im Wachzustande nur mit Hilfe des physischen Leibes sich betätigt, erzeugt es in sich bloß ein Bild von dem, was als Wesen in Ton, Farbe und so weiter enthalten ist, und so kommt man dann zu einer unzutreffenden Beschreibung der äußeren Wirklichkeit, nämlich zu der reinen mathematisch-mechanischen Bewegungsform, Bewegungsgestaltung für dasjenige, was als sekundäre Qualitäten im Menscheninneren erlebt werden soll. Während es in Wahrheit seiner Realität, seiner Wirklichkeit gemäß allein außerhalb des Menschenleibes erlebt werden kann. Man muß zu dem Menschen nicht sagen: Wenn du das wahre Wesen zum Beispiel des Tones erkennen willst, so mußt du physikalische Experimente machen über dasjenige, was sich, wenn du einen Ton hörst, innerlich in der Luft sich abspielt, die den Ton zu dir bringt, sondern dann mußt du dem Menschen sagen: Wenn du das wahre Wesen des Tones kennenlernen willst, so mußt du dir eine Vorstellung davon bilden, wie du eigentlich den Ton außer deinem physischen und ätherischen Leibe erlebst. Das sind aber Gedanken, welche von den Menschen des naturwissenschaftlichen Zeitalters eben nicht gedacht wurden, weil diese Menschen eben nicht auf die vollständige Menschennatur eingehen wollten, weil sie keine Neigung entwickelten, die wahre Wesenheit des Menschen kennenzulernen. Und so fanden sie eben in der ihnen unbekannten Menschennatur nicht die Mathematik oder auch die primären Qualitäten; und so fanden sie in der Außenwelt – weil sie nicht wußten, daß der Mensch ja der Außenwelt auch angehört – nicht die sekundären Qualitäten.

Ich sage nicht, daß man hellsichtig sein müsse, um in diesen Dingen die richtige Einsicht zu bekommen, sondern ich muß betonen, daß zwar die hellsichtige Weltenerklärung tiefere intensive Erkenntnisse gerade auch auf diesem Gebiete geben kann, daß aber eine gesunde Selbstschau durchaus dahin führt, das Mathematische, die primären Qualitäten, das Mathematisch-Mechanische auch in das Innere des Menschen zu verlegen, die sekundären Qualitäten auch in die Außenwelt des Menschen zu verlegen. Man kannte die Menschennatur nicht mehr. Man wußte nicht in Wirklichkeit, wie die Körperlichkeit des Menschen erfüllt ist von der Geistigkeit, wie die Geistigkeit, indem sie wachend im Menschen ist, sich vergessen muß, sich ganz hingeben muß dem Körper, damit sie das Mathematische begreift. Und man wußte auch nicht das andere, daß die Geistigkeit sich ganz in sich zusammenfassen muß und unabhängig vom Körper, das heißt außerhalb des Körpers, leben muß, um zu den sekundären Qualitäten zu kommen. Über alle diese Dinge, sage ich, kann die hellseherische Anschauung intensivere Einsichten geben, aber sie ist nicht nötig. Eine Selbstschau, eine wirkliche, gesunde Selbstschau kann fühlen, in richtigem Gefühl erkennen, daß Mathematik auch etwas innerlich Menschliches ist, Ton, Farbe usw. auch etwas Äußerliches sind.

Ich habe das, was einfach ein gesundes Empfinden, das aber zu wirklichen Erkenntnissen führt, nach dieser Richtung haben kann, in den achtziger Jahren in meinen Einleitungen zu «Goethes Naturwissenschaftlichen Schriften» dargestellt. Da ist auf keine hellseherische Erkenntnis Rücksicht genommen, aber es ist gezeigt, inwieweit der Mensch ohne hellseherische Erkenntnis zur Anerkennung der Realität von Farbe, Ton usw. kommen kann. Dies hat man noch nicht verstanden. Das naturwissenschaftliche Zeitalter ist in der Lockeschen Denkungsweise noch zu sehr befangen. Dies konnte man nicht verstehen, konnte es auch nicht verstehen, als ich es, ich möchte sagen, philosophisch geschürzt, 1911 deutlich ausführte am Philosophischen Kongreß in Bologna. Da versuchte ich zu zeigen, wie das Geistig-

Seelische des Menschen beim Wachzustande zwar im physischen und Ätherleib ist, aber seiner Qualität nach, gewissermaßen indem es den physischen und Ätherleib erfüllt, doch innerlich selbständig bleibt. Fühlt man diese innerliche Selbständigkeit des Geistig-Seelischen des Menschen, dann hat man auch eine Nachempfindung von dem, was das Geistig-Seelische im Schlafen von den Realitäten des Grünen und Gelben, des G und Cis, des Warmen und Kalten, des Sauren und Süßen usw. erlebt hat. Aber eben auf eine wirkliche Menschenerkenntnis wollte zunächst das naturwissenschaftliche Zeitalter nicht eingehen.

Wir sehen an dieser Charakteristik des Verhältnisses des Menschen zur Welt nach den primären und sekundären Qualitäten ganz deutlich, wie der Mensch abkommt davon, über sich und sein Verhältnis zur Welt eine richtige Empfindung zu haben. Aber dasselbe steckte auch in anderen Vorstellungen, die man über den Menschen gewann, darinnen. Weil man keine Anschauung gewinnen konnte davon, wie das Mathematische in seinen drei Dimensionen im Inneren des Menschen lebt, konnte man auch nicht das Wesentliche des Menschen in bezug auf seine Geistigkeit durchschauen. Denn dieses Wesentliche hätte darinnen bestanden, daß man sich gesagt hätte: Der Mensch ist in der Lage, das Rechts-Links durch die symmetrische Bewegung seiner Arme und Hände, durch die anderen symmetrisch durch ihn vollbrach-

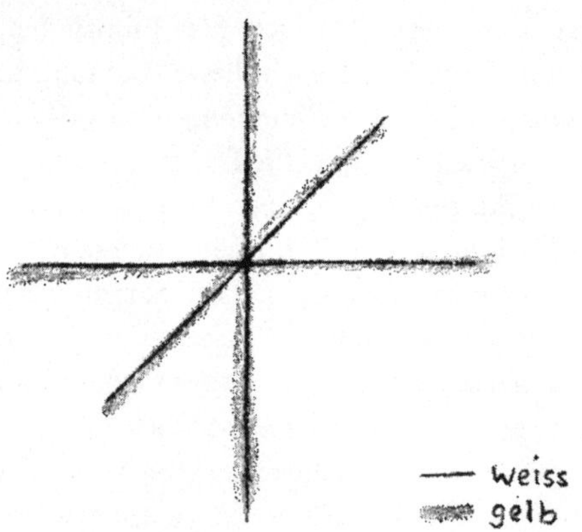

ten Bewegungen zu erfassen. Er ist, indem er zum Beispiel den Gang seiner Nahrungsmittel fühlt, in der Lage, zu erleben das Vorne und Hinten. Er erlebt das Oben und Unten, weil er sich ja während seines Lebens erst in dieses Oben und Unten hineinordnet. Durchschaut man dieses, dann sieht man ja, wie der Mensch innerlich die Tätigkeit entfaltet, die in der Erzeugung der drei Raumdimensionen liegt, und man wird, wenn man vom Menschen spricht in seinem Verhältnisse zur Tierwelt, auf das Charakteristische hinweisen, daß ja das Tier nicht in derselben Weise wie der Mensch zum Beispiel das Oben und Unten hat, weil es seine wesentliche Körperachse in der Horizontalen hat, also in demjenigen, was der Mensch als vorne und hinten empfinden kann. Das abstrakte Raumschema genügte nicht mehr, um etwas anderes als mathematisch-mechanisch-abstrakte Verhältnisse in der unorganischen Natur zu ergründen. Es genügte zum Beispiel nicht, um über das innere Erleben des Raumes, auf der einen Seite beim Tier, auf der anderen Seite beim Menschen, eine Anschauung zu entwickeln.

Und so konnte zunächst in diesem naturwissenschaftlichen Zeitalter keine richtige Meinung entstehen über die Frage: Wie verhält sich eigentlich der Mensch zum Tier, das Tier zum Menschen? Wodurch unterscheiden sie sich? Da man aber doch noch fühlte in einer gewissen Weise: Es ist ein Unterschied zwischen dem Menschen und dem Tiere – so suchte man ihn in allerlei Merkmalen, die nicht durchgreifend charakteristisch sein können, weder für den Menschen noch für die Tiere. Und davon ist ein sehr bedeutsames Beispiel das, daß man mit Bezug auf die obere Kinnlade des Menschen, in der die Oberzähne sitzen, gesagt hat: Dieser Kinnladenknochen ist beim Menschen ein einziger; beim Tiere ist er so, daß die vorderen Schneidezähne in einem abgesonderten Zwischenkiefer drinnen sitzen, und erst zu beiden Seiten dieses Zwischenkiefers ist der eigentliche Oberkiefer. Der Mensch habe diesen Zwischenkiefer nicht. Nachdem man also keine Fähigkeit mehr hatte, durch innerlich Geistig-Seelisches das Verhältnis des Tieres zum Menschen zu finden, sah man es in etwas so Äußerlichem, daß man sagte: Das Tier hat den Zwischenkiefer, der Mensch hat ihn nicht.

Goethe war derjenige, der zwar solche Erkenntnisse wie diese, die ich heute ausgesprochen habe über primäre und sekundäre Qualitäten, nicht in Worte fassen konnte, auch keine äußerlichen Gedanken mit völliger Klarheit sich darüber erringen konnte, aber Goethe hatte ein gesundes Gefühl von all diesen Dingen. Vor allen Dingen wußte Goethe instinktiv, man muß in der ganzen Bildung des Menschen seinen Unterschied von den Tieren finden und nicht in etwas Einzelnem. Deshalb wurde Goethe zum Bekämpfer der Idee von dem fehlenden Zwischenkieferknochen am Menschen. Und er schrieb als junger Mann seine bedeutungsvolle Abhandlung, die dem Menschen wie dem Tiere einen Zwischenkiefer in der oberen Kinnlade zuschreibt. Und es gelang ihm, den vollgültigen Tatsachenbeweis für diese Behauptung zu finden, indem er eben zeigte, wie noch im embryonalen Zustande beim Menschen der Zwischenkiefer durchaus zu sehen ist, wie er aber, indem der Mensch sich entwickelt, also schon beim kleinen Kinde, mit dem Oberkiefer verwächst, während er bei dem Tier getrennt bleibt. Goethe hat das alles aus einem gewissen richtigen Erkenntnisinstinkte heraus behandelt, und aus diesem Erkenntnisinstinkte heraus ist er zunächst dazu gekommen, zu sagen: Man darf nicht in solchen Einzelheiten den Unterschied des Menschen von den Tieren finden wollen, man muß ihn in dem ganzen Verhältnis seiner Gestaltung, seines Seelischen, seines Geistigen zur Welt suchen. Deshalb bedeutet die Bekämpfung der Naturforscher, die dem Menschen den Zwischenkiefer absprechen, die Bekämpfung dieser Naturforscher durch Goethe auf der einen Seite, daß er in bezug auf die Äußerlichkeiten den Menschen nahe herangebracht hat an die Tiere, um ihn andererseits gerade in bezug auf sein eigentliches Wesen in seinem wahren Unterschiede hinstellen zu können. Diese Anschauungsweise, die Goethe aus einem Erkenntnisinstinkt heraus der Form derjenigen Naturwissenschaft entgegengesetzt hat, die diese bis zu ihm angenommen hatte, die sie auch heute noch hat, diese Anschauungsweise Goethes fand ja eigentlich keine Nachfolge innerhalb der naturwissenschaftlichen Kreise. Dagegen trat gerade im 19. Jahrhundert immer mehr als Konsequenz alles desjenigen, was sich auf naturwissenschaftlichem Felde herausgebildet hatte seit dem 15. Jahrhundert, die Tendenz auf, den Menschen dem Tier anzunähern, nicht um seinen Unterschied von ihm in Äußerlichkeiten zu suchen, sondern um sein Wesen ganz nahe an die Tiere heranzutragen. Und diese Tendenz, sie ist dann enthalten in dem, was als darwinistischer Entwickelungsgedanke und so weiter auftrat. Das hat Nachfolge gefunden. Goethes Anschauung hat keine Nachfolge gefunden. Ja, manche haben Goethe sogar als eine Art Darwinisten behandelt, weil sie an Goethe nur gerade das sehen, daß er durch so etwas, wie es der Zwischenkiefer ist, den Menschen dem Tiere nahegebracht hat. Aber sie sehen nicht, daß er dies getan hat, um gewissermaßen darauf hinzuweisen – er hat nicht selber mit ausdrücklichen Worten darauf hingewiesen, aber es liegt in seiner Weltanschauung –, daß in etwas ganz anderem als in diesen Äußerlichkeiten der Unterschied des Menschen von den Tieren gefunden werden müßte.

Weil man nichts mehr vom Menschen wußte, suchte man seine eigenen wesentlichen Merkmale bei dem Tiere und sagte sich: Da sind die tierischen Merkmale, die sind nur etwas höher entwickelt beim Menschen. Daß der Mensch schon rein räumlich eine ganz andere Lage zur Welt in der Anschauung erhalten müsse, davon hatte man immer weniger und weniger eine Ahnung. Und im Grunde genommen sind alle Anschauungen über die Entwickelung des Lebendigen im naturwissenschaftlichen Zeitalter eben so entstanden, daß sie Systeme bildeten mit Ausschluß einer wirklichen Erkenntnis des Menschen. Man wußte mit der Wesenheit des Menschen nichts anzufangen. Daher stellte man ihn nur wie den Schlußpunkt der Tierreihe dar. Man sagte gewissermaßen: Da sind die Tiere; dann bringen es die Tiere noch zu einem letzten Grade der Vollkommenheit, zu einem vollkommensten Tier, und dieses vollkommenste Tier, das ist eben der Mensch.

Ich wollte, meine sehr verehrten Anwesenden und lieben Freunde, Sie mit diesen Auseinandersetzungen darauf aufmerksam machen, wie sogar mit einer gewissen innerlichen Konsequenz in den verschiedenen Gebieten des naturwissenschaftlichen Denkens seit der ersten Phase dieses Denkens, vom 15. Jahrhundert an bis heute, vorgegangen worden ist, wie der Mensch sich auf dem Gebiete der Physik, der Physiologie sein Verhältnis zur Welt ausmalt, indem er sagt: Da draußen ist eine stumme, eine farblose Welt. Die wirkt auf dich. Du bildest die Farbe aus, du bildest die Töne aus in dir als Erlebnis der Wirkungen der Außenwelt. – Wie der Mensch sich dieses sagte auf der einen Seite und auf der anderen sich auch sagte: Es gibt in der Außenwelt ohne dich die drei Raumdimensionen –, wie sich der Mensch das sagte, weil er die Fähigkeit verloren hatte, auf das Vollkommene des Menschen einzugehen, so bildete er sich auch in seinen Anschauungen über die tierische und menschliche Gestaltung solche Vorstellungen aus, welche nicht eingingen auf das wirkliche Wesen des Menschen. Und so kann man eigentlich, trotz dieser großen, gewaltigen Fortschritte, die von einem gewissen Gesichtspunkte aus mit Recht als menschliche Fortschritte allerersten Ranges geschildert werden, man kann sagen: Die naturwissenschaftliche Weltanschauung ist gerade dadurch groß geworden, daß sie vom Menschen und seinem Wesen völlig abgesehen hat. Allerdings bekam man eigentlich keine rechte Ahnung davon, wie sehr man von dem wirklichen Menschen absieht, indem man ihn naturwissenschaftlich betrachtete. Man kann zum Beispiel bei besonders enthusiastischen materialistischen Denkern des 19. Jahrhunderts geschildert finden, wie der Mensch gar nichts besonders Seelisch-Geistiges für sich in Anspruch nehmen dürfe, denn dasjenige, was als Seelisch-Geistiges erscheint, das sei ja nur die Wirkung desjenigen, was äußerlich räumlich-zeitlich sich vollzieht. Und da beschrieben solche enthusiastischen Naturdenker, wie das Licht auf den Menschen wirkt, also das Ätherische nach ihrer Anschauungsweise, wie das sich in seinen Nerven nach innen vibrierend fortsetzt, wie aber auch in der Atmung sich die äußere Luft in ihm fortsetzt usw. Und dann sagten sie etwa zusammenfassend: Oh, der Mensch ist ja von jeder Temperaturerhöhung, von jeder Temperaturerniedrigung abhängig. Der Mensch ist abhängig von alledem, was zum Beispiel auftritt als Deformation seines Nervensystems. Man spitzte etwa eine solche Auseinandersetzung zu, indem man sagte: Der Mensch ist ein Geschöpf, abhängig von jedem Zug oder Druck der Luft und dergleichen.

Derjenige, der unbefangen solche Beschreibungen nimmt, der kann merken, daß da nicht das eigentliche Wesen des Menschen beschrieben ist, sondern das beschrieben ist, wodurch dieses Menschenwesen ein Neurastheniker wird. Denn zum Beispiel kann man durchaus, wenn man die Betrachtungen, welche materialistische Denker des 19. Jahrhunderts vom Menschen gaben, sagen: Ja, das wären nicht Menschen, das wären spezifische Neurastheniker, wenn der Mensch so von jedem Luftzug abhängig wäre, wie da diese materialistischen Denker ihn schildern. Von diesem Neurastheniker sprach man als vom Menschen, ließ dasjenige, was das eigentliche Wesen ist, aus, und wußte nur noch dasjenige, wodurch dieses wahre Wesen, das unbekannt blieb, ein Neurastheniker wird. Überall fällt nach und nach durch den besonderen Charakter, den das Denken über die Natur angenommen hat, aus diesem Denken das wahre Wesen des Menschen heraus. Man verliert für die Anschauung das wahre Wesen des Menschen. Das ist dasjenige, wogegen eigentlich Goethe revoltiert hat, trotzdem er nicht imstande war, durch klar formulierte Sätze dasjenige auszusprechen, was er seinen Anschauungen nach als richtig erkannt hatte.

Man muß solches, was ich Ihnen jetzt vorgeführt habe, verfolgen in dem inneren Umschwung der Entwickelung des naturwissenschaftlichen Denkens seit dem 15. Jahrhundert, und man wird finden, daß man gerade dadurch das, worauf es ankommt in dieser Entwickelung, im richtigen Lichte ansieht. Ich möchte sagen: Goethe interessierte sich in seiner Jugend intensiv für dasjenige, was die Naturwissenschaft auf ihren verschiedenen Gebieten hervorgebracht hatte. Er studierte es, ließ sich von der Naturwissenschaft anregen, war aber nicht mit allem einverstanden, was da an ihn herantrat, weil er in allem fühlte, daß der Mensch aus diesen Anschauungen herausgeworfen war. Goethe aber fühlte intensiv den vollen Menschen. Daher revoltierte er auf den mannigfaltigsten Gebieten gegen die naturwissenschaftliche Anschauung, die er um sich herum sah. Und es kommt schon darauf an, daß man diese naturwissenschaftliche Entwickelung seit dem 15. Jahrhundert auch dadurch begreift, daß man sie auf dem Hintergrunde des Goetheschen Weltanschauungssystems anschaut. Da kommt man am besten darauf, wenn man rein historisch vorgehen will, wie dieser Betrachtung das eigentliche Wesen des Menschen fehlt, fehlt schon in den physikalischen Wissenschaften, fehlt auch in den biologischen Wissenschaften.

Das soll keine Kritik sein der naturwissenschaftlichen Weltanschauung, sondern nur eine Charakteristik. Denn nehmen wir einmal an, daß jemand sagt: Hier habe ich Wasser. Das kann ich so nicht brauchen. Ich sondere den Sauerstoff vom Wasserstoff ab, weil ich den Wasserstoff brauche. – Er sondert den Sauerstoff vom Wasserstoff ab. Wenn ich das Ergebnis dann feststelle, so ist das keine Kritik seines Verhaltens. Ich habe ihm nicht zu sagen: Du machst etwas Unrichtiges, denn du mußt das Wasser sein lassen. – Das Wasser ist kein Wasserstoff. Ebensowenig ist es eine Kritik, wenn ich sage: Die naturwissenschaftliche Entwickelung seit dem 15. Jahrhundert nahm die Welt der Lebewesen und sonderte, wie der Chemiker vom Wasser den Sauerstoff absondert, den Menschen in seinem eigentlichen Wesen ab, warf ihn weg und behielt das zurück, was die damalige Zeit brauchte, so wie der andere den Wasserstoff braucht, und führte die menschlose Naturwissenschaft zu den Triumphen, zu denen sie eben führte. – Es handelt sich nicht um eine Kritik, wenn man so etwas ausspricht, sondern um eine Charakteristik. Der neuere Naturforscher brauchte gewissermaßen die Natur menschlos, so wie irgendein Chemiker brauchen kann den Wasserstoff sauerstofflos und daher nötig hat zu teilen das Wasser in Wasserstoff und Sauerstoff. Aber man muß verstehen, um was es sich handelt, so daß man nicht immerfort wieder in den Fehler verfällt, doch irgendwo durch die Naturwissenschaften das Wesen des Menschen suchen zu wollen. Das wäre geradeso unmöglich, wie wenn man in dem Wasserstoff, den einem jemand daherbringt, auch den Sauerstoff suchen würde, den er aus dem Wasser ausgeschieden hat.

So müssen diese Dinge betrachtet werden gerade dann, wenn man in richtiger Weise über sie diese historischen Anschauungen gewinnen will. Morgen werde ich weiter fortfahren in der Schilderung der Geburt und Entwickelung der Naturwissenschaft in der neueren Zeit.

SIEBENTER VORTRAG

Dornach, 2. Januar 1923

Meine sehr verehrten Anwesenden, meine lieben Freunde, es sind von vielen Seiten von unseren Freunden und den Freunden unserer Sache Kundgebungen ihrer Anteilnahme und ihrer Verbundenheit mit unserem Schmerze über den Verlust des Goetheanums eingelaufen. Ich werde mir dann erlauben, morgen oder übermorgen über die einzelnen Kundgebungen Ihnen Bericht zu erstatten.

Nun möchte ich heute in Fortsetzung der gestern gepflogenen Auseinandersetzungen über, man könnte sagen, das Unvermögen der naturwissenschaftlichen Weltanschauung, die seit dem 15. Jahrhunderte heraufgekommen ist, den Menschen in seinem Wesen erkennend zu erfassen, sagen: Es fehlt eben auf allen Gebieten dieser Weltanschauung an dem, woran es schon im Mathematisch-Mechanischen fehlt. Man hat das Mathematisch-Mechanische abgesondert vom Menschen. Man betrachtet es so, als ob beim Erleben des Mathematischen der Mensch nicht mehr dabei wäre. Dieser Gang der menschlichen Vorstellungen für das Mathematische, er hat zur Folge auf der einen Seite, daß das Bestreben entsteht, auch anderes im Weltengebiete vor sich gehendes Geschehen vom Menschen abzusondern und es in keine Verbindung mehr zu bringen mit der menschlichen Wesenheit. Dadurch entsteht auf der anderen Seite das Unvermögen, erkennend eine wirkliche Brücke zu schaffen zwischen dem Menschen und der Welt.

Über eine andere Folge dieses Unvermögens werde ich dann noch später sprechen. Betrachten wir aber zunächst einmal, ich möchte sagen, die Grundursache, warum die naturwissenschaftliche Entwickelung diesen Gang genommen hat. Sie hat die Möglichkeit verloren, dasjenige innerlich zu erleben, wovon heute in der Anthroposophie gesprochen wird, und was in älteren Zeiten der Menschheitsentwickelung Gegenstand einer instinktiven Anschauung oder, wenn das Wort nicht mißverstanden wird, eines instinktiven Hellsehens war. Das Hineinschauen in den Menschen und ihn aus verschiedenen Elementen zusammengesetzt finden, das ist der naturwissenschaftlichen Anschauung verlorengegangen.

Erinnern wir uns doch, wie wir gliedern den Menschen, um seinem Wesen nahezukommen, innerhalb unserer anthroposophischen Anschauung. Wir reden von dem physischen Leib des Menschen, von dem ätherischen Leib, von dem astralischen Leib und von der Ich-Organisation des Menschen. Wollen wir uns das einmal heute zum Verständnis der Entwickelung naturwissenschaftlicher Weltanschauung recht vor Augen halten: Physischer Leib, ätherischer Leib, astralischer Leib, Ich-Organisation. Ich brauche diese Gliederung des Menschen heute nicht des Näheren auseinanderzusetzen, da ja jeder zum Beispiel in meinem Buche «Theosophie» das Nötige darüber finden kann. Aber wir wollen uns nun doch einmal an dieser Gliederung des Menschen orientieren. Wir wollen uns zunächst fragen, wenn wir auf den physischen Leib des Menschen hinschauen und ins Auge fassen die Möglichkeit der inneren Orientierung, also die Möglichkeit, seinen physischen Leib innerlich zu erleben, was erlebt man denn dann an diesem physischen Leibe? Man erlebt eben gerade an dem physischen Leib dasjenige, wovon ich ja jetzt öfter gesprochen habe, das Rechts-Links, das Oben-Unten, das Vorne-Hinten. Man erlebt an dem physischen Leib die Anschauung der Bewegung als Ortsveränderung dieses eigenen physischen Leibes. Man erlebt an diesem physischen Leib aber auch, wenigstens bis zu einem gewissen Grade, variiert, zum Beispiel das Gewicht. Aber man erlebt das Gewicht eben in einer durchaus modifizierten Art. Als diese Dinge noch erlebt wurden in den verschiedenen Gliedern der Menschheitsorganisation, da dachte man eben über Dinge nach, über die nachzudenken man im naturwissenschaftlichen Zeitalter keine Neigung mehr hatte. Tatsachen, die für das Weltverständnis von fundamentaler Bedeutung sind, ließ man völlig unbeachtet. Nehmen Sie einmal die folgende Tatsache: Nehmen Sie an, daß Sie etwa einen Menschen tragen würden, der, wenn Sie ihn auf die Waage setzen, gleich schwer ist mit Ihnen. Nehmen Sie an, Sie tragen diesen Menschen. Sie gehen mit diesem Menschen irgendeine Strecke, indem Sie ihn tragen. Sie werden ein Erlebnis von seinem Gewichte haben. Indem Sie selber durch die gleiche Raumstrecke gehen, tragen

Sie auch sich selber. Aber das erleben Sie nicht in derselben Weise. Es ist tatsächlich so, daß Sie ja Ihr Gewicht durch den Raum tragen, aber es nicht erleben. Ins Erleben wird das eigene Gewicht ganz anders hereingenommen. Wenn man alt wird, so fühlt man in einem gewissen Sinne seine Glieder so, daß man sagt, man fühle ihre Schwere. Das hängt auch in einem gewissen Sinne mit der Schwere, mit dem Gewichte zusammen, weil Altwerden eben ein gewisses Zerfallen des Organismus bedeutet, wodurch seine einzelnen Teile mehr herausgerissen werden aus dem inneren Erleben, selbständig werden, ich möchte sagen, atomisiert werden, und in der Atomisierung der Schwere verfallen. Aber wir könnten das natürlich in keinem Momente unseres Lebens bis zur Tatsächlichkeit bringen. Vielleicht werden wir sogar sagen, wir können ja den Ausdruck, daß wir die Schwere unserer Glieder fühlen, nur vergleichsweise brauchen. Eine genauere Wissenschaft zeigt allerdings, daß es nicht bloß vergleichsweise ist, sondern daß es etwas Bedeutsames an sich hat. Aber jedenfalls, das Erleben unseres eigenen Gewichtes zeigt sich eigentlich für unser Bewußtsein als eine Art Auslöschen unseres eigenen Gewichtes.

Nun, da haben wir also die im Menschenwesen liegende Notwendigkeit, Wirkungen, die zweifellos innerhalb dieser Menschenwesenheit sind, im Menschen auszulöschen, auszulöschen durch entgegengesetzte Wirkungen, derart entgegengesetzt, wie ich das für die Totalität des Menschen auseinandergesetzt habe, als ich die Analogie zwischen dem Menschen und dem Jahreslauf in den anderen Vorträgen, in den anthroposophischen Vorträgen, zur Darstellung brachte. Aber wir haben immerhin, ob wir nun die mehr deutlich erlebbaren Vorgänge, wie die drei Raumdimensionen, die Bewegung, oder die weniger deutlichen Vorgänge des Gewichtes erleben, wir haben Vorgänge, die erlebt werden können in dem physischen Leibe des Menschen.

Dasjenige, was da einst in früheren Zeiten erlebt wurde, das wurde seither völlig abgesondert vom Menschen. Das wurde gewissermaßen aus ihm herausgestellt. Bei der Mathematik ist es uns ja ganz anschaulich geworden. Bei anderen Erlebnissen des physischen Leibes wird es eben aus dem Grunde weniger anschaulich, weil im Leibe die entsprechenden Vorgänge, so wie das Gewicht, wie die Schwere, eben für das Bewußtsein, wie es heute ist, wie es sich entwickelt hat, ganz ausgelöscht werden. Aber sie waren eben nicht immer ganz ausgelöscht. Man hat heute, beeinflußt durch dasjenige, was der naturwissenschaftlichen Vorstellung als Menschenseelenstimmung zugrunde liegt, eben keine Idee mehr davon, wie das innere Erleben des Menschen doch anders war. Gewiß, sein eigenes Gewicht trug der Mensch nicht in früheren Zeiten bewußt durch den Raum. Aber er hatte dafür das Gefühl, daß dieses Gewicht zwar vorhanden ist, aber auch ein Gegengewicht vorhanden ist. Und wenn er etwas lernte, wie es zum Beispiel bei den Schülern der Mysterien der Fall war, dann lernte er erkennen, wie er zwar seine eigene Schwere in sich und immer mit sich trägt, wie aber in dem Lichte auch die Gegenwirkung fortwährend tätig ist. So daß der Mensch in gewisser Beziehung – es kann das schon so ausgedrückt werden – fühlte, er müsse jener Geistigkeit, die im Lichte ist, dankbar sein, daß sie in ihm entgegenwirkt derjenigen Geistigkeit und Seelenhaftigkeit, die in der Schwere wirkt. Kurz, man könnte überall nachweisen, eine Anschauung von etwas, das von dem Menschen wie ganz abgetrennt wäre, gab es eigentlich in älteren Zeiten nicht. Der Mensch erlebte die Vorgänge in sich gemeinsam mit demjenigen, was solche Vorgänge in der Natur sind. Der Mensch erlebte zum Beispiel, wenn er in der Natur, der Tatsächlichkeit nach abgesondert von sich, den Fall eines Steines sah, das Wesen der Bewegung. Dies erlebte er an dem Vergleich, was in ihm selber eine solche Bewegung sein würde. Wenn er also einen fallenden Stein sah, so erlebte er etwa dieses: Wenn ich in derselben Weise mich bewegen wollte, dann müßte ich mir eine gewisse Geschwindigkeit geben, und diese Geschwindigkeit, die ist beim fallenden Steine anders, als wenn ich zum Beispiel eine ganz langsame, kriechende Wesenheit vor mir sehe. Es erlebte der Mensch die Geschwindigkeit des fallenden Steines dadurch, daß er sein Bewegungserlebnis anwandte auf die Anschauung des fallenden Steines. So wurden tatsächlich diejenigen Vorgänge der Außenwelt, die wir heute zur Physik zählen, von jenen älteren Menschen allerdings auch objektiv angesehen, aber ihr Erkennen wurde durchaus so betrieben, daß man das eigene Erleben zu diesem Erkennen zu Hilfe nahm, um das, was in einem vorgeht, wieder zu schauen in demjenigen, was draußen in der Welt vorgeht.

Und so liegt eigentlich in der ganzen physikalischen Anschauungsweise bis zum Beginn des 15. Jahrhunderts etwas, wovon man sagen kann: Diese physikalische Anschauungsweise brachte die Objekte der Natur selbst in ihrem physischen Geschehen dem inneren Erleben des Menschen nahe. Der Mensch erlebte auch da mit der Natur. Aber mit dem 15. Jahrhundert beginnt die Absonderung der Anschauung solcher Vorgänge vom Menschen. Und mit ihr die Absonderung des Mathematischen, eine Denkweise, die sich ja dann mit der ganzen Naturwissenschaft verbindet. Jetzt erst war eigentlich völlig verloren das Innenerleben im physischen Leibe. Jetzt war völlig verloren dasjenige, was innere Physik des Menschen ist. Die äußere Physik wurde ebenso vom Menschen abgesondert wie die Mathematik selbst. Der Fortschritt, der dadurch geschehen ist, besteht in der, ich möchte sagen, Verobjektivierung des Physikalischen. Sehen Sie, man kann in zweifacher Weise ein eminent Physikalisches anschauen. Bleiben wir bei dem fallenden Stein. Man kann diesen fallenden Stein verfolgen (Zeichnung, Pfeil) mit der äußeren Anschauung und man kann ihn zusammenbringen mit dem Erlebnis jener Geschwindigkeit, in die man sich versetzen müßte, wenn man selber so rasch laufen wollte, wie der Stein fällt. So ergibt sich ein Verständnis durch den ganzen Menschen, nicht bloß ein Verständnis, das nur zusammenhängt mit der Gesichtswahrnehmung.

Betrachten wir jetzt dasjenige, was aus einer solchen älteren Anschauung mit dem Beginne des 15. Jahrhunderts wird. Gehen wir von diesem Ausgangspunkte zu jener Persönlichkeit, an der man ganz besonders diesen Übergang, den ich auf diese Weise charakterisiert habe, sehen kann, gehen wir zu *Galilei.* Galilei ist ja gewissermaßen der Entdecker der Fallgesetze, wie man sie nennt. Und das wichtigste Objektive an diesem Fallgesetze Galileis ist, daß er bestimmt hat, einen wie großen Weg ein fallender Körper in der ersten Sekunde zurücklegt. So daß also eine ältere Anschauung neben das Sehen des fallenden Steines das innere Erlebnis hingestellt hat von der Geschwindigkeit, in die man sich versetzen muß, wenn man es dem fallenden Steine gleich tun will. Neben den fallenden Stein setzte man das innere Erlebnis (Zeichnung, rot). Galilei betrachtet auch den fallenden Stein. Aber er setzt hinzu nicht das innere Erlebnis, sondern er mißt die Länge des Weges im äußerlich gewordenen Raume, die der Stein, wenn er anfängt zu fallen, bis zum Ende der ersten Sekunde durchmißt. Da der Stein mit beschleunigter Geschwindigkeit fällt, so mißt er dann auch die nächsten Wegstrecken. Also er stellt daneben kein inneres Erlebnis, sondern etwas, was man äußerlich abmißt, ein Vorgang, der gar nichts zu tun hat mit dem Menschen, er wird vollständig von dem Menschen getrennt. Das Physikalische wird in der Anschauung, in der Erkenntnis so aus dem Menschen herausgeworfen, daß man sich gar kein Bewußtsein mehr davon verschafft, daß man es eigentlich auch innerlich hat.

Es entsteht ja auch in dieser Zeit vom Beginne des 17. Jahrhunderts eine Gegnerschaft gegen *Aristoteles,* der durch das ganze Mittelalter hindurch als die große Autorität der Wissenschaft angesehen worden war – der sie ja aber auch aufgehalten hat, diese Wissenschaft –, es entsteht eine Gegnerschaft gegen Aristoteles bei all denjenigen Geistern, die vorwärts wollen. Wenn man die heute vielfach mißverstandenen Erklärungen des Aristoteles über so etwas wie den fallenden Stein sachgemäß ins Auge faßt, so laufen sie eben auf das hinaus, daß er überall angibt, wenn man draußen in der Welt etwas sieht, wie das wäre, wenn man es selbst durchmachen würde. Für ihn handelt es sich also nicht darum, die Geschwindigkeit festzusetzen durch Abmessen, sondern die Geschwindigkeit so vorzustellen, daß der Vorgang mit einem Erlebnis des Menschen in Beziehung gebracht wird. Natürlich, wenn der Mensch sich sagt, er muß sich in diese Geschwindigkeit versetzen, dann fühlt er gewissermaßen hinter dem Sich-Versetzen in diese Geschwindigkeit auch etwas Lebendiges, in sich Kraftvolles, wodurch er sich in diese Geschwindigkeit versetzt. Er fühlt in einer gewissen Beziehung den eigenen inneren Anstoß, und es liegt ihm natürlich ganz ferne, zu denken, da zieht ihn etwas hin in die Richtung, in die er geht. Er denkt viel eher darüber nach, wie *er* stößt, als daß er denkt, es zieht ihn etwas. Daher wird Anziehungskraft, Gravitation, eigentlich erst in diesem Zeitalter des 17. Jahrhunderts etwas, was für die menschliche Anschauung eine Bedeutung hat.

In radikaler Weise ändern sich die Vorstellungen, die der Mensch sich über die Natur macht. Und so wie ich es beim Fallgesetz gezeigt habe, so ist es für alle physikalischen Vorstellungen. Eine von diesen Vorstellungen ist zum Beispiel diese, die man heute in der Physik das Trägheitsgesetz nennt. Beharrungsvermögen sagt man auch. Aber Trägheitsgesetz ist ja etwas sehr allgemein so Benanntes. Es verrät noch dieses Trägheitsgesetz seinen Ursprung vom Menschen. Ich brauche Ihnen nicht zu schildern, was Trägheit beim Menschen bedeutet, denn davon hat ja wohl jeder eine Erfahrung. Es ist jedenfalls etwas, was innerlich erlebt werden kann. Was ist das Trägheitsgesetz unter dem Einflusse des Galileismus in der Physik geworden? In der Physik ist es das geworden, daß man sagt: Ein Körper – oder ein Punkt, muß man eigentlich sagen –, ein Punkt, auf den kein äußerer Einfluß ausgeübt wird, der sich selbst überlassen ist, bewegt sich im Raume mit gleichförmiger Geschwindigkeit, das heißt, er legt durch alle Zeiträume hindurch in jeder Sekunde dieselbe Raumstrecke zurück. So daß, wenn kein äußerer Einfluß da ist und der Körper einmal in der Geschwindigkeit ist, daß er sich in der Sekunde so weit bewegt, so bewegt er sich auch

in jeder folgenden Sekunde ebensoweit (siehe Zeichnung). Er ist träge. Er hat kein Bestreben, wenn kein äußerer Einfluß ausgeübt wird auf ihn, sich zu ändern in dieser Beziehung. Er läuft immer so fort, daß er in jeder Sekunde dieselbe Wegstrecke zurücklegt. Es wird nur noch gemessen, gemessen die Wegstrecke in einer Sekunde. Ja, man nennt dann einen Körper träge, wenn er so sich zeigt, daß er in jeder Sekunde dieselbe Wegstrecke zurücklegt.

Einstmals hat man das anders empfunden. Einstmals hat man gesagt: Wie erlebt man einen solchen bewegten Körper, der in jeder Sekunde dieselbe Wegstrecke zurücklegt? Man erlebt ihn so, daß man in dem Zustand, in dem man einmal ist, beharrt, daß man gar niemals eingreift in sein eigenes Verhalten. Man kann das als Mensch natürlich höchstens als ein Ideal betrachten. Der Mensch erreicht dieses

Ideal der Trägheit nur in sehr geringem Maße. Aber man wird merken, wenn man das hat, was man Trägheit im gewöhnlichen Leben nennt, man wird merken, daß das immerhin eine Annäherung an dieses ist, immerfort in jeder Sekunde des Lebens dasselbe zu machen.

Es wurde die ganze Vorstellungsorientierung des Menschen vom 15. Jahrhundert ab in eine Richtung gelenkt, die damit bezeichnet ist: Der Mensch vergißt sein inneres Erleben. Zunächst haben wir es hier mit dem inneren Erleben des physischen Organismus zu tun. Der Mensch vergißt es. Und dasjenige, was Galilei für solche dem Menschen naheliegende Dinge, wie das Fallgesetz, das Trägheitsgesetz, ersonnen hat – denn es ist ja ein Ersinnen, ein Ersinnen, das allerdings sich beschäftigt mit dem, was in der Natur beobachtet werden kann –, dasjenige, was Galilei auf Naheliegendes angewendet hat, es wurde nun auch in einem weiteren Umfange angewendet.

Wir wissen, wie *Kopernikus* ein neues Weltsystem im physischen Sinne heraufgebracht hat dadurch, daß er die Sonne in den Mittelpunkt rückte, nicht mehr die Erde, daß er die Planeten in Kreisen um diese Sonne sich herumbewegen ließ, und darnach dann beurteilte den Ort irgendeines planetarischen Körpers am Himmel. Das war ein Bild, das Kopernikus entworfen hat von unserem Planetensystem, Sonnensystem, ein Bild, das man ja auch aufzeichnen kann. Ja, dieses Bild strebte noch nicht ganz radikal nach jener mathematischen Gesinnung hin, welche die Außenwelt ganz absondert vom Menschen. Wer die Schriften des Kopernikus liest, der bekommt durchaus die Anschauung, daß Kopernikus noch fühlt, die ältere Astronomie, die hat in den komplizierten Linien, durch welche sie das Sonnensystem zum Beispiel hat begreifen wollen, nicht nur die aufeinanderfolgenden, sagen wir, optischen Orte der Planeten zusammengefaßt, sondern diese ältere Astronomie, die hat auch eine Empfindung gehabt von dem, was erlebt werden würde, wenn der Mensch drinnen stecken würde in diesen Bewegungen des Planetensystems. Man möchte sagen: In älteren Zeiten hatten die Leute eine sehr deutliche Vorstellung von den Epizyklen und so weiter, von denen man sich dachte, daß gewisse Sterne sie beschreiben. Da war aber überall noch, ich möchte sagen, wenigstens ein Schatten von menschlichem Empfinden darinnen. So wie man, sagen wir, wenn jemand einen Menschen malt mit einer bestimmten Armstellung, wie man diese Armstellung begreift, weil man selbst erleben kann, wie es einem ist, wenn man diese Armstellung macht, so war noch etwas Lebendiges im Nacherleben eines solchen Herumgehens eines Planeten um seinen Fixstern. Ja, selbst bei *Kepler* – bei diesem sogar besonders stark – ist noch etwas durchaus Menschliches in den Berechnungen der Planetenbahnen.

Das abgesonderte Galileische Prinzip, das wendet nun *Newton* an auf die Himmelskörper, indem er so etwas wie das kopernikanische System hinnimmt in der Anschauung, indem er solche Vorstellungen konstruiert wie etwa diese: Ein Zentralkörper, also eine Sonne, sagen wir, zieht einen Planeten so an, daß die Kraft dieser Anziehung abnimmt mit dem Quadrat der Entfernung, immer kleiner und kleiner

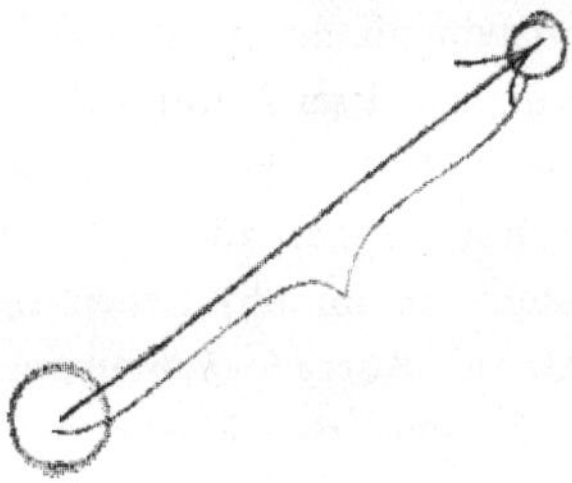

wird, aber im Quadrat kleiner, und zunimmt mit der Masse der Körper. Also wenn der anziehende Körper größere Masse hat, ist die Anziehungskraft größer. Wenn die Entfernung größer wird, wird die Anziehungskraft immer kleiner, aber so, daß sie, wenn die Entfernung zweimal so groß ist, viermal kleiner wird, wenn sie dreimal so groß ist, neunmal kleiner wird und so weiter. Wiederum wird jetzt in das Bild ein reines Messen verlegt, das wiederum ganz abgesondert gedacht wird vom Menschen. Bei Kopernikus und Kepler ist es noch nicht so; bei Newton wird ein sogenanntes objektives Etwas konstruiert, wobei gar nichts mehr von einem Erleben bemerkt wird, sondern wo nur konstruiert wird. Es werden Linien konstruiert in der Richtung, in der man sieht, und da gewissermaßen Kräfte hineingeträumt – denn das, was man sieht, ist ja keine Kraft, die Kraft muß dazu geträumt werden. Man sagt natürlich: dazu gedacht, so lange man an die Sache glaubt, und wenn man nicht mehr daran glaubt, so sagt man: hinzugeträumt. So daß man sagen kann: Durch Newton wird die abgesonderte physikalische Anschauungsweise nun so weit generalisiert, daß sie auf den ganzen Weltenraum angewendet wird. Kurz, es ist das Bestreben vorhanden, ganz und gar zu vergessen das Erleben innerhalb des physischen Leibes des Menschen, und dasjenige, was man früher eng verbunden gedacht hat mit dem Erleben des physischen Leibes, das verobjektiviert zu sehen, unabhängig von diesem physischen Leibe im Raume draußen, den man selbst erst aus dem physischen Leib herausgerissen hat, und Mittel und Wege zu finden, um davon zu reden, ohne überhaupt auch nur an den Menschen zu denken. So daß man sagen kann: Durch die Absonderung vom physischen Leibe, durch dic Absonderung des in der Natur Angeschauten vom Erlebnis im physischen Leibe des Menschen entsteht die neuere Physik, die eigentlich erst da ist mit dieser Absonderung gewisser Naturvorgänge vom Selbsterleben im menschlichen physischen Leibe (Zeichnung, gelb).

Nun hatte man auf der einen Seite vergessen das Selbsterleben im physischen Leibe (vgl. Zeichnung S. 103, rot). Aber indem man nun alles da draußen mit dem abgesonderten Mathematisieren, mit der abgesonderten physikalischen Anschauungsweise durchtränkte (gelb), konnte man nicht wieder zurück mit dieser Physik in den Menschen herein. Was man erst abgesondert hatte, das konnte man nicht wieder auf den Menschen anwenden. Kurz, es entsteht die andere Seite der Sache, das Unvermögen, wiederum zum Menschen zurückzukommen mit dem Wissenschaftlichen.

Nun, beim Physikalischen bemerkt man das nicht so; aber man bemerkt es sehr stark, wenn man sich jetzt frägt: Wie ist es mit dem Selbsterleben des Menschen im ätherischen Leibe, in diesem feineren Organismus? Da erlebt ja der Mensch auch allerlei. Aber dieses Erleben, das ist noch früher und mit einem stärkeren Radikalismus vom Menschen abgesondert worden. Nur war man da nicht so glücklich beim

Absondern, wie man es in der Physik war. Denn gehen wir einmal zurück auf einen naturwissenschaftlichen Menschen der ersten christlichen Jahrhunderte, auf den Arzt *Galen,* da finden wir, daß Galen, indem er ins Auge faßt, was in der äußeren Natur lebt, im Sinne seines Zeitalters die vier Elemente unterscheidet: Erde, Wasser, Luft und Feuer – wir würden sagen: Wärme. Das nimmt man wahr, wenn man den Blick nach außen richtet. Richtet man aber den Blick nach innen, richtet man den Blick auf das Selbsterleben des ätherischen Leibes und frägt man sich: Wie erlebt man diese Elemente, das feste Erdige, das Wässerige, das Luftförmige, das Wärmende, Feurige in sich? – da sagte man sich eben damals: Man erlebt es mit dem ätherischen Leibe. Dann erlebt man es als innerlich erfühlte Säftebewegung, und zwar die Erde als «schwarze Galle», das Wasser als «Schleim», die Luft eben als «Pneuma», als dasjenige, was durch den Atmungsprozeß aufgenommen wird, die Wärme als «Blut». Man erlebt also in den Säften, in demjenigen, was überhaupt im menschlichen Organismus zirkuliert, innerlich dasselbe, was man äußerlich anschaut. So wie man die Bewegung des fallenden Steines im physischen Leibe miterlebt, so erlebt man die Elemente mit in den innerlichen Vorgängen; wie im Stoffwechselprozeß, wie man sich dachte, Galle, Schleim und Blut durcheinanderwirken, das empfand man als das innere Erlebnis des eigenen Leibes, aber als diejenige Form des inneren Erlebnisses, der die äußeren Vorgänge entsprechen, diejenigen Vorgänge, die sich zwischen Luft, Wasser, Feuer, Erde abspielen.

Wärme – Blut
Luft – Pneuma
Wasser – Schleim
Erde – schwarze Galle

Jch-Organisation
Astral. Leib
Äth. Leib — Chemie
Phys. Leib — Physik

Nun gelang es einem hier nicht so entschieden und radikal, das innere Leben zu vergessen und noch genügend mitzubringen für die äußere Anschauung. Beim Fall konnte man messen, etwa den Fallraum in der ersten Sekunde. Ein Trägheitsgesetz bekam man, indem man sich dachte, daß es eben bewegte Punkte geben kann, die ihren Bewegungszustand nicht ändern, sondern ihre Geschwindigkeit beibehalten. Aber indem man das, was so spezifisch eigentümlich als Innenerlebnis in älteren Zeiten empfunden wurde, aus diesem Innenerlebnis hinauswerfen wollte, die Elemente, konnte man zwar das Innere vergessen, aber man brachte in die Außenwelt nicht so etwas Ähnliches mit, wie es das Messen usw. war oder ist. So gelang es einem nicht, in derselben Weise das hierauf Bezügliche zu objektivieren wie das Physikalische. Und so ist es im Grunde bis heute noch geblieben. Und daher ist bis heute die Chemie, die dadurch hätte entstehen können, daß man in derselben Weise so viel hätte heraustragen können aus sich in die Außenwelt für den ätherischen Leib, wie es für den physischen gelungen ist, die dadurch hätte etwas werden können, was sich der Physik an die Seite stellen ließe, diese Chemie ist so etwas nicht geworden, sondern heute noch immer so, daß sie, wenn sie von ihren Gesetzen sprechen will, von etwas ziemlich Unbestimmtem und Vagem spricht. Denn in der Tat will die Chemie dasselbe in bezug auf den ätherischen Leib, was man mit der Physik gemacht hat in bezug auf den physischen Leib. Die Chemie sagt zwar: Wenn sich Körper chemisch verbinden, wobei sie ja ihre Eigenschaften vollständig ändern können bis auf den Aggregatzustand, dann geschieht natürlich etwas. Aber wenn man nicht bloß zu der Vorstellung greifen will, die ja die einfachste und bequemste ist, so weiß man nicht viel über dieses Geschehen. Wasser besteht aus Wasserstoff und Sauerstoff – ja, die beiden muß man sich im Wasser irgendwie ineinander denken (Zeichnung, gelb und rot); aber

wie das ineinander gedacht werden soll, darüber wird keine innerlich erlebbare Vorstellung gebildet. Man erklärt es dann durch etwas Äußerliches, aber recht äußerlich: Der Wasserstoff bestehe aus Atomen oder Molekülen meinetwillen, der Sauerstoff auch. Die fahren durcheinander, prallen aufeinander und bleiben aneinander haften und so weiter. Das heißt, man war, indem man das innere Erlebnis vergaß, nun nicht in derselben Lage wie bei der Physik, wo man messen konnte – denn

immer mehr kam es der Physik auf das Messen, Zählen und Wägen an –, sondern man war genötigt, sich den inneren Vorgang rein auszudenken. Und so ist es in einer gewissen Beziehung mit der Chemie bis heute geblieben. Denn dasjenige, was für das Innere solcher chemischen Vorgänge heute noch vorgestellt wird, das ist im Grunde genommen etwas zu den Vorgängen Hinzugedachtes.

Eine der Physik gewachsene Chemie wird man erst haben, wenn man mit voller Einsicht des heute Dargestellten daran gehen wird – wenn man auch nicht mehr das unmittelbare Erlebnis des Menschen hat wie ein früheres instinktives Hellsehen –, dennoch die Chemie wiederum mit dem Menschen zusammenzubringen. Das wird natürlich nicht früher gelingen, als bis man eine Einsicht darinnen hat, daß man eigentlich auch in bezug auf das Physikalische – wenigstens zur Vervollständigung der einzelnen Kenntnis zur Weltanschauung – die Gedanken über die einzelnen Erscheinungen mit dem Menschen wird zusammenbringen müssen. Denn was einem auf der einen Seite dadurch geschieht, daß man das innere Erleben vergißt und an das Äußere dann herangeht und äußerlich messen will – im Äußeren, im sogenannten Objektiven stehenbleiben will –, das rächt sich auf der anderen Seite. Denn man kann leicht sagen: Trägheit drückt sich aus in der Bewegung eines Punktes, der in jeder Zeitsekunde denselben Weg zurücklegt. Aber solch einen Punkt gibt es nicht. Diese gleichförmige Bewegung kommt nirgends vor da, wo man beobachtet mit den menschlichen Mitteln. Sie kommt nirgends vor, denn ein Bewegliches ist immer in irgendeinem Zusammenhang, wird da oder dort beeinträchtigt in seiner Geschwindigkeit. Kurz, das, was man als träge Masse schildern könnte, oder was man auf das Trägheitsgesetz bringen könnte, das gibt es nicht. Aber wenn man von Bewegung spricht und nicht zurückgehen kann auf das innere Miterleben der Bewegung, also auf das Zusammenerleben mit der Natur, auf das Erfassen, sagen wir, der Fallgeschwindigkeit durch die Art, wie man selbst erleben würde in dieser Geschwindigkeit, dann muß man eben sagen, ja, da bin ich ganz heraußen aus der Bewegung. Ich muß mich an der Außenwelt orientieren. Wenn ich also hier einen Körper sich bewegen sehe (siehe Zeichnung), und wenn das seine aufeinanderfolgenden Orte sind, so muß ich irgendwie wahrnehmen, daß sich dieser Körper bewegt. Wenn hier hinten eine Wand ist, so sehe ich in dieser Richtung, sehe dann in dieser Richtung, sehe in dieser Richtung usw. Wenn ich mir die hintere Wand ruhig denke, dann sage ich: Der Körper bewegt sich in dieser Richtung fort. – Aber es würde dazu noch notwendig sein, daß ich von hier aus (dunkler Kreis) die Anschauung leite, also ein inneres Erlebnis noch gewahr werde.

Orientiere ich mich nur da draußen, lasse ich den Menschen ganz weg,

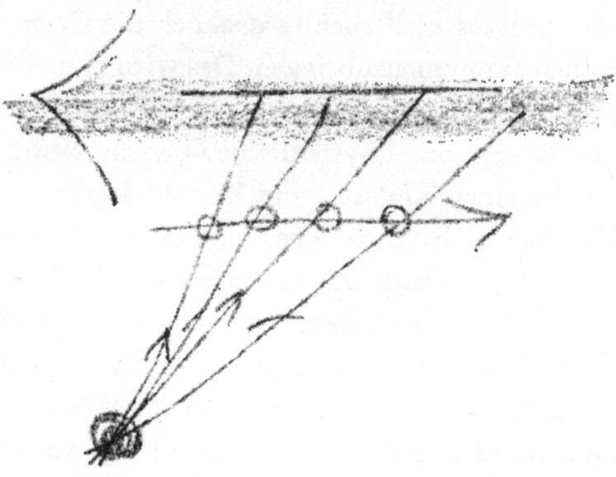

sondere ich ihn völlig ab, dann kommt dasselbe heraus, ob hier ein Gegenstand sich weiter bewegt, oder ob er ruht und die Wand sich so bewegt (siehe Zeichnung). Ich kann schlechterdings nicht mehr unterscheiden, ob der Körper nach der einen Richtung sich bewegt oder die dahinterliegende Wand nach der entgegengesetzten Richtung. Und berechnen kann ich im Grunde genommen alles unter der einen und unter der anderen Voraussetzung.

Also ich verliere die Möglichkeit, innerlich die Bewegung überhaupt zu erfassen, wenn ich sie nicht miterlebe. Und das gilt auch für andere physikalische Ingredienzien, wenn ich so sagen darf. Indem man das Miterleben herausgeworfen hat, ist man verhindert, irgend noch eine Brücke hinüber zu schlagen zum objektiven Geschehen. Wenn ich selbst laufe, so wird es mir nicht gelingen, zu sagen, es sei gleichgültig, ob ich laufe oder ob der Boden sich in der entgegengesetzten Richtung bewege; aber wenn ich selbst einen anderen Menschen in Äußerlichkeit betrachte, der sich über einen Boden bewegt, so ist es für diese bloß äußerliche Anschauung ganz gleichgültig, ob der Mensch dahinläuft, oder ob der Boden unter ihm nach der anderen Richtung geht. Und die Gegenwart hat es tatsächlich dahin gebracht, daß sie, ich möchte sagen, die Rache des Weltengeistes für dieses Absondern des Physikalischen erlebt.

Während Newton noch ganz sicher war, er könne absolute Bewegungen annehmen, sehen wir heute zahlreiche Leute sich bemühen, zu konstatieren, wie die Bewegung, die Erkenntnis der Bewegung zugleich mit dem inneren Erleben verlorengegangen ist. Das ist ja das Wesen der Relativitätstheorie, die den Newtonismus heute aus den Angeln heben will. Diese Relativitätstheorie ergibt sich auf eine ganz historische Weise. Sie muß da sein heute, denn man kommt über sie nicht hinaus, wenn man eben nur innerhalb derjenigen Vorstellungen bleibt, die vom Menschen ganz abgesondert wurden. Denn will man Ruhe oder Bewegung erkennen, dann muß man sie miterleben. Erlebt man sie nicht mit, dann sind selbst Ruhe und Bewegung zueinander nur relativ.

Nun, wir werden morgen um acht Uhr hier über diese Dinge weiter sprechen.

ACHTER VORTRAG

Dornach, 3. Januar 1923

Meine sehr verehrten Anwesenden, liebe Freunde, in fortdauernder Weise kommen Kundgebungen an des Verbundenseins und des Schmerzteilens. Ich werde mir erlauben, morgen oder übermorgen die betreffenden Kundgebungen hier mitzuteilen.

Ich habe versucht zu zeigen, wie einzelne Gebiete des naturwissenschaftlichen Denkens in der neueren Zeit entstehen. Ich möchte eine Ausführung einschalten, welche bestimmt sein soll, ein wenig zu beleuchten dasjenige, was sich da vollzogen hat in dieser Bildung naturwissenschaftlicher Anschauungen, weil man besser verstehen kann, um was es sich da eigentlich im Gesamtfortgange der Menschheitsentfaltung handelt, wenn man von einem gewissen Gesichtspunkte aus auf die Dinge Licht wirft. Man muß sich ja durchaus klar darüber sein, daß dasjenige, was in der äußeren Kultur und Zivilisation der Menschheit auftritt, innerlich, ich möchte sagen, wie von einer Art von Pulsschlag durchströmt ist, durchzuckt ist, einem Pulsschlag, der von tieferen Einsichten herrührt, die nicht gerade immer als solche Einsichten wirken müssen, die gelehrt werden, sondern die auf eine andere Weise tatsächlich der Entwickelung zugrunde liegen, auf eine Weise, die ich nun auch in den nächsten Tagen noch andeuten werde. Jetzt möchte ich nur sagen, daß man besser versteht, um was es sich nach dieser Richtung handelt, wenn man dasjenige zu Hilfe nimmt, was in bestimmten Zeiten Initiationswissenschaft war, Wissenschaft von den tieferen Grundlagen des Lebens und des Weltgeschehens.

Wir wissen, je weiter wir in der Menschheitsentwickelung zurückgehen, desto mehr treffen wir auf ein instinktives geisteswissenschaftliches Erkennen, auf instinktives hellsichtiges Anschauen desjenigen, was gewissermaßen hinter den Kulissen des Daseins vorgeht. Und wir wissen ferner, daß es in der Gegenwart möglich ist, zu einem tieferen Wissen zu kommen, weil, wenn ich mich populär ausdrücken will, seit dem letzten Drittel des 19. Jahrhunderts nach der Entwickelung der Hochflut materialistischer Anschauungen und materialistischer Empfindungen, die im 19. Jahrhundert eingetreten sind, sich einfach durch das Verhältnis der geistigen Welt zur physischen Welt die Möglichkeit ergeben hat, daß geistige Erkenntnisse unmittelbar wiederum aus der übersinnlichen Welt herausgeholt werden. Es ist möglich seit dem letzten Drittel des 19. Jahrhunderts, die menschliche Erkenntnis so zu vertiefen, daß es dazu kommt, geistig in seinen Grundlagen dasjenige anzuschauen, was sich im äußeren Naturgeschehen abspielt.

So daß man etwa sagen kann: Eine ältere, instinktive Initiationswissenschaft macht einer exoterischen Menschheitszivilisation Platz, einer Zivilisation, in der von einem unmittelbaren Geistwissen wenig zu spüren ist in der Welt. Und dann kommt wiederum eine neue Morgenröte von Geistwissen, jetzt vollbewußtem, nicht mehr instinktivem Geisteswissen.

Wir stehen im Anfange dieser Entwickelung eines neuen Geisteswissens. Es wird das aber in die Zukunft hinein sich weiter entfalten. Wenn man nun Einblicke hat in dasjenige, was der Mensch als seine Erkenntnis ansah während der Zeit der alten, instinktiven Initiationswissenschaft, dann ergibt sich einem auf dem Hintergrunde dieser Einsichten, daß bis zum Beginne des 14. Jahrhunderts in der zivilisierten Welt Ansichten vorhanden waren, die nicht unmittelbar zu vergleichen sind mit unseren heutigen Naturerkenntnissen, weil sie von ganz anderer Art waren, die andrerseits noch weniger zu vergleichen sind mit demjenigen, was etwa die heutige Wissenschaft Seelenkunde oder Psychologie nennt. Auch da muß man sagen, daß sie anderer Art war. Man hat sowohl das Geistig-Seelische des Menschen wie auch das Physisch-Natürliche in einer gewissen Weise in Vorstellungen gefaßt, die heute gar nicht mehr von den Menschen, die nicht ausdrücklich sich mit Initiationswissenschaft befassen, verstanden werden. Es war eine ganz andere Art, zu denken, zu empfinden.

Wenn wir nun mit dem, was alte Initiationswissenschaft war, diese auch durch die Geschichte teilweise wenigstens bekannten Einsichten des früheren Zeitalters vergleichen, so finden wir, trotz der mangelhaften Überlieferung, daß vorhanden waren tiefe Einsichten, tiefe Vorstellungen über den Menschen, über das Verhältnis des Menschen zur Welt und so weiter. Man läßt sich heute nicht gern darauf ein, etwa so etwas zu würdigen, wie das Werk über die Einteilung der Natur von *Johannes Scotus Erigena* im 9. Jahrhundert. Man läßt sich nicht darauf ein, weil man solch ein Werk nicht als ein historisches Denkmal nimmt aus einer Zeit, in der eben ganz anders gedacht wurde als heute, in der so gedacht wurde, wie man es gar nicht mehr versteht, wenn man solch ein Werk heute liest. Und wenn gewöhnliche Philosophen in ihrer Geschichtsschreibung solche Dinge darstellen, so hat man es eigentlich nur mit Worten zu tun. Ein Eingehen auf den eigentlichen Geist eines solchen Werkes, wie das von Johannes Scotus Erigena über die Einteilung der Natur, wobei Natur etwas ganz anderes bedeutet als das Wort Natur in der späteren Naturwissenschaft, ein Eingehen auf diesen Geist ist eigentlich nicht mehr da. Kann man bei geisteswissenschaftlicher Vertiefung doch darauf eingehen, so muß man sich merkwürdigerweise folgendes sagen: Dieser Scotus Erigena hat Ideen entwickelt, die auf einen den Eindruck machen, daß sie außerordentlich tief hineingehen in das Wesen der Welt, aber er hat diese Ideen ganz zweifellos in einer nicht zulänglichen, nicht eindringlichen Form in seinem Werke dargestellt. Wenn man sich nicht der Gefahr aussetzen würde, gegenüber einem immerhin überragenden Werke der Menschheitsentwickelung respektlos zu sprechen, so würde man im Grunde eigentlich sagen müssen, daß schon Johannes Scotus Erigena selbst nicht mehr völlig gewußt hat, was er schreibt. Man sieht das seiner Darstellung an. Für ihn selber waren, wenn auch nicht in dem Grade, wie es für die heutigen Geschichtsschreiber der Philosophie der Fall ist, doch schon die Worte, die er aus der Tradition entnommen hat, mehr oder weniger nur Worte, deren tiefen Inhalt er selber nicht mehr einsah. Man ist eigentlich immer mehr genötigt, wenn man diese Dinge liest, in der Geschichte zurückzugehen. Und von Scotus Erigena wird man ja, das ist leicht ersichtlich aus seinen Schriften, unmittelbar geführt auf die Schriften des sogenannten Pseudo-Dionysius des Areopagiten. Ich will jetzt auf dieses Entwickelungsproblem nicht eingehen, wann der gelebt hat und so weiter. Und von diesem *Dionysius dem Areopagiten* wird man wiederum weiter zurückgeführt. Da muß man dann schon wirklich ausgerüstet mit Geisteswissenschaft weiterforschen, und man kommt endlich etwa, wenn man in das 2., 3. Jahrtausend vorchristlicher Zeit zurückgeht, zu tiefen Einsichten, die eben der Menschheit verlorengegangen sind, die eben nur in einem schwachen Nachklange vorhanden sind in solchen Schriften wie denen von Johannes Scotus Erigena.

Aber auch noch wenn wir uns richtig vertiefen können in die Werke selbst der Scholastiker, dann werden wir finden, daß hinter der unglaublich pedantisch-schulmäßig zugerichteten Darstellung tiefe Ideen liegen über die Art, wie der Mensch die äußere Welt, die ihm entgegentritt, auffaßt; wie in diesem Auffassen auf der einen Seite lebt das Übersinnliche, auf der anderen Seite lebt das Sinnliche und so weiter. Und wenn man die fortlaufende Tradition nimmt, die sich auf *Aristoteles* wiederum begründet, der in einer logisch-pedantischen Weise ein altes Wissen, das ihm überliefert war, selbst wieder zusammengefaßt hat, so stößt man auf dasselbe: Tiefe Einsichten, die einmal in alten Zeiten gut verstanden worden sind, die ins Mittelalter hineinreichen, die wiederholt werden in den aufeinanderfolgenden Zeitepochen und die immer weniger verstanden werden. Das ist das Charakteristische dann. Und im 13., 14. Jahrhundert verschwindet dann das Verständnis fast vollständig, und es tritt ein ganz neuer Geist auf, eben der kopernikanisch-galileische Geist, den ich Ihnen ja in den letzten Vorträgen seinem Wesen nach zu charakterisieren versuchte.

Überall, wo man solche Nachforschungen, deren Geist ich eben jetzt angedeutet habe, anstellt, findet man, daß dieses alte Wissen, das so von Epoche zu Epoche, immer weniger verstanden, fortgepflanzt wird bis ins 14. Jahrhundert herein, daß dieses alte Wissen im wesentlichen bestand in einem innerlichen Erleben desjenigen, was im Menschen selbst vor sich geht, also in dem Erleben – es wird das sehr verständlich sein nach den Auseinandersetzungen der letzten Tage – des Mathematisch-Mechanischen beim menschlichen Sich-Bewegen, in dem Erleben eines gewissen Chemischen, wie wir heute sagen würden, bei der inneren Säftebewegung des Menschen, die vom ätherischen Leib durchzogen ist. So daß wir wirklich das Schema, das ich Ihnen gestern auf die Tafel geschrieben habe (siehe S. 109), auch gewissermaßen geschichtlich betrachten können. Wir können es nämlich so betrachten: Sehen wir heute wiederum mit unserer Initiationswissenschaft das Wesen des Menschen an, so haben wir den physischen Leib, den ätherischen Leib oder Bildekräfteleib, den astralischen Leib – das innerlich Seelische – und die Ich-Organisation. Ich habe nun schon gestern gesagt, es bestand eben, als aus der alten Initiationswissenschaft hervorgehend, ein innerliches Erleben des physischen Leibes, ein innerliches Erleben desjenigen, was Bewegung ist, ein innerliches Erleben der Dimensionalität des Raumes, Erleben aber auch von anderen physisch-mechanischen Vorgängen, und wir können dieses innerliche Erleben das Erleben des Physikalischen im Menschen nennen. Zugleich ist dieses Erleben des Physikalischen im Menschen eben das Erkennen von physikalisch-mechanischen Gesetzen: eine Physik des menschlichen Wesens nach dem physischen Leibe hin gab es. Niemandem wäre es eingefallen damals, Physik anders zu suchen als durch das Erleben im Menschen. Im galilei-kopernikanischen Zeitalter wird nun mit der Mathematik zugleich, die ja dann auf die Physik angewendet wird, dasjenige, was so innerlich erlebt wird, herausgeworfen aus dem Menschen und nur noch abstrakt erfaßt. So daß wir also sagen können: Die Physik rückt aus dem Menschen heraus, während sie vorher im Menschen selbst beschlossen war.

Einen ganz ähnlichen Prozeß erlebte man mit dem, was innerlich im Menschen erfahren wurde als Säftevorgänge, Vorgänge der wässerigen, der flüssigen Bestandteile des menschlichen Organismus. Ich wies gestern auf *Galen* in den ersten christlichen Jahrhunderten hin, der den Menschen innerlich so beschrieb, daß er sagte: Im Menschen lebt «schwarze Galle», die in den Säfteströmen zirkuliert, «Blut», «Schleim» und die gewöhnliche Galle, die «weiße» oder «gelbe Galle». Durch das Ineinanderströmen, durch das sich gegenseitige Beeinflussen dieser Säfteströmungen entwickelt sich das menschliche Wesen in der physischen Welt. Aber dasjenige, was da Galen behauptete, das hatte er nicht durch Methoden, die unseren heutigen physiologischen Methoden ähnlich sind, sondern das beruhte im wesentlichen noch auf innerem Erleben. Galen hatte es zwar auch schon traditionell. Aber was er traditionell hatte, was er einfach der Überlieferung entnahm, das erlebte man einstmals innerlich im flüssigen Teile des menschlichen

Organismus, der vom ätherischen oder Bildekräfteleib durchzogen ist.

Aus dieser Tatsache heraus schilderte ich auch im Beginne meiner «Rätsel der Philosophie» die griechischen Philosophen nicht so, wie man sie gewöhnlich schildert. Wenn Sie in den gewöhnlichen Geschichten der Philosophie nachlesen, so finden Sie ja überall die Sache so verzeichnet: *Thales* dachte nach über den Ursprung desjenigen, was in der Sinneswelt ist, und er suchte den Ursprung, den Ausgangspunkt für alles im Wasser. *Heraklit* suchte den Ausgangspunkt im Feuer, andere in der Luft, andere im Festen, zum Beispiel in einer Art von Atomen und so weiter. Daß so etwas gesagt werden kann, ohne daß man sich Rechenschaft darüber gibt, daß es im Grunde unerklärlich ist, warum der Thales gerade das Wasser, der Heraklit das Feuer als den Ursprung der Dinge erklärte, das fällt ja heute den Menschen nicht weiter auf. Sie brauchen nur nachzulesen in meinem Buche «Die Rätsel der Philosophie» und Sie werden sehen, wie einfach die Ansicht des Thales, die sich ausdrückte in dem Satze: Alles ist aus dem Wasser entsprungen –, auf einem *inneren* Erlebnis beruhte. Er fühlte die Tätigkeit dessen, was man dazumal eben das Wässerige nannte, und mit dieser innerlichen Tätigkeit fühlte er verwandt dasjenige, was dem äußeren Naturvorgang zugrunde liegt, und er schilderte also aus inneren Erlebnissen heraus das Äußere. Ebenso Heraklit, der, möchte ich sagen, von anderem Temperament war. Thales war, wie wir heute sagen würden, eben Phlegmatiker, der in dem innerlichen «Wasser» oder «Schleim» lebte. Er schilderte also die Welt als ein Phlegmatiker: Alles ist aus dem Wasser entsprungen. – Heraklit war der Choleriker, der das innerliche «Feuer» erlebte. Er schilderte die Welt so, wie er sie erlebte. Und daneben gab es, nicht mehr verzeichnet heute in der äußeren Überlieferung, noch eindringlichere Geister. Die wußten noch mehr über die Dinge. Dasjenige, was sie wußten, ging dann weiter und war als Überlieferung vorhanden in den ersten christlichen Jahrhunderten, so daß Galen eben von seinen vier Bestandteilen des inneren Säftewesens des Menschen sprechen konnte.

Das, was man da wußte über das innere Säftewesen, wie diese vier Gattungen von Säften: gelbe Galle, schwarze Galle, Blut und Schleim ineinandergehen, sich mischen – was man heute für eine Kinderei ansieht, nun, das ist ja begreiflich –, das ist eigentlich dasjenige, was innere menschliche Chemie ist. Eine andere Chemie gab es eben damals nicht. Denn dasjenige, was man äußerlich als Erscheinungen ansah, die heute in das Gebiet der Chemie gehören, das beurteilte man nach diesen inneren Erlebnissen, so daß wir von einer inneren Chemie reden können, die auf Erlebnissen des vom Ätherleib durchzogenen Säftemenschen, wenn ich mich des Ausdrucks bedienen darf, beruht. Und so haben wir in der älteren Zeit diese Chemie an den Menschen gebunden. Sie tritt später heraus, ebenso wie die Mathematik und wie die Physik, und wird äußerliche Chemie (siehe Schema). Denken Sie nur einmal, wie diese Physik und diese Chemie der älteren Zeiten von den Menschen empfunden worden sind! Sie sind empfunden worden als etwas, was gewissermaßen ein Stück von ihnen selbst war, nicht als etwas, was bloß Beschreibung einer äußeren Natur mit ihren Vorgängen ist. Das war das Wesentliche. Es war erlebte Physik, erlebte Chemie. In einer solchen Zeit, in der man die äußere Natur in seinem physischen, in seinem Ätherleib fühlte, erlebte man auch dasjenige, was

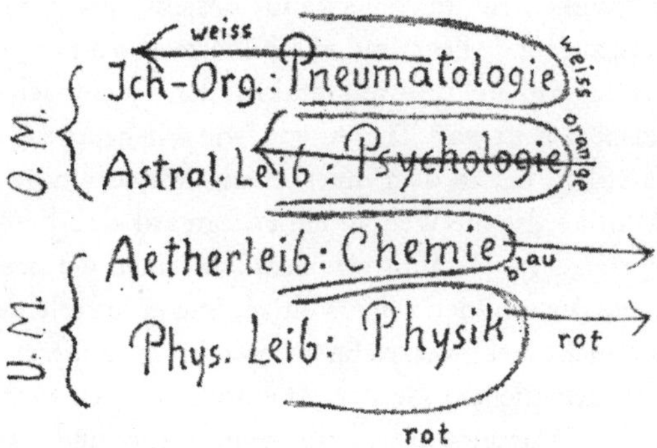

im astralischen Leibe ist und was in der Ich-Organisation ist, anders als später. Wir haben heute eine Psychologie. Aber diese Psychologie, sie ist – man sollte sich es gestehen, aber man tut es nicht –, sie ist tatsächlich ein Inventar von lauter Abstraktionen. Denken, Fühlen, Wollen finden Sie da drinnen wie auch Gedächtnis, Phantasie und so weiter eigentlich nur als Abstraktionen angeführt. Das entstand allmählich aus dem, was man da nun als seinen eigenen Seeleninhalt noch gelten ließ. Die Chemie und die Physik hatte man herausgeworfen, Denken, Fühlen und Wollen, das warf man nicht heraus, das behielt man, aber es verdünnte sich allmählich so, daß es eigentlich nur noch ein Inventar wurde von den wesenlosesten Abstraktionen. Das läßt sich auf die leichteste Weise beweisen, daß das wesenlose Abstraktionen wurden. Denn, nehmen wir zum Beispiel die Leute, die etwa im 15., 16. Jahrhundert noch vom Denken, Wollen sprachen. So wie sie sprachen – bitte, nehmen Sie ältere Schriften über diese Dinge –, hat das alles noch den Charakter des Konkreteren. Man hat das Gefühl, wenn so ein Mensch über das Denken redet, dann redet er noch so, als ob dieses Denken wirklich noch eine Summe von inneren Vorgängen in ihm wäre, als ob die Gedanken sich stoßen würden, sich tragen würden. Es ist auch noch ein Erleben von Gedanken. Die Sache ist noch nicht so abstrakt, wie sie später geworden ist. Später ist sie so etwas geworden, daß dann, als das 19. Jahrhundert gekommen ist und das Ende des 19. Jahrhunderts, es den Philosophen leicht geworden war, diesen Abstraktionen überhaupt alle Realität abzusprechen und nur noch davon zu sprechen, daß es innere Spiegelbilder seien und so weiter, was ja in besonders geistreicher Weise eben der öfter angeführte *Richard Wahle* gemacht hat, der nun das Ich, das Denken, Fühlen und Wollen nur noch für Illusionen erklärt. Aus Abstraktionen werden sie dann Illusionen, die inneren Seeleninhalte.

Eben in derjenigen Zeit, in der der Mensch sein Gehen als einen Vorgang gefühlt hat, der sich mit ihm und der Welt zugleich abspielt, in der er seine Säftebewegung gespürt hat, so daß er wußte, wenn er sich, sagen wir, im heißen Sonnenscheine bewegt, also äußere Wirkungen da sind, so bewegen sich Blut und Schleim in ihm anders, als im kalten Winter. Er erlebte die Blut-Schleimbewegungen in sich, aber er erlebte sie zusammen mit dem Sonnenschein oder mit der Abwesenheit des Sonnenscheins. So wie er ja das Physische und Chemische mit der Welt zusammen erlebte, so erlebte er auch Denken, Fühlen, Wollen mit der Welt zusammen. Er versetzte sie nicht bloß in sein Inneres in der Art wie spätere Zeiten, wo sie allmählich zu vollständigen Abstraktionen verdufteten, sondern in dem Erfahren dessen, was da vor sich geht im Menschen, und jetzt nicht in dem, was Säftebewegung ist, oder was physische Bewegungen, physische Kräfteentfaltungen sind, sondern in dem, was der astralischen Wesenheit des Menschen, dem Seelischen angehört, in diesem Erleben war das enthalten, was für die damalige Zeit Gegenstand einer Psychologie war (siehe Schema S. 120).

Die wurde nun ganz an den Menschen gebunden. Mit dem heraufkommenden naturwissenschaftlichen Zeitalter stieß also der Mensch die Physik hinaus in die Welt, die Chemie hinaus in die Welt; die Psychologie stieß er in sich selber hinein. Man kann diesen Prozeß bei *Baco von Verulam*, bei *John Locke* namentlich verfolgen. Alles dasjenige, was erfahren wird als Seeleninhalt an der Außenwelt: Ton, Farbe, Wärmequalität, wird hineingestoßen in den Menschen.

Noch mehr spielt sich dieser Prozeß ab in bezug auf die Ich-Organisation. Die Ich-Organisation wurde allmählich wirklich ein recht dünnes Erlebnis. So, wie man da in sich hineinschaut, ist das Ich allmählich etwas Punktartiges geworden. Daher es wiederum für die Philosophen sehr leicht geworden ist, es wegzudisputieren. Nicht das Ich-Bewußtsein, aber das Erlebnis des Ich war für ältere Zeiten ein Inhaltserfülltes, Vollwirkliches. Und das Erleben des Ich drückte sich aus in dem, was nun eine Wissenschaft war, höher als die Psychologie, eine Wissenschaft, die man Pneumatologie nennen kann. Auch diese nahm der Mensch in späteren Zeiten in sich herein und verdünnte sie zu seiner wirklich recht dünnen Ich-Empfindung (siehe Schema S. 120).

Wenn der Mensch das Innenerlebnis seines physischen Leibes hatte, hatte er das Physikerlebnis, er hatte zu gleicher Zeit dasjenige, was in der äußeren Natur als gleichartig mit den Vorgängen in seinem physischen Leibe vor sich geht. Und so ähnlich ist es mit dem Ätherleib. Bei diesem wurde nun nicht nur das Ätherische, sondern auch die physische Säftewelt, aber beherrscht von dem Ätherischen, innerlich erlebt. Was wird denn erlebt innerlich, indem der Mensch das Psychologische wahrnimmt, indem er die Vorgänge seines astralischen Leibes erlebt? Da wird innerlich erlebt dasjenige, was, wenn ich mich so ausdrücken darf, der Luftmensch ist. Wir sind ja nicht nur feste organische Gebilde, säftehaltige organische Gebilde, also wässerige Gebilde, sondern wir sind ja fortwährend auch innerlich gasig-luftig. Wir atmen die Luft ein, atmen sie wieder aus. In innigem Vereine mit der innerlichen Luftverarbeitung erlebte der Mensch den Inhalt der Psychologie. Daher war sie konkreter. Als man das Lufterlebnis herausgeworfen hatte, dasjenige, was man auch äußerlich verfolgen kann, herausgeworfen hatte aus dem Denkinhalte, da wurde der Denkinhalt eben immer mehr abstrakt, bloßer Gedanke. Denken Sie, wie der indische Philosoph in seinen Übungen gestrebt hat, sich so recht bewußt zu werden, daß im Atmen, im Atmungsprozeß etwas Verwandtes mit dem Denkprozeß vor sich ging. Er machte einen geregelten Atmungsprozeß, um in seinem Denken vorwärtszukommen. Er wußte, Denken, Fühlen, Wollen ist etwas, was nicht solch luftiges Zeug ist, wie wir es heute anschauen, sondern was immerhin mit der äußeren Natur und namentlich mit der inneren Natur nach dem Atmen hin zusammenhing, was also zusammenhing mit der Luft. Kann man also sagen: Das Physikalische, das Chemische warf der Mensch aus seiner Organisation heraus, so kann man auch sagen: Das Psychologische sog er ein, aber er warf das äußere Element, nämlich das Luft-Atemerlebnis heraus. Aus dem Physischen und Chemischen warf er sich selber heraus und beobachtete nur mehr als Physik und Chemie die äußere Welt; aus dem Psychologischen warf er die äußere Welt, die Luft heraus, und ebenso warf er aus dem Pneumatologischen das Wärmehafte heraus. Dadurch wurde es zu der Dünnheit des Ichs gemacht.

Also wenn ich dies, physischen Leib und Ätherleib, den unteren Menschen nenne (siehe Schema S. 120), astralischen Leib und Ich-Organisation den oberen Menschen nenne, so kann ich sagen: Die geschichtliche Entwickelung beim Übergange von einem älteren Zeitalter zu dem naturwissenschaftlichen zeigt, daß der Mensch das Physische, das Chemische aus sich herauswarf und in seine physischen und chemischen Begriffe nur mehr die äußere Natur aufnahm. In der Psychologie und Pneumatologie entwickelte der Mensch Vorstellungen, aus denen er die äußere Natur herauswarf und nur noch das erlebte, was noch davon im Inneren in seinen Vorstellungen übrig blieb. In der Psychologie blieb ihm so viel übrig, daß er wenigstens noch Worte hatte für

Seeleninhalte. Für das Ich blieb ihm so wenig übrig, daß die Pneumatologie, teilweise vorbereitet allerdings durch die Dogmatik, aber auch sonst vollständig verschwand. Es schrumpfte alles zu dem Punkte des Ich zusammen.

Das trat an Stelle desjenigen, was einst rein einheitlich erlebt worden ist, wenn man sagte: Man hat vier Elemente, Erde, Wasser, Luft, Feuer; die Erde erlebt man in sich selber, wenn man den physischen Leib erlebt; das Wasser erlebt man in sich selber, wenn man den Ätherleib erlebt als Säftebeweger und Säftemischer und Entmischer; die Luft erlebt man, wenn man den astralischen Leib erlebt in Denken, Fühlen und Wollen, denn das Denken, Fühlen und Wollen erlebte man als wogend auf dem innerlichen Atmungsvorgang; und die Wärme oder das Feuer, wie man es damals nannte, erlebte man in der Ich-Empfindung.

So können wir also sagen: In einer Umwandelung des ganzen Verhältnisses des Menschen zu sich selber entwickelte sich die naturwissenschaftliche Anschauung der neueren Zeit. Und wenn man mit diesen Einsichten eben die geschichtliche Entwickelung verfolgt, so findet man erstens das, was ich Ihnen früher gesagt habe, und in jeder neuen Epoche neue Darstellungen der alten Überlieferungen, aber immer weniger verstanden. Und merkwürdige Zeugnisse solcher alten Überlieferungen sind dann die Anschauungen etwa eines Paracelsus, van Helmonts, Jakob Böhmes.

Bei *Jakob Böhme* hat derjenige, der sich Einsichten in solche Dinge verschaffen kann, unmittelbar die Erfahrung, daß da ein außerordentlich einfacher Mensch spricht, der aus Quellen seine Erkenntnis hat, die heute zu besprechen ja nicht möglich sind, die zu weit führen würden, daß aber eigentlich in einer Weise, die wirklich deshalb schwer verständlich ist, weil sie sehr ungeschickt ist, Jakob Böhme in dieser ungeschickten Darstellung tiefe alte Einsichten aufnimmt, die sich einfach volksmäßig fortgepflanzt haben. In welcher Lage war denn so jemand wie Jakob Böhme? Während *Giordano Bruno*, der demselben Zeitalter angehört, in der für ihn neuesten Phase der Entwickelung der Menschheit so drinnensteht, wie ich das in einem früheren Vortrage dieses Kurses dargestellt habe, sehen wir bei Jakob Böhme, daß er ganz offenbar zur Hand bekommt allerlei Werke, die heute natürlich verschollen sind. Durch eine innere Anlage geht ihm auf an Werken, die buntestes Zeug in der äußeren Darstellung repräsentieren, daß das auf einen Ursinn zurückgeht. Und er stellt wiederum, ich möchte sagen, unter ungeheuren inneren Hemmnissen, wodurch die Sache eben ungeschickt wird, diese Urweisheit, die er von noch ungeschickteren, unzulänglichen Überlieferungen übernommen hatte, dar. Er konnte aber zurückgehen zu einer früheren Stufe infolge seiner inneren Erleuchtung.

Und geht man nun in das 15., 16. Jahrhundert, und namentlich ins 17. und 18. Jahrhundert, und sieht man über solche einzelnen Erscheinungen wie *Paracelsus* und Jakob Böhme, die eigentlich nur da sind wie Denkmäler einer alten Zeit, hinweg und nimmt das, was im fortlaufenden exoterischen Strom der Menschheitsentwickelung vorhanden ist, so bekommt man, indem man den Maßstab der Initiationswissenschaft anlegt und die Sache mit ihrem Lichte beleuchtet, den Eindruck: Da weiß keiner mehr irgendwie von den tieferen Grundlagen des Weltenwesens. Da ist schon das eingetreten, daß Physik herausgeworfen ist aus dem Menschen, daß Chemismus herausgeworfen ist aus dem Menschen, da tritt schon der Spott auf über Alchimie. Man hatte ja natürlich recht mit diesem Spott, denn dasjenige, was noch erhalten war von den alten Traditionen als mittelalterliche Alchimie, darüber konnte man spotten. Man hatte die ins Innere des Menschen genommene Psychologie und eine sehr dünne Pneumatologie. Also man hatte gebrochen mit demjenigen, was man früher vom Menschen gewußt hat, und man erlebte auf der einen Seite das vom Menschen Getrennte, auf der anderen Seite das in den Menschen chaotisch Hineingeworfene. Und man möchte sagen, überall zeigte sich in dem, was man nun als Menschenerkenntnis anstrebte, diese eben charakterisierte Tatsache.

Da tritt zum Beispiel im 17. Jahrhunderte eine Anschauung auf, die, wenn man sie als einzelne Anschauung ins Auge faßt, eigentlich ziemlich unverständlich bleibt, die aber, in die Historie hineingestellt, ganz verständlich wird, da taucht die Ansicht auf, daß die ganze Summe der Vorgänge, die ein Mensch in seinem Inneren als Ernährungsvorgänge hat, auf einer Art von Gärung beruhen. Dasjenige, was der Mensch als Nahrungsmittel aufnimmt, das speichelt er ein, durchdringt es mit Säften, zum Beispiel der Pankreas, und da vollziehen sich verschiedene Grade von Gärungsprozessen, wie man es etwa nannte. Wenn man vom heutigen Anschauen aus, das ja natürlich auch wieder nur ein Vorübergehendes ist, diese Dinge betrachtet, so kann man ja natürlich darüber höhnen. Aber dann strebt man nicht nach Einsicht, sondern höchstens nach einer professoralen Darstellung. Wenn man aber darauf eingeht, so sieht man, woher solche allerdings merkwürdigen Ansichten über den Menschen kommen. Ganz im Verglimmen sind die alten Traditionen, die noch bei Galen und noch früher auf inneren Erlebnissen beruhten und einen guten Sinn hatten. Und dasjenige, was jetzt äußerlich als abgestoßene Chemie da sein sollte, das ist nur in den allerersten Elementen da. Das Innere hat man nicht mehr; das Äußere hat sich noch nicht entwickelt. Und so ist man in der Lage, nur in außerordentlich schwachen neuchemischen Vorstellungen, wie etwa einer unbestimmt gedachten Gärung, von den innerlichen Ernährungsvorgängen sprechen zu können. Und es waren die Nachzügler der Galenlehre, welche zwar noch etwas fühlten, daß man ausgehen muß, wenn man den Menschen verstehen will, von seiner Säftebewegung, also von dem Flüssigen in ihm, welche aber zu gleicher Zeit schon anfingen, das Chemische nur an den äußeren Vorgängen zu betrachten, und welche also die äußerlich betrachteten Gärungsvorgänge nun auf den Menschen anwendeten. Der Mensch war ein leerer Sack geworden, weil er nichts mehr in sich erlebte. In diesen leeren Sack füllte man dasjenige jetzt hinein, was äußere Wissenschaft geworden war. Nun, damals im 17. Jahrhundert war es noch wenig. Da hatte man unbestimmte Vorstellungen über Gärungen und ähnliche Prozesse. Die schob man jetzt in den Menschen hinein. Das war im 17. Jahrhundert die sogenannte Jatrochemische Schule.

Wenn man die Jatrochemiker in Betracht zieht, so sagt man sich, die haben noch in ihren Vorstellungen so etwas wie kleine Schatten der alten Säftelehre, die auf innerem Erleben beruhte. Andere aber, die mehr oder weniger Zeitgenossen dieser Jatrochemiker waren, die hatten auch solche schattenhaften Vorstellungen gar nicht mehr, und die fingen nun an, den Menschen so zu betrachten, wie er sich etwa ausnimmt, wenn wir heute ein Anatomiebuch aufschlagen. Wenn wir heute ein Anatomiebuch aufschlagen, da wird der Mensch so dargestellt: Meinetwillen wird ein Knochensystem dargestellt, der Magen, das Herz, die Leber dargestellt, und unwillkürlich bekommt dann derjenige, der das verfolgt, den Eindruck, als ob das der ganze Mensch wäre und der aus mehr oder weniger festen Organen mit scharfen Konturen bestünde. Diese sind ja auch da in gewisser Beziehung. Aber das Feste – das Erdige, im alten Sinne gesprochen – ist ja höchstens ein Zehntel vom Menschen. Im übrigen ist der Mensch eine Flüssigkeitssäule. Natürlich nicht in der Mitteilung, aber in der betrachtenden Methode wurde das allmählich ganz vergessen, daß der Mensch eine Flüssigkeitssäule ist, und daß in dieser Flüssigkeitssäule drinnen sich bilden diese Organe mit den festen Konturen, die darinnen nur schwimmen, die man heute eben einfach aufzeichnet und dadurch insbesondere bei Laien die Vorstellung hervorruft, als ob man damit den Menschen verstanden hätte. Wenn Sie die heutigen Bilder des anatomischen Atlasses anschauen, da haben Sie das entwickelt, aber es gibt ein falsches Bild. Es ist nur ein Zehntel vom Menschen. Den anderen Menschen müßte man darstellen, indem man hineinzeichnet in diese Gebilde, in Magen, Leber usw., einen fortwährenden Säftestrom in der mannigfaltigsten Weise, ein Ineinanderwirken von Säften, eine Wechselwirkung von Säften (siehe Zeichnung S. 128). Wie das eigentlich ist, darüber hat man ganz falsche Vorstellungen bekommen, weil man gewissermaßen nur mehr die festbegrenzten Organe des Menschen betrachtete. Und so kam es zum Beispiel, daß im 19. Jahrhundert die Leute außerordentlich frappiert waren, daß, wenn der Mensch das erste Glas Wasser trinkt – ich will jetzt von Wasser sprechen –, daß das den Eindruck macht, es geht ganz durch durch den Menschen und wird von seinen Organen überall verarbeitet in der Weise, wie es aufgefaßt wird. Wenn er aber das zweite, wenn er das dritte Glas Wasser trinkt, so macht das gar nicht den Eindruck, als ob das in derselben Weise verarbeitet würde. Diese Dinge hat man dann bemerkt, aber man kann sie nicht mehr erklären, weil man eine ganz falsche Anschauung, wenn ich mich so ausdrücken darf, vom Flüssigkeitsmenschen gewonnen hat, in dem der Ätherleib die treibende Wesenheit gewesen ist, die die

Flüssigkeiten mischt und entmischt, die organische Chemie im Menschen bewirkt.

Nun, im 17. Jahrhundert hat man wirklich angefangen, diesen Flüssigkeitsmenschen nach und nach ganz zu ignorieren und nur die fest begrenzten Teile ins Auge zu fassen. Dadurch kam allmählich das heraus, daß man den Menschen ansah wie einen Zusammenhang von festen Teilen. Da, innerhalb dieser Welt von fest begrenzten Teilen, spielt sich alles in mechanischer Ordnung ab. Da stößt eins das andere; das bewegt sich; da werden Dinge gepumpt, da wirken die Dinge in der Art von Saugpumpen oder Druckpumpen. Mechanisch also betrachtet man den Menschenleib wie einen nur durch den Zusammenhang von fest begrenzten Organen existierenden Leib. Und allmählich wurde aus der jatrochemischen Ansicht, eigentlich gleichzeitig schon mit ihr, die jatromechanische oder gar jatromathematische Anschauung. Da florierte natürlich ganz besonders stark eine solche Anschauung, daß das Herz eigentlich eine Pumpe sei, die das Blut durch den Körper pumpt – nicht wahr, so richtig mechanisch –, weil man nicht mehr wußte, daß die innerlichen Säfte des Menschen innerliches Leben haben, daß also die Säfte sich selbst bewegen, daß das Herz nur ein Sinnesorgan ist, um diese Säftebewegung in seiner Art wahrzunehmen. So kehrte man die ganze Sache um, sah nicht mehr hin auf die Säftebewegung, auf die innere Lebendigkeit der Säftebewegung, auf den Ätherleib, der da drinnen wirkt, und das Herz wurde ein mechanischer Apparat, ist es im Grunde genommen heute noch für die meisten sogenannten Physiologen und Mediziner.

Jatrochemische Schule
Jatromechanische Schule
Stahl: Lebenskraft
Dynamische Schule

Also die Jatrochemiker haben noch einen Schatten vom Wissen über den Ätherleib. In demjenigen, was Galen vortrug, war durchaus ein volles Bewußtsein des Ätherleibes vorhanden. In demjenigen, was *van Helmont* zum Beispiel vortrug oder Paracelsus, ist ein schattenhaftes Bewußtsein vorhanden von dem Ätherleib, ein noch schattenhafteres bei den offiziellen Jatrochemikern, die die Schule versorgten. Gar kein Bewußtsein mehr von diesem Ätherleib war vorhanden bei den Jatromechanikern. Da war alle Vorstellung vom Ätherleib verduftet, und man stellte den Menschen nur als physischen Leib vor, da aber nur nach seinen festen Bestandteilen, die man aber jetzt behandelte mit der Physik, die man nun auch schon herausgeworfen hatte aus dem Menschen, die man also äußerlich anwendete auf den nicht mehr verstandenen Menschen. Man hatte zuerst den Menschen zu einem leeren Sack gemacht – ich möchte das Beispiel noch einmal gebrauchen –, hatte draußen die Physik in abstrakter Weise begründet und nun diese Physik zurück in den Menschen geworfen. So daß man nicht die lebendige Wesenheit des Menschen hatte, sondern einen leeren Sack, ausgefüllt mit Theorien.

So ist es heute noch. Denn dasjenige, was uns heute etwa die Physiologie oder die Anatomie vom Menschen erzählt, das ist ja nicht der Mensch, es ist die aus dem Menschen herausgeworfene Physik, die nun umgeändert ist, indem man sie wiederum in den Menschen hineingestopft hat. Gerade wenn man so recht innerlich die Entwickelung betrachtet, so sieht man, wie das Schicksal da ging. Die Jatrochemiker hatten noch ein Schattenbewußtsein vom Ätherleib, die Jatromechaniker gar nichts mehr davon. Da kam einer, *Stahl*. Er war eigentlich, wenn man sein Zeitalter berücksichtigt, ein außerordentlich gescheiter Mensch. Er hatte offenbar bei den Jatrochemikern sich umgesehen. Diese innerlichen Gärungsprozesse, die erschienen ihm unzulänglich, weil sie ja auch nur die schon nach außen geworfene Chemie wiederum in den Menschensack zurückversetzen. Die Jatromechaniker erst recht, denn die versetzen ja nur die äußere mechanische Physik in den Menschensack zurück. Aber vom Ätherleib als der treibenden Kraft der Säftebewegung war nichts mehr da, keine Tradition. Es gab keine Möglichkeit, sich darüber zu informieren. Was tat Stahl im 17., 18. Jahrhundert? Er erfand sich etwas, weil in der Tradition nichts mehr da war – er erfand sich etwas. Er sagte sich: Das, was im Menschen vor sich geht an physikalischen, an chemischen Vorgängen, das kann doch wirklich nicht auf diese Physik und Chemie gebaut sein, die man da nun für die Außenwelt findet. Aber er hatte nichts anderes, um es in den Menschen hereinzubringen. So erfand er sich dasjenige, was er «Lebenskraft» nannte. Dadurch begründete er die dynamische Schule. Es war also eine nachträgliche Erfindung für etwas, was man verloren hatte. Stahl war eigentlich tatsächlich noch von einem gewissen Instinkt beseelt. Ihm fehlte etwas. Weil er es nicht hatte, so erfand er es wenigstens: Lebenskraft. Das 19. Jahrhundert hatte wieder alle Mühe, diese Lebenskraft loszukriegen. Sie war ja auch in Wirklichkeit nichts weiter als eine Erfindung, und man hat also wieder sich alle Mühe gegeben, diese Lebenskraft loszukriegen.

Es ist also tatsächlich so, daß man ringt, in diesen leeren Sack «Mensch» wiederum etwas hineinzubringen, was irgendwie hineinpaßt. So kam man darauf, wiederum auf der anderen Seite sich zu sagen: Das Maschinelle haben wir. Wie eine Maschine sich bewegt und reagiert, das weiß man. Und so steckte man in den leeren Menschensack die Maschine hinein: «L'homme machine» von *de La Mettrie.* Der Mensch ist eine Maschine. Der Materialismus oder eigentlich Mechanismus des 18. Jahrhunderts wie etwa im «Système de la nature» von *Holbach,* das Goethe in seiner Jugend so furchtbar gehaßt hat, er ist die Ohnmacht, an das Wesen des Menschen heranzukommen mit demjenigen, was in der äußeren Natur in der damaligen Zeit schon und später so wirksam geworden ist. Und noch das 19. Jahrhundert nagte an diesem Unvermögen: An den Menschen konnte man nicht herankommen.

Nun aber wollte man doch mit irgend etwas den Menschen vorstellen. Also verfiel man darauf, ihn als höher entwickeltes Tier vorzustellen. Das Tier verstand man zwar auch nicht, denn mit Ausnahme der Pneumatologie brauchte man für das Verständnis des Tieres nun auch im alten Sinne Physik, Chemie, Psychologie. Aber daß man für das Tier so etwas auch braucht, wenn man es verstehen will, das merkte man zunächst nicht. Man ging halt von etwas aus, nicht wahr. Und so führte man den Menschen früher, im 18. Jahrhundert, auf die Maschine, im 19. Jahrhundert auf das Tier zurück. Das alles ist historisch gut zu begreifen. Im ganzen Fortgang der Menschheitsentwickelung hat das seinen guten Sinn, denn unter dem Einflusse dieser Unkenntnis vom Menschenwesen entstanden die neuzeitlichen Empfindungen über den Menschen. Wären die alten Ansichten geblieben von der innerlichen Physik, von der innerlichen Chemie, der vom Menschen außerhalb seiner selbst erlebten Psychologie und Pneumatologie, so wäre zum Beispiel die Freiheitsentwickelung niemals in der Menschheitsentwickelung erwacht. Der Mensch mußte sich als elementares Wesen verlieren, um sich als freies Wesen zu finden. Das konnte er nur, wenn er gewissermaßen eine Weile zurücktrat von sich, sich nicht mehr beachtete, sich mit dem Äußeren befaßte und, wenn er Theorien über sich wollte, das in sich hereinnahm, was nun zum Verständnis der äußeren Welt sehr gut paßte. In dieser Zwischenzeit, in der der Mensch sich mit sich Zeit ließ, um so etwas wie Freiheitsempfindung zu entwickeln, in dieser Zwischenzeit entwickelte der Mensch die naturwissenschaftlichen Vorstellungen, jene Vorstellungen, die, ich möchte sagen, so robust sind, daß sie die äußere Natur begreifen können, aber zu grob sind für das Wesen des Menschen, weil er sich nicht die Mühe machte, sie so zu verfeinern, daß sie auch den Menschen mitbegreifen. Es entstanden die naturwissenschaftlichen Begriffe, die auf die Natur gut anwendbar sind, ihre großen Triumphe feiern, die aber unbrauchbar sind, um das Wesen des Menschen in sich aufzunehmen.

Hieraus sehen Sie auch, daß ich wirklich nicht eine Kritik liefere über das Naturwissenschaftliche, sondern daß ich nur Charakteristik liefern will. Gerade dadurch erlangt ja der Mensch sein ganzes Freiheitsbewußtsein, daß er nicht mehr belastet war mit alledem, wovon er eigentlich belastet sein mußte, als er so eigentlich die ganze Sache noch in sich trug. Dieses Freiheitserlebnis für den Menschen kam, als der Mensch sich eine Wissenschaft zimmerte, die in ihrer Robustheit nur für die äußere Natur paßte, und da sie ja doch nun eben nicht eine Totalität ist, natürlich auch wiederum Kritik erfahren kann, nicht anwendbar ist auf den Menschen, anwendbar ist eigentlich nur am bequemsten als Physik, in der Chemie fängt es schon an zu hapern, die Psychologie wird eigentlich ein vollständiges Abstraktum. Aber die Menschen mußten durch ein Zeitalter, das in dieser Weise verläuft, hindurchgehen, um eben nach einer ganz anderen Seite, nach der Seite des Freiheitsbewußtseins, zu einer individuell nuancierten Moralauffassung von der Welt zu kommen. Man kann die Entstehung der Naturwissenschaft im neueren Zeitalter nicht verstehen, wenn man sie nur einseitig betrachtet, wenn man sie nicht so betrachtet, daß sie eine Parallelerscheinung ist des nun in demselben Zeitalter heraufkommenden Freiheitsbewußtseins des Menschen und alles dessen, was moralisch und religiös mit diesem Freiheitsbewußtsein zusammenhängt.

Daher sehen wir, wie solche Leute, die wie *Hobbes* oder Bacon die Ideen der Naturwissenschaft begründen, wie denen die Möglichkeit entfällt – lesen Sie sich das nach bei Hobbes –, den Menschen anzugliedern an dasjenige, was Geist und Seele im Weltenall ist. Und es kommt bei Hobbes das heraus, daß er auf der einen Seite schon, ich möchte sagen, in radikalster Weise die naturwissenschaftlichen Vorstellungen im Keime bildet, daß er auf der anderen Seite aus dem menschlichen sozialen Leben auch alles Geistige herauswirft, den Krieg aller gegen alle statuiert, also nichts Bindendes anerkennt, das von irgendeinem Übersinnlichen kommt im sozialen Leben, daher er in einer etwas karikierten Form eigentlich zum ersten Mal theoretisch das Freiheitsbewußtsein bespricht.

Ja, geradlinig ist eben durchaus die Entwickelung der Menschheit nicht. Man muß die nebeneinander hergehenden Strömungen betrachten, dann erst kommt man dazu, den Sinn der geschichtlichen Entwickelung des Menschen zu begreifen.

NEUNTER VORTRAG

Dornach, 6. Januar 1923

Es liegt ja in der Natur der Sache, daß der Gegenstand eines solchen Vortragszyklus, wie es dieser ist, eigentlich unerschöpflich ist, daß die Dinge erweitert und vor allem vertieft werden können. Aber da doch einmal leider ein Abschluß gemacht werden muß, so muß man sich damit begnügen, Richtlinien und Andeutungen zu geben. Daher werde ich natürlich auch heute nur die schon gegebenen spärlichen Richtlinien und Andeutungen so ergänzen können, daß das Bild wenigstens in einem gewissen Sinne einen Abschluß bietet.

Gehen wir noch einmal aus von der Wesenheit des Menschen, wie sie uns gegeben werden kann durch die Forschungen der Geisteswissenschaft, dann müssen wir sagen: Wir gliedern den Menschen in seinen physischen Leib, in seinen ätherischen oder Bildekräfteleib, in seinen astralischen Leib, welcher im wesentlichen ja das Seelisch-Innere darstellt, und in seine Ich-Organisation. Seien wir uns klar darüber, daß der physische Leib im eigentlichen Sinne lebt nur in demjenigen geringeren Teile der Menschenorganisation, der als Festes, scharf Konturiertes bezeichnet werden kann, daß dagegen alles dasjenige, was Saft, Säfteartiges ist, was Flüssiges ist im menschlichen Organismus, schon so ergriffen wird von dem ätherischen oder Bildekräfteleib, daß es in einer fortwährenden Mischung, Entmischung, chemischen Verbindung, chemischen Lösung, in einer fortwährenden Strömung ist, aber in Strömungen, die auch gerade wieder durch Mischung, Entmischung, Lösung, Verbindung herbeigeführt werden. Seien wir uns dann klar darüber, daß innerhalb dieser Menschheitsorganisation Gasiges, Luftförmiges ist, wie dasjenige, was in der Tätigkeit zum Beispiel des Sauerstoffes und anderer an sich gasartiger Körper liegt. Darinnen wirkt aber die astralische Organisation. Und endlich wirkt in alledem, was wärmehaft ist im Menschen, die Ich-Organisation. Das ist aber nicht so, daß man jetzt das schematisch nehmen darf, was ich eben gesagt habe, sondern man muß sich klar sein darüber, daß dadurch, daß zum Beispiel alles Saftartige und Flüssige von dem Bildekräfteleib durchpulst ist, es dadurch auch mitreißt dasjenige, was fest ist, daß alles in inniger Wechselwirkung, im Durcheinanderspiel ist in der menschlichen Organisation. Dessen muß man sich immer bewußt sein. Aber seien wir uns jetzt weiter darüber klar, daß diese menschliche Organisation im Laufe der Menschheitsentwickelung in verschiedener Art erlebt worden ist. Wir haben ja gerade das als eine Hauptsache während dieser Vorträge uns vor Augen geführt.

Dasjenige, was wir zum Beispiel heute als Gegenstand der äußeren Physik oder Mechanik bezeichnen, wurde erreicht ursprünglich durch inneres Erleben des physischen Leibes, so daß wir sagen können: Unsere heutige Physik enthält Aussagen, welche entstanden sind dadurch, daß es ursprünglich eine innere, erlebte Physik des physischen Leibes gab und daß diese aus dem Menschen, wie ich oft gesagt habe, herausgeworfen worden ist und nunmehr nur als eine die äußere Natur beobachtende Physik weiterfiguriert. Ebenso war es einstmals, sogar in der Dekadenz noch während der mittelalterlichen Alchimistenzeit, mit demjenigen, was innerlich im Menschen lebt durch den ätherischen Leib. Wo der ätherische Leib im Menschen mit seiner Tätigkeit einsetzt, da findet statt jener Säfteprozeß, jener Flüssigkeitsprozeß, der einstmals erlebt wurde und jetzt nur noch durchschimmert durch allerlei phantastisch-alchimistische Angaben, welche die Leute heute in älteren Schriften finden, die aber ursprünglich eine geistvoll ausgearbeitete Wissenschaft waren, aber innerlich erlebt innerhalb der ätherischen Organisation des Menschen. Das ist erst auf dem Wege, herausgeworfen zu werden, denn wir haben eigentlich noch nicht eine voll ausgebildete Chemie. Aber wir haben viele chemische Vorgänge in der Welt, die wir zu begreifen suchen, oder die unsere Wissenschaft zu begreifen sucht, jedoch auf eine physisch-mechanische Weise.

Damit aber haben wir dasjenige erschöpft, was der Mensch durch seine Organisation innerlich zunächst erlebt hatte und dann nach außen geworfen hat. In diesem Prozesse des Nach-außen-Werfens hat sich ja alles entwickelt, von der Astronomie bis zu den spärlichen Anfängen des chemischen Wissens von heute. Dagegen wurde in älteren Zeiten dasjenige, was wir heute als den Inhalt der abstrakten Psychologie bezeichnen, was eigentlich nur etwas darstellt, was für die Leute nichts Reales mehr ist, Denken, Fühlen, Wollen, das wurde einstmals so erlebt, daß es eigentlich gar nicht im Menschen erlebt wurde, sondern daß der Mensch sich mit der Welt draußen außer sich fühlte, wenn er das Seelische erlebte. Also gerade das Körperliche erlebte man einstmals im Inneren; das Seelische erlebte man, indem man aus sich herausging und mit der Welt draußen lebte. So daß Psychologie einstmals eine Wissenschaft war von demjenigen in der Welt, was so auf den Menschen wirkt, daß er als seelisches Wesen sich selber erscheint. Dadurch, daß dieses mit der Außenwelt Erlebte in den Menschen hineingekommen ist, während die Physik und die Chemie herausgeworfen wurden, wurde die Psychologie und das Nächste, das ich gleich zu besprechen habe, die Pneumatologie, in den Menschen hineingestopft und verloren ihre Realität, wurden zu bloßen subjektiven Wahrnehmungen und so weiter, aus denen man nicht mehr herauskam. Dasjenige also, was der Mensch durch seinen astralischen Leib, der ja auch im Schlafe aus ihm heraus kann, mit der Welt erlebt, das ist nun Gegenstand der Psychologie. Dasjenige, was der Mensch einstmals als Geist erst recht im vollen Umfange der Welt mit dieser erlebte, das war einmal Pneumatologie. Heute ist dies, wie ich schon gesagt habe, zusammengeschrumpft zu der bloßen Ich-Vorstellung oder eigentlich nur Ich-Empfindung. So daß wir heute haben auf der einen Seite als Wissenschaft von der äußeren Natur dasjenige, was einstmals inneres Erlebnis war, und wir haben als Wissenschaft vom Inneren des Menschen dasjenige, was äußeres Erlebnis war. Also dasjenige, was heute äußere Wissenschaft ist, war einstmals Innenerlebnis, wenn auch körperhaft, im Körper gefühlt, in der eigenen Bewegung zum Beispiel gefühlt, während man heute die Bewegung nur äußerlich beschreibt. Dagegen dasjenige, was man heute bloß als Innerliches betrachtet, Empfindungen, Gedanken, Wahrnehmungen, das wurde einstmals außen mit der Welt erlebt. Das ist eben Psychologie, Pneumatologie.

Nun müssen wir uns vor Augen rufen, was eigentlich auf der einen Seite der Physik und Chemie, auf der anderen Seite der Psychologie und Pneumatologie notwendig ist, wenn sie nun in bewußter Weise – denn der Mensch ist heute im Zeitalter der Bewußtseinsseelenentwickelung – weitergeführt werden sollen. Nehmen wir einmal zum Beispiel die Physik, die ja zum größten Teile in der neueren Zeit eigentlich abstrakt-mechanisch geworden ist, nehmen wir die Physik. Nun, aus meiner Darstellung ist Ihnen hervorgegangen, daß eigentlich die Betrachtungsweise in dem neuen naturwissenschaftlichen Zeitalter immer mehr und mehr sich gedrängt fühlte, die reine, angeschaute Mechanik des Raumes zu ihrem Inhalte zu machen im Physikalischen, die angeschaute Mechanik des Raumes. Erinnern Sie sich nur an das, was ich im letzten Vortrage gesagt habe: Bewegung wurde einstmals innerlich miterlebt, und man beurteilte die Bewegung nach dem, was man innerlich als Bewegung erlebte, schaute einen fallenden Stein an und erlebte seinen inneren Bewegungsimpuls im eigenen menschlichen Inneren, nämlich im physischen Leibe. Daraus ist geworden beim Hinauswerfen das Messen des Fallraumes in der ersten Sekunde. Das ist es, was heute in allen unseren Vorstellungen über die Natur steckt, daß durch dasjenige, was angeschaut wird, einfach vergegenwärtigt werden soll, was wirklich ist.

Und was kann angeschaut werden in der äußeren Welt? Angeschaut werden kann die Bewegung, die Ortsveränderung. Die Geschwindigkeit lassen wir ja in der Regel verschwinden in einem Differentialquotienten, da wo wir sie recht nett verschwinden lassen können. Aber dasjenige, was wir beobachten können, ist die Bewegung, und die Geschwindigkeit drücken wir ja durch die Bewegung in einer Sekunde aus, also durch Räumlichkeit. Aber damit sind wir mit unserem Erleben gänzlich aus dem Naturkörper heraus. Wir sind mit nichts drinnen, wenn wir bloß seine Bewegung, das heißt seine Ortsveränderung im Raume betrachten. Wir kommen nur wieder hinein, wenn wir Mittel und Wege finden, durch Fortsetzung derselben Methode, durch die wir herausgekommen sind, auch den räumlichen Körper, den physischen Körper wieder innerlich zu ergreifen. Dann müssen wir anstelle der bloßen Bewegung, der Ortsveränderung im Raume, die Geschwindigkeit innerhalb der Körper als dasjenige betrachten, was den Körpern so eigen ist, daß

wir wissen können, wie der Körper innerlich ist, weil wir die Geschwindigkeit auch in uns finden, wenn wir wieder auf uns zurückschauen.

Also dasjenige, was notwendig ist, das ist, daß die Entwickelungsrichtung der Naturwissenschaft für die äußere physische Welt in dem Sinne fortgesetzt werde, daß man von der Betrachtung der Bewegung, der Ortsveränderung im Raume übergeht zu der Charakteristik der Geschwindigkeit, die der einzelne Körper hat. Also wir müssen von der Bewegung aufsteigen zu der Geschwindigkeit. Dadurch kommen wir in das Reale, in das Wirkliche hinein. Wenn wir einen Körper im Raume seinen Ort verändern sehen, kommen wir nicht in das Reale, in das Wirkliche hinein; wenn wir aber wissen, der Körper hat einen innerlichen Geschwindigkeitsantrieb, so ist das etwas, was im Wesen dieses Körpers oder Körperteiles und so weiter liegt. Wir sagen gar nichts aus über einen Körper, wenn wir seine Ortsveränderung angeben, aber wir sagen etwas aus über den Körper, wenn wir sagen: Er hat in sich den Antrieb zur Eigengeschwindigkeit. Das ist dann eine Eigenschaft von ihm, das ist etwas, was zu seinem Wesen gehört. Sie können sich das auf eine triviale Weise klarmachen. Wenn ich einen Menschen sich bewegen sehe, so weiß ich nichts über ihn. Wenn ich aber weiß, der hat in sich einen starken Antrieb, sich schnell zu bewegen, da weiß ich etwas über ihn. Ebenso weiß ich etwas über ihn, wenn ich weiß, er hat einen Antrieb, sich langsam zu bewegen. Also, ich muß die Möglichkeit haben, in meine Vorstellungen etwas aufzunehmen, was im Inneren eines Körpers etwas bedeutet. Es ist weniger darum zu tun, ob zum Beispiel die neuere Physik von Atomen redet oder nicht, sondern darum ist es zu tun, wenn sie von Atomen redet, so muß sie diese als Geschwindigkeitsanläufe sehen. Das ist das Wesentliche.

Nun frägt sich aber: Wie kommt man zu einer solchen Anschauung? Man kann das am besten bei der Physik erörtern, die Chemie ist heute viel zu wenig weit dazu. Wie kommt man zu einer solchen Anschauung? Ja, sehen Sie, da muß man sich jetzt klar werden darüber, was man eigentlich tut, indem man in der Richtung denkt des Herauswerfens der innerlich erlebten Mechanik und Physik in den äußeren Raum. Man tut das, daß man sich sagt: Gleichgültig was da draußen im Raume ist seinem Wesen nach. Darum kümmere ich mich nicht. Ich schaue ja immer nur dasjenige an, was meßbar ist und in mechanische Formeln gebracht werden kann, das heißt, ich sehe ab von allem übrigen, was eben nicht mechanisch ist. – Wozu kommt man dann? Da kommt man dazu, in der Erkenntnis denselben Prozeß zu vollziehen, den ein Mensch vollzieht, wenn er stirbt – ich meine jetzt den physischen Menschen. Wenn er stirbt, geht das Leben aus ihm heraus, der tote Organismus bleibt übrig. Wenn ich anfange, mechanisch zu denken, geht aus meiner Erkenntnis das Leben heraus. Dann habe ich eine Wissenschaft vom Toten. Und dessen muß man sich radikal klar bewußt sein: Man präpariert sich eine Wissenschaft von nur Totem, indem man das Mechanisch-Physikalische allein zum Gegenstand der Weltenbetrachtung oder der Naturbetrachtung macht. Man muß dieses Bewußtsein in sich tragen: Ich gehe auf das Tote los. Ja, man muß sich sogar sagen können: Das ist das Große an der neueren Naturwissenschaft, daß sie sich unbewußt dazu entschlossen hat, nicht etwa wie die alten Alchimisten noch einen Rest von Leben in der äußeren Natur zu sehen, sondern geradewegs sich zu sagen: Was auch immer da in den Mineralien, Pflanzen, Tieren usw. ist, ich betrachte an ihnen überhaupt nur dasjenige, was das Tote ist, denn ich wende nur Vorstellungen und Begriffe an, die auf das Tote passen. Daher ist die Natur unserer Physik das Tote.

Seien Sie sich klar darüber, daß erst dann die Naturwissenschaft auf einem guten Fundament stehen wird, wenn sie sich vollständig darüber aufgeklärt hat, daß sie mit dieser Denkweise das Tote ergreift. Bei der Chemie ist es ähnlich. Das kann ich heute der Kürze der Zeit wegen nicht ausführen. Aber dadurch, daß wir in dieser Weise die Bewegung betrachten, die Geschwindigkeit dabei zunächst verlieren und darauf eine Physik bauen, betrachten wir das Tote, das heißt den Endzustand des Wesenhaften, auf das wir unsere Betrachtung erstrecken. Denn der Tod kommt am Ende. Also wenn wir die Natur betrachten mit Hilfe der heutigen Mechanik und Physik, müssen wir uns unbedingt klar sein, wir betrachten einen Leichnam.

Die Natur war nicht immer so. Sie war einstmals anders. Es ist Torheit zu glauben, wenn ich einen Leichnam betrachte, der war immer so. Gerade daß ich erkenne, daß er ein Leichnam ist, beweist mir, daß er einstmals ein lebender Organismus war. In dem Augenblicke, wo Sie sich klar sein werden, daß Sie mit Hilfe der heutigen Mechanik und Physik die Natur so betrachten, wie sie ist – denn es paßt und wird immer mehr passen –, desto mehr werden Sie sich klar sein können: Die gegenwärtige Natur ist ein Leichnam, insofern sie in die Begriffe und die Ideen der gegenwärtigen Physik eingeschlossen ist. Also wird da ein Leichnam betrachtet.

Und wo ist nun die Möglichkeit, zum Anfangszustand des Wesenhaften zu kommen? Der Leichnam ist der Endzustand des Wesenhaften. Wo ist die Möglichkeit, zum Anfangszustand zu kommen? Ja, meine sehr verehrten Anwesenden und lieben Freunde, es gibt keine Möglichkeit, durch die Betrachtung der Bewegung wiederum die Geschwindigkeit zu entdecken. Da können Sie noch so lange die Differentialquotienten anstarren, so finden Sie sie nicht, sondern Sie müssen wiederum zum Menschen zurückgehen und müssen den Menschen jetzt, während er sich früher von innen erlebt hat, von außen nach seinem physischen Organismus betrachten und darauf kommen, daß Sie im Menschen, und vorzugsweise im unteren Menschen, den Anfangszustand des Wesenhaften in der Natur haben. Das heißt, Sie müssen hier im physischen und ätherischen Leib, in der physischen und ätherischen Organisation den Anfangszustand der Natur suchen.

Anders kommt kein Abschluß der Physik und Chemie zustande als durch wirkliche Menschenkunde. Aber ich mache ausdrücklich darauf aufmerksam, eine wirkliche Menschenkunde erreichen Sie nicht dadurch, daß Sie die gegenwärtigen physikalischen und chemischen Methoden nun auf den Menschen anwenden. Dadurch tragen Sie das Tote wiederum in den Menschen zurück, und Sie machen den physischen Leib des Menschen, also seine untere Organisation, von neuem tot. Sie betrachten dann eben nur das Tote am Menschen. Sie müssen sich klar sein darüber, daß es notwendig ist, das Lebendige am Menschen zu betrachten, also nicht wiederum rückwärts anzuwenden die physikalische und chemische Methode auf die menschliche Natur. Sondern dafür sind gerade die Methoden notwendig, die eben auf dem Wege der geisteswissenschaftlichen Forschung gefunden werden können. Das heißt, die geisteswissenschaftliche Forschung erfüllt die historische Forderung der Naturwissenschaft.

Die historische Forderung der Naturwissenschaft läßt sich in die Worte fassen: Die Naturwissenschaft ist dazu gekommen, das Leichnamhafte an der Natur zu betrachten. Die anthroposophische Geisteswissenschaft muß zu diesem Leichnamhaftigen hinzufinden die Anfangszustände, die nur im Menschen selber erhalten sind und einstmals in älteren Epochen der Weltentwickelung, der Erdenentwickelung, auch äußerlich reale waren. Einstmals waren ganz andere Prozesse Naturprozesse, Prozesse, die auch ihren Anfang in sich hatten. Heute gehen wir auf den Leichnamen desjenigen herum, was anfangs war. Aber im unteren Menschen sind uns Anfangszustände bewahrt. Da kann man finden bis zum Saturnzustand hinauf, was einstmals war. Sehen Sie, da ergibt es sich eben, daß eine historische Betrachtungsweise uns über den gegenwärtigen Zustand der Naturwissenschaft einfach hinausführt. Warum? Das ist ja ganz klar. Wir stehen ja mitten drinnen in einer Entwickelungsepoche. Wenn wir, wie es so viele tun, einfach die heutige Art als die höchste ansehen und nicht wissen, wie der wirkliche Hergang etwas ganz anderes erfordert, dann betrachten wir auch historisch falsch, denn man kann zum Beispiel einen Menschen, der fünfundzwanzig Jahre alt geworden ist, nicht bloß so betrachten, daß man seine durchlebten fünfundzwanzig Jahre betrachtet, sondern muß auch das in ihm sehen, was ihm die Möglichkeit bietet, weiterzuleben. Das ist das eine.

Bewegung : Geschwindigkeit : Totes (Endzustand des Wesenhaften)
Erscheinung : Wesen : Schein (Anfangszustand d. Wesenhaften)

Das andere ist, daß unsere Psychologie ganz dünn geworden ist, die Pneumatologie fast bis zum Verschwinden dünn. Auch für diese muß man wiederum wissen, wozu sie gekommen sind in der gegenwärtigen Epoche. Nun, wenn heute einer redet von Blau, Rot, von cis, von g, von Wärmequalitäten, so sagt er: Das sind subjektive Empfindungen. Das ist ja heute schon populäres Bewußtsein. Was ist aber eine bloße subjektive Empfindung? Sie ist Erscheinung, Schein in einem gewissen Sinne, sagen wir also Erscheinung. Geradeso wie wir in der äußeren Natur nur die Bewegung betrachten, so betrachten wir in der Psychologie und Pneumatologie bloß die Erscheinung. Und wie uns in der äußeren Beobachtung für die Bewegung die Geschwindigkeit fehlt, so fehlt uns für die heutige Beobachtung des inneren Seelenlebens das Wesentliche – das Wesen. Damit aber bekommen wir, weil wir die bloße Erscheinung betrachten, und das Wesen nicht mehr erleben, dadurch bekommen wir, wenn wir unser Inneres erleben, nicht mehr Sein, sondern Schein. Und so, wie erlebt werden heute Denken, Fühlen und Wollen, so sind sie Schein. Und an diesem Schein nagen ja unsere heutigen Erkenntnistheoretiker in einer entsetzlichen Weise herum. Sie kommen einem wirklich vor wie der berühmte Held, der sich an seinem eigenen Haarschopf in die Höhe ziehen will, oder wie ein Mensch, der im Inneren eines Eisenbahnwagens steht und fortwährend anschiebt im Inneren und gar nicht merkt, daß er da nicht weiterkommen kann, wenn er im Inneren anschiebt. So kommen einem die heutigen Erkenntnistheoretiker vor. Sie reden, aber es ist keine Kraft in ihren Reden, weil sie sich nur innerhalb des Scheins bewegen.

Sehen Sie, diesem Reden habe ich zweimal versucht, ein gewisses Ende zu machen, das erste Mal in meiner «Philosophie der Freiheit», wo ich gezeigt habe, wie nun dieser Schein, der im reinen Denken liegt, wenn er innerlich vom Menschen im Denken erfaßt wird, gerade der Freiheitsimpuls ist. Denn wäre in dem, was man subjektiv erlebt, etwas anderes als Schein, so würde man nie frei sein können. Wird aber der Schein zu reinem Denken, dann kann man frei sein, weil dasjenige, was nicht ein Sein ist, einen eben nicht bestimmt, währenddem uns ein jedes Sein bestimmen müßte. Das war das erste Mal. Das zweite Mal war, wie ich auf dem philosophischen Kongreß in Bologna psychologisch die Sache analysiert habe. Da versuchte ich zu zeigen, daß in der Tat die Empfindungen und Gedanken der Menschen nicht innerlich erlebt werden, sondern äußerlich erlebt werden, daß man das auch aus einer jetzt aus dem Geiste der Gegenwart hervorgehenden Betrachtungsweise gewinnen kann.

Diese Anläufe werden eben verstanden werden müssen. Dann wird man wissen, daß es sich darum handelt, in dem Schein wiederum das Sein zu finden, so wie in der Bewegung die Geschwindigkeit. Und dann wird man darauf kommen, was dieser innerlich erlebte Schein ist. Dieser innerlich erlebte Schein wird sich einem enthüllen als dasjenige, was der Anfangszustand des Wesenhaften ist. Denn der Mensch erlebt diesen Schein, lebt sich selbst als Schein in den Schein hinein und macht ihn dadurch zum Keim künftiger Welten. Aus unserer, aus der physischen Scheinwelt herausgeborenen Ethik und Moral, ich habe es oft gesagt, werden künftige physische Welten entstehen, wie aus dem Pflanzenkeim heute die Pflanze entsteht. So daß man es da zu tun hat mit dem Anfangszustand des Wesenhaften. Und erst dadurch, daß man darauf kommt, daß Psychologie und Pneumatologie, damit wir eine ordentliche Naturwissenschaft haben, darauf hintendieren müssen, dasjenige, was sie durch Beobachtung gewinnen, als einen Anfangszustand zu betrachten, werden sie tatsächlich von der anderen Seite her jenes Licht werfen, das zur Naturwissenschaft gehört. Aber, was ist denn dieser Anfangszustand?

Es ist dieser Anfangszustand im Äußeren, nicht im Inneren jetzt, das geht aus meiner ganzen Betrachtungsweise hervor, es ist der Anfangszustand im Äußeren, also wenn ich hinausschaue und die grüne Pflanzendecke da ist, die farbige Welt, das Rote und Grüne und Blaue, und wenn da draußen die Töne sind. Was sind denn nur diese flüchtigen Gebilde, die die heutige Physik und Physiologie und Psychologie nur als etwas Subjektives betrachten wollen? Sie sind dasjenige, woraus sich die Welten der Zukunft draußen schaffen. Und Rot ist nicht das von der Materie im Auge oder im Gehirn Erzeugte, sondern das Rot ist der allererste noch scheinhafte Keim zukünftiger Welten.

Lernen Sie das aber kennen, dann werden Sie auch ein wenig anschauen wollen, was diesen künftigen Welten draußen einmal als Leichnam entsprechen wird. Es wird nicht der Leichnam sein, den wir früher durch unsere Physik und Chemie gefunden haben, sondern es wird ein Zukunftsleichnam sein. Man wird ihn erkennen, wenn man das, was da draußen als Zukunftsleichnam einmal entstehen wird, heute schon im oberen Menschen entdeckt, in demjenigen Menschen, in dem vorzugsweise astralischer Leib und Ich tätig sind. Indem man da für diesen Anfangszustand den Endzustand erlebt, versteht man endlich ordentlich das Nervensystem und das Gehirn, insofern sie tot sind, nicht insofern sie lebendig sind. Sie können sogar toter als ein Leichnam sein in einem gewissen Sinne, indem sie den Nullpunkt des Toten, gerade im besonderen für das Nervensystem, noch überwinden und toter werden als tot. Dadurch aber werden sie gerade zu Trägern des sogenannten Geistigen, daß in ihnen das Tote lebt, daß in ihnen der Endzustand lebt, den die äußere Natur noch nicht einmal erreicht hat; daß sie noch über diesen Endzustand hinausgehen.

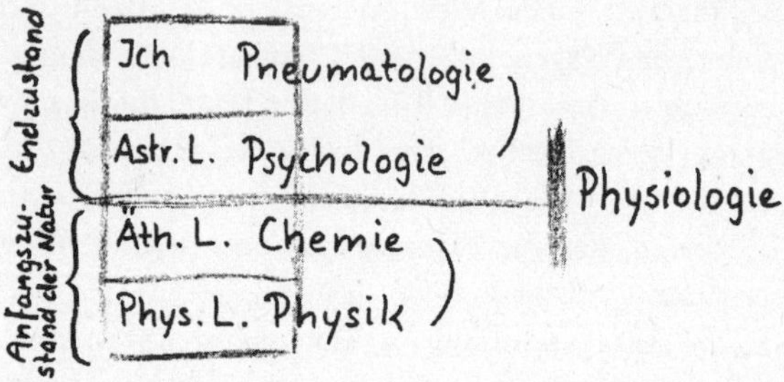

Man wird also, um Psychologie und Pneumatologie in der Welt draußen zu finden, entdecken müssen, wie im menschlichen Organismus, und zwar in der Kopforganisation und in der halben rhythmischen Organisation, vorzugsweise der Atmungsorganisation, das Tote west. Wir müssen hineinschauen in unseren Kopf und von ihm uns sagen: Der stirbt fortwährend. Denn wenn er lebte, würde die sprießende und sprossende Lebensmaterie nicht denken können. Weil er aber sich auslebt, weil er fortwährend tot wird, haben die seelisch-geistig wesenhaften Gedanken in ihm die Möglichkeit, über dem Toten sich als der neue lebendige Schein auszubreiten.

Sehen Sie, hier liegen die großen Aufgaben, die sich einfach durch die historische Betrachtungsweise aus der Naturwissenschaft selbst ergeben. Erfassen wir sie nicht, dann gehen wir als Gespenster durch die gegenwärtige Entwickelung der Naturwissenschaft und nicht mit dem Bewußtsein eines Menschen, der da weiß, daß eine Epoche, die begonnen hat, auch wiederum ihre Fortsetzung erfahren muß. Sie können sich denken, daß viel Unbewußtes schon lebt in demjenigen, was heute von der Naturwissenschaft gefunden worden ist, denn die Literatur gibt überall Anhaltspunkte. Aber die Menschen können noch nicht unterscheiden. Daher haben heute gewisse Leute eben das am allerliebsten, was möglichst chaotisch, pendelnd ist. Straff ausgehen auf Physik und Chemie auf der einen Seite, Psychologie und Pneumatologie auf der anderen Seite, das gefällt den Leuten nicht, denn da müßten sie wiederum Ernst machen mit dem Innen und Außen. Das gefällt den Leuten nicht. Daher möchten sie ja im unklaren zwischen der Psychologie und der Chemie herumplätschern. Und dadurch entsteht eine Zwitterwissenschaft, die heute das Lieblingskind der Naturforschung und sogar das Lieblingskind der Philosophen geworden ist, die Physiologie. Sobald man auf die Realität kommen wird, wird die Physiologie zerfallen auf der einen Seite in Psychologie, das heißt Psychologie, welche auch Welterkenntnis ist, auf der anderen Seite in Chemie, das heißt in Chemie, welche auch Menschenerkenntnis ist.

Wird man diese beiden Gebilde haben, so wird jenes Zwischengebilde verschwinden, das Physiologie ist. Weil heute ein wahrer Morast vorhanden ist, können Sie da drinnen alles finden, und weil jeder die Möglichkeit hat, je nachdem er nach links oder rechts jongliert, so ein bißchen was Seelisches oder ein bißchen was Körperliches zu meinen, dadurch kommt er gut weg. Das ist dasjenige, was vor allen Dingen als der letzte Rest des Unklarwerdens älterer Vorstellungen verschwinden muß: die Physiologie im heutigen Sinne. Denn so unklar sind die physiologischen Begriffe aus dem Grunde, weil immer in ihnen etwas Seelisches und etwas Körperliches steckt, was man nicht unterscheidet. Und es gefällt einem gerade, daß man nicht zu unterscheiden braucht, denn da kann man herumflunkern mit den Worten und auch sogar in den Tatsachen. Und das Wesentliche ist, wie gesagt, daß Physiologie für den, der klar anschauen und klar denken will, endet in einem Flunkern mit Worten und Tatsachen. Und ehe man sich das nicht zu gestehen getraut, nimmt man es nicht ernst mit der Historie der Naturwissenschaft. Denn die geht nicht bloß von unbestimmten Zeiten bis zur Gegenwart, sondern sie geht von der Gegenwart weiter, und man versteht die Historie nur, wenn man auch den Weiterlauf der Dinge versteht, nicht etwa im abergläubisch-prophetischen Sinne, sondern so, daß man von jetzt ab anfangen kann, das Richtige zu tun. Und unendlich viel Richtiges ist zu tun gerade auf dem Gebiete der Naturwissenschaft. Denn die Naturwissenschaft ist groß geworden. Sie ist, ich möchte sagen, ein guter Junge, der vielleicht heute gerade so ein bißchen in den Flegeljahren ist, aber der eben weiter gepflegt werden muß, damit er erwachsen wird. Und er wird weiterwachsen, wenn solche unklaren Gebilde wie die Physiologie verschwinden, und Physik, Pneumatologie in der angedeuteten Weise wiederum erstehen, die schon hervorgehen werden, wenn man im Ernste anthroposophische Denkweise auf diese Wissenschaften anwenden wird; wenn die Menschen wiederum die Meinung haben werden, sie lernen etwas, wenn ihnen irgend jemand spricht von einer wirklichen Physik, von einer wirklichen Chemie, von einer wirklichen Psychologie und Pneumatologie; wenn sie nicht mehr den Drang haben, alles durch solche Zwitterdinge und chaotisierte Wissenschaften wie die Physiologie für die Welt und für den Menschen zu begreifen. Dann werden wir wiederum auf einem gesunden Boden der menschlichen Erkenntnisentwickelung stehen.

Insbesondere leidet natürlich die Therapie unendlich unter der gegenwärtigen Physiologie. Das kann man sich denken, weil sie mit lauter Dingen arbeitet, die einem beim klaren Denken überhaupt aus der Hand fallen. Mit ein bißchen anthroposophischen Redensarten geht es wirklich den großen Aufgaben der Zeit gegenüber heute nicht ab. Auch nicht damit geht es ab, daß man so ein bißchen an der Grenze zwischen Psychologie und Chemie physiologisch herumpfuscht, sondern allein damit, daß man Ernst macht, die sich aus der geisteswissenschaftlichen Anthroposophie ergebenden Methoden auch auf Physik und Chemie anzuwenden. Wenn man ein Faulpelz ist – verzeihen Sie den harten Ausdruck, er ist ja vielleicht in diesem Falle nicht ganz radikal gemeint –, dann sagt man: Man kann doch nur, wenn man hellsichtig ist, über diese Dinge sachgemäß urteilen. Also, bis ich hellsichtig bin, lasse ich mir Zeit, da lasse ich mich nicht darauf ein, die Physik und Chemie oder gar noch die Physiologie irgendwie zu tadeln.

Meine lieben Freunde, meine verehrten Anwesenden, man braucht wahrhaftig nicht Kenntnisse zu haben, die über das rein Anschauliche hinausgehen, wenn man einen Leichnam betrachtet, um zu wissen, daß er tot ist und daß er vom Leben kommen muß. Ebensowenig braucht man hellsichtig zu sein, um die heutigen wirklichen Tatsachen der Physik und Chemie sachgemäß zu analysieren und sie zurückzuführen auf dasjenige, was ihnen als Lebendiges zugrunde liegt, wenn man hingewiesen wird darauf: Du findest das Lebendige, du brauchst nur den unteren Menschen zu betrachten, du brauchst nur sachgemäß, ohne die Konfusion der heutigen Physiologie, den heutigen Menschen zu betrachten, dann hast du das notwendige Ergänzungsglied für Physik und Chemie. Versuche einmal im Menschen den Bewegungsmechanismus wirklich zu studieren, statt fortwährend Koordinatenachsen zu zeichnen und da hinein, abgesehen vom Menschen, die Bewegungen zu konstruieren. Versuche, statt fortwährend die Differentialquotienten und die Integrationen weiter zu vermehren, versuche einmal die Bewegungsmechanik am Menschen zu studieren von außen her, wie man sie einstmals von innen her erlebt hat, dann hast du dasjenige, was du brauchst für deine äußere Naturbeobachtung in Physik und Chemie.

In der äußeren Natur werden diejenigen, die den Atomismus behaupten, noch immer dir gegenüber Recht haben, sogar sich zu der sehr spirituellen Behauptung versteigen können: Wenn man im Sinne des heutigen Physikers spreche über die Materie, so sei die Materie für ihn ja gewiß nichts Materielles. Das sagen heute schon Physiker, das sagen unsere Gegner. Sie haben in diesem Falle das Richtige. Wenn wir diesem Richtigen in der Weise nur erwidern, daß wir wiederum dableiben, wo man die halben Wahrheiten hat, nämlich bloß die Endzustände des Wesenhaften, dann werden wir niemals demjenigen, was von den Gegnern kommt, gewachsen sein, was in der Gegenwart nötig ist.

Hier liegen die Aufgaben der Spezialisten. Hier liegen die Aufgaben derer, die auf dem einen oder anderen Gebiete der Wissenschaften die nötige Vorbildung haben. Dann aber werden wir nicht eine physizierte Anthroposophie, eine chemisierte Anthroposophie, sondern dann werden wir eine anthroposophische Chemie, eine anthroposophische Physik wirklich begründen. Dann werden wir nicht eine im Sinne der alten Medizin ein bißchen umgeänderte neuere Medizin begründen, sondern dann werden wir eine anthroposophische Medizin begründen. Die Aufgaben liegen durchaus da, und sie sind überall skizziert. Es handelt sich darum, daß geradeso, wie für das einfache Seelengemüt aufgenommen werden können die überall in den Vorträgen, in den Zyklen zerstreuten Bemerkungen, die den Menschen tragen können, auch überall die einzelnen Winke aufgefaßt werden, die zum notwendigen Fortschritt in den einzelnen Wissenschaften führen müssen.

Aber es geht in der Zukunft nicht ab, ohne daß Mensch und Natur wiederum eins werden, daß dasjenige, was in der Natur als Endzustand des Wesenhaften durch Physik und Chemie erforscht wird, durch ein zur Physik und Chemie gehöriges Wesenhaftes im unteren Menschen ergänzt wird, im Menschen, der abhängig ist vom physischen Leib und Ätherleib. Es kommt darauf an, daß dies gesucht werde, nicht darauf, daß man Wertigkeitssysteme in der Chemie, daß man Strukturformeln oder daß man ein periodisches System als besonders Wesenhaftes hervorhebt, denn das ist ja auch nur ein Schema. Nicht darauf allein kommt es an – diese Dinge sind als Rechnungsmünzen oder als ganze Rechnungsweisen ganz nützlich –, sondern darauf kommt es an, daß man sich sagt: Studiere ich äußerlich die chemischen Vorgänge, so sind darinnen nicht die chemischen Gesetze, denn die liegen im Entstehen der chemischen Prozesse, die finde ich einzig und allein, wenn ich mich daran mache, in ernstlicher Arbeit die Prozesse im Menschen zu suchen, welche in seinem Säftekreislauf, welche in seiner Säftetätigkeit durch die Tätigkeit des ätherischen Leibes stattfinden. Die Erklärung der chemischen Vorgänge in der Natur liegt in den Vorgängen des ätherischen Leibes. Und diese sind wiederum abgebildet in dem Säftespiel im menschlichen Organismus, das genauem Studium zugänglich ist.

Anthroposophie, meine lieben Freunde und verehrten Anwesenden, ist nach dieser Richtung hin durchaus eine Aufgabe, und eine ernste Aufgabe, und das ist es, warum wir Forschungsinstitute begründet haben, in denen angefangen werden muß, intensiv zu arbeiten, damit diejenigen Methoden, die sich aus der Anthroposophie ergeben, auch wirklich gepflegt werden. Das ist es, was auch in unserer Therapie das Wesentliche ist, daß nun endlich die alte konfuse Physiologie aus ihr verschwinde, und an ihre Stelle eine reale Chemie und eine reale Psychologie treten. Aber ohne diese reale Chemie und ohne diese reale Psychologie, in die die Physiologie zerfallen muß, wird man auch niemals über die Erkrankungsprozesse und über die Heilprozesse in der menschlichen Natur etwas sagen können, weil einfach jeder Krankheitsprozeß ein abnormer psychologischer Prozeß ist und jeder Heilungsprozeß ein abnormer chemischer Prozeß. Und est wenn man wird sehen können, inwiefern der chemische Prozeß der Heilung zu beeinflussen ist, und inwiefern der psychologische Prozeß des Krankwerdens eben in richtiger Psychologie zu begreifen ist, dann wird man auch eine Pathologie und Therapie haben. Das geht aus dem Geiste anthroposophischer Betrachtungsweise hervor.

Und wenn man das nicht drinnen sehen will, so will man nur auch bloß ein bißchen was, nun ja, was ein bißchen anders ist als die anderen Dinge, aber man will doch nicht ernstlich an die Arbeit gehen. Denn alles dasjenige, was ich hier skizziert habe, ist eigentlich nur eine Beschreibung dessen, wie gearbeitet werden soll, denn eine wirkliche Psychologie in dem Sinne, eine wirkliche Chemie in dem Sinne kommt durch Arbeit zustande. Und im Grunde genommen sind die Bedingungen dieser Arbeit vorhanden, weil in der Literatur sehr viele Tatsachen stehen, die die Leute, so wie ein blindes Huhn ein Korn, gefunden haben, aber nicht verstehen. Wenn diejenigen, die in unserem anthroposophischen Sinne arbeiten, die Tatsachen aufgreifen würden und etwas dazu beitragen würden, daß man es wirklich versteht, daß zum Beispiel das verstanden werde, was ich gestern in einem kleineren Kreise betont habe, daß das Wesentliche an der Milz dasjenige ist, daß sie eigentlich ein Ausscheidungsorgan ist, daß sie selber eine Ausscheidung ist von dem, worauf es ankommt, nämlich von dem Funktionieren im Ätherleib – und unermeßlich viele Tatsachen liegen in der medizinischen Literatur da, die nur verarbeitet zu werden brauchen, aber eben *verarbeitet* werden sollten –, dann kommen die Dinge durchaus zusammen, und es entsteht das daraus, was entstehen soll.

Ein einzelner in einem einzelnen physischen Leben könnte das vielleicht machen, wenn dieses physische Leben sechshundert Jahre lang dauern würde. Aber dann würden schon wieder andere Aufgaben da sein, und man wäre längst veraltet mit demjenigen, was man erarbeitet hat. Was für die Menschheit geleistet werden soll, muß auch in menschlichem Zusammenarbeiten und Zusammenwirken geleistet werden. Also müssen Zusammenarbeiten und Zusammenwirken entstehen. Das ist dasjenige, was nun die zweite Aufgabe ist. Und ich glaube, am klarsten und radikalsten gehen diese Aufgaben der Anthroposophischen Gesellschaft gerade aus einer wirklichen realen Betrachtung der Geschichte der Naturwissenschaft in der neueren Zeit hervor.

Diese Geschichte der Naturwissenschaft der neueren Zeit zeigt uns auf jedem Blatte, daß damit etwas Großartiges heraufgekommen ist, denn man konnte niemals früher das wirkliche Tote betrachten, daher auch aus dem Toten nichts machen. Man konnte nie früher den innerlichen Schein wirklich betrachten, daher auch niemals einen innerlichen Schein durch Menschenkraft beleben, also auch nicht zur Freiheit kommen. Heute stehen wir vor einer grandiosen Welt, welche allein möglich geworden ist dadurch, daß die Naturwissenschaft das Tote betrachtet, das ist die Welt der Technik, die schon dadurch sich in ihrer besonderen Weise verrät, daß das Wort aus dem Griechischen genommen ist, wo es noch die «Kunst» bedeutet, daher Kunst verrät, wo die Technik noch Geist enthält. Heute ist sie die Verarbeitung des Geistes nur im Sinne der abstrakten, geistlosen Gedanken, und wir stehen gerade vor dem Technischen heute so, daß wir uns sagen müssen: Wir haben es erreichen können nur dadurch, daß wir eine richtige Erkenntnis von dem Toten erlangt haben. Dieses war notwendig, daß die Menschheitsentwickelung einmal ordentlich hinschaute auf das Reich des Toten. Dadurch ist sie eingetreten in das Reich der Technik. Jetzt steht aber der Mensch da innerhalb dieses Reiches der Technik, das ihn überall umgibt, jetzt steht er da, er blickt in dieses Reich der Technik: Das ist endlich einmal ein Gebiet, wo gewiß kein Geist im wirklichen Sinne drinnen ist. Daß man in der Technik, in bezug auf das Geistige der Technik auf jedem Gebiete jene innerliche Empfindung hat, die fast der Schmerzempfindung über das Hinsterben eines Menschen entspricht, darauf kommt es an. Denn wenn man in der Erkenntnis auch Empfindung und Gefühl entwickeln kann, so wird man ein, wenn auch ein andersgeartetes Gefühl haben, wie man es hat beim Hinsterben eines Menschen, wo aus dem lebendigen Organismus ein

Leichnam wird, wie man es hat, wenn man einen Leichnam anschaut. Ein solches Gefühl wird man neben der abstrakten, gleichgültigen, kalten Erkenntnis bei der wirklichen Erkenntnis haben, daß die Technik die Verarbeitung des Toten ist. Dann wird dieses Gefühl der stärkste Antrieb sein, den Geist zu suchen auf neuen Wegen.

Und eigentlich könnte ich mir vorstellen, daß ein Bild der Zukunft dieses ist, daß der Mensch steht über all den Schornsteinen, über all den Fabriken, über all den Telephonen, über all demjenigen, was in wunderbarer Weise die Technik hervorgebracht hat in der neuesten Zeit wie über einer großen bloß mechanischen Erde, daß er über diesem Grab alles Geistigen steht und seinen sehnsuchtsvollen Ruf hin erschallen läßt in das Weltenall – seine Sehnsucht würde ihm erfüllt. Denn geradeso wie aus dem toten Stein, der ganz gewiß tot ist, durch die richtige Behandlung herausschlägt das lebendige Feuer, so muß aus der toten Technik der lebendige Geist sich ergeben, wenn die richtig die Technik fühlenden Menschen da sind.

Und auf der anderen Seite: Man muß sich nur klar sein, was das reine Denken, das heißt jener Schein ist, aus dem herausgeholt werden können die stärksten moralischen Antriebe, die individuellen moralischen Antriebe, wie ich sie in der «Philosophie der Freiheit» geschildert habe, dann wird der Mensch in einer neuen Weise vor jener Empfindung stehen, vor der einst *Nikolaus der Kusaner*, vor der *Meister Eckhart* gestanden haben. Sie sagten: Wenn ich mich erhebe über alles dasjenige, was ich zunächst zu beobachten gewohnt bin, komme ich zu dem «Nicht» mit allem, was ich gelernt habe. Aber in dem «Nicht» ersteht mir das «Icht», das Ich. – Wenn der Mensch nur ganz richtig zum reinen Denken vordringt, dann findet er in diesem reinen Denken das Nicht, das zum Icht wird, zum Ich wird, aus dem aber die ganze Fülle der ethischen Handlungen hervorgeht, die neu weltschöpferisch sind. Und ich könnte mir einen Menschen vorstellen, der zunächst, indem er alle Erkenntnis der Gegenwart, wie sie gerade durch die Naturwissenschaft inauguriert worden ist, auf sich wirken läßt und jetzt in der neueren Zeit, Jahrhunderte nach dem Meister Eckhart und nach Nikolaus Cusanus, den Blick in das Innere richtet und mit der heutigen Denkweise an diesem Nicht des Inneren ankommt, und wie er in diesem Nicht entdeckt, wie jetzt erst recht der Geist zu ihm spricht. Und ich könnte mir vorstellen, daß sich diese zwei Dinge vereinigen, daß der Mensch auf der einen Seite ginge an den Ort, wo die Technik in öder Weise allen Geist verläßt, und daß er da den Ruf hinaus richtet in die Weltenfernen nach dem Geiste; wenn er sich dann besänne und also in sein Inneres blickte, wie ich es jetzt eben bezeichnet habe, daß er dann aus dem Inneren heraus die göttliche Antwort auf seinen in die Weltenfernen hinausgesandten Ruf empfangen würde. Wenn wir lernen, durch eine neue, anthroposophisierte Naturwissenschaft die Rufe in die Welt hinaus in unendlicher Sehnsucht nach dem Geistigen in unserem Inneren erschallen zu lassen, dann wird das der richtige Ausgangspunkt sein, daß wir auch finden können durch eine anthroposophisierte Innenerkenntnis die Antwort auf diesen sehnsuchtsvoll in die Welten hinaus geschrieenen Ruf nach dem Geistigen.

Nicht bloß in einer dokumentarischen Weise wollte ich Ihnen die Entwickelung der Naturwissenschaft darstellen in der neueren Zeit, sondern darstellen wollte ich Ihnen, wie ein Mensch dasteht, der begreift diese naturwissenschaftliche Entwickelung und sich heute in einem schweren Moment der Menschheitsentwickelung für den Fortgang der Menschheit das Richtige zu sagen weiß.

ZU DIESER AUSGABE

Der vorliegende Kurs hat im Werk Rudolf Steiners eine Stellung in der Mitte zwischen den speziellen naturwissenschaftlichen Kursen und den prinzipiellen Ausführungen zur Naturwissenschaft. Er erscheint einerseits wie ein Abschluß der ersteren mit Bezügen und Anregungen zu dort behandelten Problemen, ist aber dennoch auf eine prinzipielle und gesamtmenschliche Betrachtung der Naturwissenschaft und ihrer Entwicklung ausgerichtet. Entsprechend war auch die Zuhörerschaft der Kurse: Die drei speziellen Kurse fanden in einem sehr kleinen Kreise statt, hauptsächlich der Lehrer der Freien Waldorfschule in Stuttgart, während zum vorliegenden Kurs alle Mitglieder der Anthroposophischen Gesellschaft eingeladen waren und darüber hinaus ein Kreis von andern interessierten Persönlichkeiten. Dadurch hatte er einen öffentlichen Charakter. – Das Wesen der Naturwissenschaft im Verhältnis zur sich entwikkelnden Wissenschaft des Geistes ist eine für das ganze Werk Rudolf Steiners grundlegende Frage. Sie war es schon für den Studenten der technischen Hochschule, wie man der erst nach dem vorliegenden Kurs erschienenen Schrift «Mein Lebensgang»* entnehmen kann. Er rang schon damals, als Physik und Chemie schulmäßig an ihn herantraten, um einen geistgemäßen Zugang zu den entsprechenden Phänomenen und Phänomenbereichen. Die positive Auseinandersetzung mit diesen Fragen und mit der in Abhängigkeit von der Naturwissenschaft entstandenen Erkenntnistheorie und Philosophie ist der hauptsächlichste Inhalt der frühen Schriften und Aufsätze. So die Einleitungen zu Goethes Naturwissenschaftlichen Schriften, Grundlinien einer Erkenntnistheorie der Goetheschen Weltanschauung, Wahrheit und Wissenschaft, Die Philosophie der Freiheit u. a. Später aber, im Beginne des Aufbaues der Anthroposophie, kam es zunächst kaum zu zusammenhängenden Ausführungen über Naturwissenschaft. Die gewonnenen Ergebnisse finden sich nur in weit über das damalige Vortragswerk verstreuten, zumeist kurzen Bemerkungen. Verhältnismäßig spät erst ergab sich der Anlaß zu naturwissenschaftlichen Kursen, welche mit dem vorliegenden Kurse abschließen.

* Zur Literatur vergleiche man das Verzeichnis auf S. 178

In den folgenden zweieinviertel Jahren bis zu seinem Tode hat Rudolf Steiner keine Vorträge mehr gehalten mit dem Hauptthema Naturwissenschaft, wohl aber wesentliche Einzelausführungen gegeben zu verschiedenen Naturtatsachen und Natur-Wesen. Die Betrachtung der prinzipiellen Fragen hat zu der Steigerung in die kosmisch-menschlichen Darstellungen der Aufsätze geführt, die mit den «Leitsätzen» verbunden sind («Anthroposophische Leitsätze»). Der letzte dieser Aufsätze trägt den Titel «Von der Natur zur Unternatur». – Bedeutsames für die im Kurs behandelten Fragen findet sich auch in der Schrift «Vom Menschenrätsel», besonders im Schlußkapitel «Ausblick».

Den Teilnehmern wurde der Kurs zu einem tief tragischen Erlebnis dadurch, daß in der Nacht vor dem sechsten Vortrag der Goetheanumbau, in welchem die Vorträge bis dahin stattgefunden hatten, bis auf die Grundmauern niederbrannte.

Zu dem hier wiedergegebenen Text ist zu beachten, daß es sich um vom Vortragenden nicht durchgesehene Nachschriften frei gehaltener Vorträge handelt. Sie waren ursprünglich nicht für den Druck bestimmt. Zu einer Durchsicht seiner zahlreichen Vorträge für den Druck ist Rudolf Steiner nie gekommen. Die Bedürfnisse seiner sich immer mehrenden Zuhörerschaft machten es notwendig, die Vorträge in der Form, in der sie stenographisch aufgenommen waren, mit geringfügiger redaktioneller Bearbeitung dem Druck zu übergeben.

In seiner Selbstbiographie «Mein Lebensgang» äußert sich Rudolf Steiner über den Charakter dieser damals Privatdrucke genannten Herausgaben folgendermaßen:

«Als mündliche, nicht zum Druck bestimmte Mitteilungen waren die Inhalte dieser Drucke gemeint ...

Es ist nirgends auch nur in geringstem Maße etwas gesagt, was nicht reinstes Ergebnis der sich aufbauenden Anthroposophie wäre ... Wer diese Privatdrucke liest, kann sie im vollsten Sinne eben als das nehmen, was Anthroposophie zu sagen hat. Deshalb konnte ja auch ohne Bedenken ... von der Einrichtung abgegangen werden, diese Drucke nur im Kreise der Mitgliedschaft zu verbreiten. Es wird eben nur hingenommen werden müssen, daß in den von mir nicht nachgesehenen Vorlagen sich Fehlerhaftes findet.

Ein Urteil über den Inhalt eines solchen Privatdruckes wird ja allerdings nur demjenigen zugestanden werden können, der kennt, was als Urteils-Voraussetzung angenommen wird. Und das ist für die allermeisten dieser Drucke *mindestens* die anthroposophische Erkenntnis des Menschen, des Kosmos, insofern sein Wesen in der Anthroposophie dargestellt wird, und dessen, was als ‹anthroposophische Geschichte› in den Mitteilungen aus der Geist-Welt sich findet.»

ANMERKUNGEN ZU DIESER AUSGABE

Werke Rudolf Steiners, welche innerhalb der Gesamtausgabe (GA) erschienen sind, werden in den Anmerkungen mit der Bibliographie-Nummer angegeben. Siehe auch die Übersicht am Schluß des Bandes.

10 *in meinem Buche ...:* «Die Mystik im Aufgange des neuzeitlichen Geisteslebens und ihr Verhältnis zur modernen Weltanschauung» (Berlin 1901), Bibl.-Nr. 7, Gesamtausgabe Dornach 1960.

das Schauen des Embryonallebens einer neuen Geistigkeit ...: Siehe hierzu in der «Mystik ...» (obiger Hinweis) die Kapitel «Einführung» (S. 15ff.) und «Ausklang» (S. 141ff.).

11 *Und einzelne Vorträge, die ich ... gehalten habe:* Gemeint sind u. a. die drei Stuttgarter naturwissenschaftlichen Kurse: «Geisteswissenschaftliche Impulse zur Enwickelung der Physik. Erster naturwissenschaftlicher Kurs (Licht, Farbe, Ton – Masse, Elektrizität, Magnetismus)», Bibl.-Nr. 320, Gesamtausgabe Dornach 1964; «Zweiter naturwissenschaftlicher Kurs (Die Wärme auf der Grenze positiver und negativer Materialität)», Bibl.-Nr. 321, Gesamtausgabe Dornach 1972; «Das Verhältnis der verschiedenen naturwissenschaftlichen Gebiete zur Astronomie», Bibl.-Nr. 323, Gesamtausgabe Dornach 1981. – An Kursen über die prinzipiellen Fragen des Verhältnisses der Naturwissenschaft zur Geisteswissenschaft sind zu nennen «Grenzen der Naturerkenntnis», Bibl.-Nr. 322, Gesamtausgabe Dornach 1969 und «Naturbeobachtung, Mathematik, wissenschaftliches Experiment und Erkenntnisergebnisse vom Gesichtspunkt der Anthroposophie», Bibl.-Nr. 324, Gesamtausgabe Dornach 1972.

Nikolaus Cusanus, Kues (Mosel) 1401–1464 Todi (Umbrien). Jurist, Kirchenlehrer, Philosoph, Mathematiker. Priesterweihe zwischen 1436 und 1440, Kardinal 1448. Bischof von Brixen 1450. Vgl. das Kapitel über Cusanus in «Die Mystik ...» (s. Hinweis zu S. 10).

als ein verfolgter Kirchenmann gestorben ist: Nikolaus Cusanus war bald nacheinander zum Kardinal und zum Bischof von Brixen ernannt worden. Er kam in das Bistum als fremder, direkt vom Papst ernannter Bischof, was ihn in langandauernde Konflikte mit seiner Diözese brachte, welch letztere sich immer wieder hinter dem Herzog von Tirol verschanzte. Der Konflikt gipfelte darin, daß Cusanus vom Herzog überfallen, gefangengesetzt und zu einem unwürdigen Vertrag genötigt wurde. Der vom Papst mit dem Bann belegte Herzog, von den Eidgenossen bekriegt, aber von den deutschen Fürsten unterstützt, war zum Einlenken nicht bereit, und Cusanus starb, bevor der zögernde Kaiser den Konflikt gelöst hatte. Doch haben die

Kämpfe Cusanus nicht der Geistesruhe beraubt, philosophische, mathematische und theologische Erkenntnisse entwickeln zu können. In der Brixener Zeit entstanden 15 seiner Schriften.

12 *«Brüder vom gemeinsamen Leben»:* auch «vom guten Willen» genannt, gestiftet von Gerhart Groote um 1376. Brüderhäuser in den Niederlanden und Norddeutschland, Italien und Portugal. Im 15. Jahrhundert waren diese der katholischen Kirche angeschlossen. Die Schulen der Gemeinden lehrten unter strenger Observanz der Dogmatik. Lit.: «Studien zur Geschichte der Brüder vom gemeinsamen Leben», von E. Barnikol (1917).

13 *Konzil zu Basel:* 1431–1449, einberufen durch Papst Martin V. (1417–1431) am 23. Juli 1431. Es war dies das letzte von vier Reformkonzilien mit der Hauptaufgabe, der Kirchenspaltung ein Ende zu machen. Es führte zwar eine Zeitlang zu einer neuen Kirchenspaltung, welche aber die seit Martin V. unterbrochene Reihe de facto regierender römischer Päpste nicht ernstlich in Frage stellte.

stellte er sich an die Spitze der Minorität: Im Jahre 1437. Die Worte fassen das Ergebnis einer ganzen Entwicklung zusammen: Der Kusaner betrat 1432 das Konzil mit dem Auftrag des Domkapitels von Trier, denjenigen als Erzbischof zu verteidigen, welchen es im Gegensatz zum Papst gewählt hatte. Durch die Schrift «De concordantia catholica» (Von der katholischen Eintracht), welche er 1433 dem Konzil unterbreitete und welche auf einer außerordentlichen Überschau über die Beschlüsse der Konzilien und die Dekrete der Kirche beruhte, erbrachte er den der Konzilsmehrheit sehr willkommenen Beweis, daß ein allgemeines Konzil über dem Papste stehe. Dadurch wurde er sofort zu einer der wichtigsten Persönlichkeiten des Konzils. Es ist später von der Konzilsmehrheit und auch oft von der Geschichtsschreibung der Vorwurf erhoben worden, der Kusaner habe seine Gesinnung geändert. Doch wurde damit der Tiefe der Auffassung nicht Rechnung getragen, in welcher Cusanus' Haltung wurzelt und welche etwa in solchen Worten zum Ausdruck kommt: «Wenn aus Eintracht die Entscheidung hervorgeht, so kann man fest glauben, daß sie aus dem heiligen Geist hervorgegangen ist. Nicht der Menschen Werk ist es, daß Menschen verschiedener Art, an einem Ort versammelt, bei vollkommener Redefreiheit ganz einstimmig urteilen, vielmehr ist solches Gottes Werk.» (Nach J. M. Düx, Der deutsche Kardinal Nikolaus von Cusa, Regensburg 1847, Bd. 2, S. 262, welcher einige wichtige Stellen der «De concordantia catholica» übersetzt hat). Die Erfahrungen am Konzil müssen dem Kusaner vor Augen geführt haben, daß die Versammlung nicht dem entsprach, was er als das Wesen eines Konzils beschrieben hatte, und er muß sich vor eine Entscheidung gestellt haben. Wie diese ausfiel, davon spricht der vorliegende Vortrag.

13 *die anderen ... stellten einen Gegenpapst auf:* Papst Eugen IV. wurde als abgesetzt erklärt und der Herzog Amadeus von Savoyen als Felix V. 1439 zum Papst erhoben. Dessen Abdankung 1449 hatte die Auflösung des Konzils zur Folge.

14 *als er ... für die Befestigung der Papstkirche eintrat:* Von 1438 bis 1448 wirkte der Kusaner im Auftrag des Papstes als «Herkules der Eugenianer», wie ihn ein damaliger Gegner nannte, in Deutschland bei kirchlichen und weltlichen Fürsten und auf Reichstagen, um die Neutralität der Deutschen gegenüber der Kirchenspaltung zu überwinden, und zwar mit vollem Erfolg.

einen fanatischen Verteidiger ... gegen die ... Türkengefahr: Cusanus wirkt auf den Reichstagen von Nürnberg, Regensburg und Frankfurt 1454, nach der Eroberung Konstantinopels durch die Türken, um die deutschen Fürsten für einen Kreuzzug zu gewinnen. Nach dem Sieg Johannes Hunnyadi's über das Türkenheer vor Belgrad 1456 veranstaltete der Kusaner am selben Tage, da ihn die Nachricht erreichte, ein Dankesfest, an welchem er auch Worte sprach wie: «Weil denn der tierische Mensch ein solches freudiges Leben nur tierisch und sinnlich faßt, so ließ Satan, der das Evangelium auf eine feine Art verderben wollte, den Pseudopropheten Muhamed, welcher das Evangelium und die heilige Schrift kannte, in der Absicht aufkommen, daß ihr derselbe einen tierischen, dem tierischen Menschen zusagenden Sinn unterlegte. ... so scheint Satan den Menschen Muhameds Lehre eingeredet zu haben, damit aus ihr hervorgehe das Haupt der Bosheit, der Sohn des Verderbens, um sich als Feind des Kreuzes Christi aufzustellen. ...» (Aus der Predigt «Laudans invocabo Dominum», teilweise übersetzt bei J. M. Düx, a. a. O., S. 165). Weitere Bittgottesdienste gegen die Türken sind bekannt vom 28. Oktober und 5. November des Jahres (E. Vansteenberge, Le Cardinal Nicolas de Cues, Paris 1920, S. 231f., und Predigtverzeichnis S. 480f.), doch scheinen diese Predigten nur in Form lateinischer Handschriften vorhanden.

im Heimlichen wahrscheinlich zum Kardinal ernannte ...: Cusanus hat selbst seine Ernennung zum Kardinal (durch Nikolaus V.) mit einer kurzen autobiographischen Notiz ankündigen lassen, worin steht: «Dieser Herr Nikolaus wurde durch Papst Eugen im Geheimen zum Kardinal erhoben.» (Hist. Jahrbuch der Görres-Gesellschaft XVI, S. 549).

eine Schrift von Nikolaus Cusanus: «De pace fidei» (Vom Glaubensfrieden), verfaßt im September 1453. «Die über Konstantinopel ausgebrochenen Jammertage ... hatten in der Brust eines vom Gotteseifer entzündeten Mannes, der jene Gegenden einst durchwandert hatte (dieser Mann war Cusa selber) ein so inniges Wehgefühl erregt, daß er ganz in tiefsinnige Kontemplation versank, und daß es wie eine Vision über ihn kam. In solchem erhöhten Zustande gedenkt er besonders der Möglichkeit, daß aus der großen Verschiedenheit der Religionen auf dem Erdenrunde dennoch ein gewisser Einklang hervortöne; und dieser Einklang gerade ist nach seiner Meinung als die Basis eines ewigen Religionsfriedens zu betrachten.» (Eingangsworte der Schrift «De pace fidei», nach Düx, a. a. O., S. 405. Vollständige deutsche Übersetzung von Ludwig Mohler, 1943, in der Philosophischen Bibliothek, Band 223).

15 *Mission ... in Konstantinopel:* Cusanus hatte im Mai 1437 mit anderen Vertretern der Minorität Basel verlassen und reiste im Auftrag dieser Minorität im Herbst zusammen mit den Gesandten des Papstes nach Konstantinopel, um den griechischen Kaiser und die Häupter der Ostkirche an das Unionskonzil nach Ferrara zu geleiten. Sie trafen im Februar 1438 in Italien ein.

De docta ignorantia: Die belehrte Unwissenheit. Drei Bücher, abgeschlossen im Februar 1440. Übersetzung von Paul Wilpert, Buch I und II (1964 und 1967), Philosophische Bibliothek, Bde. 263 a, b; F. A. Scharpff, Des Kardinals und Bischofs Nikolaus von Cusa wichtigste Schriften in deutscher Übersetzung, Freiburg 1882.

16 *was in der Scholastik ... als ein Abgrund sich aufgetan hatte:* Vgl. «Die Philosophie des Thomas von Aquino», Bibl.-Nr. 74, Gesamtausgabe Dornach 1967, S. 69 (auch als Taschenbuchausgabe tb 605, Dornach 1972).

17 *Meister Eckhart,* Hochheim bei Gotha, um 1260 – vor 1328, Köln. Dominikaner, Magister, deutscher Mystiker. Predigt auf leitendem Posten in Orden und Kirche. Lehrt in Paris, Straßburg, Köln. Hauptwerk: «Opus tripartitus», basierend auf Scholastik und den Schriften des Dionysius Areopagita. Nachschriften seiner in sprachschöpferisch bereichertem Mittelhochdeutsch gehaltenen Predigten, Lehrreden und Traktate kursierten zum Teil ohne Kontrolle des Redners. Meister Eckhart starb, als Ketzer angeklagt, im Laufe des Verfahrens. Siehe das Kapitel: «Meister Eckhart» in Rudolf Steiners «Die Mystik ...» (siehe Hinweis zu S. 10).

18 *Und ich versenke mich in das Nichts der Gottheit:* Wörtlich: «Darum muß ich den Tugenden absterben und mich in das Nicht der Gottheit werfen, auf daß ich ewiglich versinke von dem Nicht zum Icht.» (Aus dem mittelhochdeutschen Traktat «Von dem Anefluzze des Vaters», gedruckt bei Franz Pfeiffer, Meister Eckhart, 1857, S. 523).

19 *Thomas von Aquino,* Thomas Aquinas, Schloß Roccasecca im Neapolitanischen, um 1225–1274 Kloster Fossanuova. Dominikaner, Scholastiker, Kirchenlehrer, in Köln Schüler und Freund des Albertus Magnus. Vertritt die geistige Realität der Allgemeinbegriffe. Er leitet von 1261–1264 die päpstliche theologische Schule in Rom und 1265–1267, ebenda, das Studium der Dominikaner. Von 1268 an lehrt er in Neapel und Frankreich. Vgl.: «Die Philosophie des Thomas von Aquino», Bibl.-Nr. 74, Gesamtausgabe Dornach 1967; ebenso «Die Rätsel der Philosophie in ihrer Geschichte als Umriß dargestellt», Bibl.-Nr. 18, Gesamtausgabe Dornach 1968, S. 92f. (auch als Taschenbuchausgabe tb 610, Dornach 1974).

21 *Nikolaus Kopernikus,* Thorn 1473–1543 Frauenburg. Humanist, Mathematiker, Astronom, Arzt, Jurist. Keine Veröffentlichungen zu Lebzeiten, mit Ausnahme einer Übersetzung. Vollendet sein Werk über das heliozentrische Planetensystem im wesentlichen 1507. Kopernikus lag bereits im Sterben, als «De revolutionibus orbium coelestium» veröffentlicht wurde. Er hatte es Papst Paul III. gewidmet. Sein Freund und Überwacher der Drucklegung hat es in einem Vorwort als rein hypothetisch-fachwissenschaftliche Berechnungsmethode dargestellt. So schlüpfte es durch die Zensur, bis es zugleich mit seiner dritten Auflage 1616/17 verboten wurde. Erst 1822 akzeptierte die katholische Kirche seinen Inhalt. Vgl. Rudolf Steiner, «Die geistige Führung des Menschen und der Menschheit», Bibl.-Nr. 15, Gesamtausgabe Dornach 1974, S. 81–88 (auch als Taschenbuchausgabe tb 614, Dornach 1974).

26 *der nachatlantischen Zeit:* Siehe «Die Geheimwissenschaft im Umriß», Bibl.-Nr. 13, Gesamtausgabe Dornach 1977, S. 272ff. (auch als Taschenbuchausgabe tb 601, Dornach 1976).

27 *fühlte sich ... als Leib, und durch den Leib als Abbild des Geistes:* Die Nachschriften haben «als Leib, und als Leib als Abbild des Geistes».

29 *Ich horche hin auf ...:* Vergleiche den Wahrspruch «Ich gehorche in der Welt stumme Weiten» in «Wahrspruchworte», Bibl.-Nr. 40, Gesamtausgabe Dornach 1976.

32 *Demokritus,* etwa 460–360 v. Chr., von Abdera. Von seinen zahlreichen Schriften, die sich auf Philosophie, Mathematik, Physik, Medizin, Psychologie und Technik erstreckten, sind nur Fragmente und ein Verzeichnis überliefert. Die angeführte Stelle ist ein Bericht aus Aristoteles' Metaphysik I, 4: «... deshalb behaupten sie (Leukipp und Demokrit) auch, daß das Nichtseiende ebensowohl sei wie das Seiende, so wie das Leere so gut wie das Volle, und setzen dies als materielle Ursachen.» (Nach der Übersetzung der Metaphysik von H. Bonitz, Hamburg 1966, S. 20).

34 *Francis Bacon*, auch Baco von Verulam, London 1561–1626 Highgate. Advokat, Arzt, Politiker, Diplomat, Essayist, Philosoph und Humanist. Leitet die englische Regierung liberal und erfolgreich von 1603–1621. In diesen Jahren entstehen seine Hauptwerke. Die Philosophie seines Zeitalters findet er festgefahren in aussichtslosen Versuchen, mit der aristotelischen Logik unlösbare Probleme zu lösen. Einzige Quelle für gesichertes Wissen und Können wird ihm die Naturforschung. Mit ihr sieht er eine Ära der totalen Erneuerung des Geistes- und Wirtschaftslebens kommen. Hauptwerke: 1. Novum organum, eine induktive, der aristotelischen (Organon) widersprechende Logik; 2. De dignitate et augmentis scientiarium, eine kritische Enzyklopädie aller Wissenschaften, und 3. Sylva sylvarum, eine vorläufige Ankündigung des Vorhabens und der Methode. Diese blieb jedoch in den Vorbereitungen stecken. Dagegen war der literarische Erfolg erstaunlich und gab der materialistischen Weltanschauung einen intensiven Anstoß. Vgl. «Die Rätsel der Philosophie in ihrer Geschichte als Umriß dargestellt», Bibl.-Nr. 18, Gesamtausgabe Dornach 1968, S. 102f.

35 *in dem Momente möglich wird:* Die Unterlagen haben «entsteht» statt «möglich wird».

39 *Spinoza, Benedictus de,* Amsterdam 1632–1677 Den Haag. Philosoph, Mathematiker, hatte humanistische und talmudische Ausbildung. Von Beruf Optiker und Staatsmann. Sein Hauptwerk «Ethik» mit dem charakteristischen vollständigen Titel «Ethica ordine geometrico demonstrata» (Ethik nach geometrischer Methode dargestellt) konnte erst nach seinem Tode durch Freunde herausgegeben werden (1677). Vgl. «Die Mystik ...» (Einführung) und «Die Rätsel der Philosophie».

40 *die nichteuklidische Geometrie:* Sie ist ein Hauptbeispiel des «sich selbst genügsamen inneren Denkvermögens». Carl Friedrich Gauß (1777–1855) entdeckte als erster, daß mehr als ein Geometrie-System *denkbar ist.* Da niemand das Unerhörte begriff, beschloß er, seine Resultate nicht zu veröffentlichen, um sich dem fruchtlosen Streit zu entziehen. Unabhängig von Gauß und voneinander veröffentlichten N. I. Lobatschewskij, 1828 und 1829, und J. Bolyai, 1832, als erste ihre Lösungen des gleichen Problems. Auf die Bedeutung dieser Leistung ist Rudolf Steiner öfter zu sprechen gekommen, z. B. im Vortrag «Der heutige Stand der Philosophie und Wissenschaft» vom 26. August 1910 im Band «Wege und Ziele des geistigen Menschen», Bibl.-Nr. 125, Gesamtausgabe 1973, S. 79ff. Vgl. auch: Georg Unger, «Physik am Scheidewege», Dornach 1948, S. 19–28 und «Vom Bilden physikalischen Begriffe», Stuttgart 1967, Bd. III, S. 31–32 und 193–194.

43 *mit den Orientierungen des Körpers nach vorne–hinten, ...:* Hier ist «des Körpers» statt «der Körper» gesetzt im Unterschied zu den Nachschriften.

44 *René Descartes,* lat. Renatus Cartesius, La Haye (Touraine) 1596–1650 Stockholm. Mathematiker, Physiker, Philosoph. Von den Jesuiten in La Flèche erzogen, ist er zunächst zum Soldaten bestimmt und macht einige Feldzüge mit, wendet sich aber bald vom äußeren Leben ab in die gewollte Einsamkeit eines der Erkenntnis gewidmeten Lebens, zunächst in Paris, dann lange Zeit in Holland. Stirbt in Stockholm, wohin ihn die Königin Christine gerufen hat. – Macht den Zweifel an aller Tradition, aber auch an der Sinneserfahrung, zum Ausgangspunkt der Philosophie und findet im Selbstbewußtsein die Bürgschaft für alles Sein (cogito, ergo sum). Begründet die Methode der analytischen Geometrie, gibt die Erklärung des Regenbogens. Hauptwerke: Essais, 1637, darunter der Discours de la méthode und die Dioptrik; Meditationes de prima philosophia, 1641; Principia philosophiae, 1644; Passions de l'âme, 1650. Vgl.: «Die Rätsel der Philosophie».

Johannes Tauler, um 1300–1361, Straßburg. Prediger und Seelsorger, Dominikaner, Mystiker, Schüler Meister Eckharts. Predigten und Schriften hochdeutsch durch W. Lehmann, 1923. Vgl.: «Die Mystik ...», Kapitel «Gottesfreundschaft», S. 53ff.

in meinem Buch ...: «Von Seelenrätseln» (1917), Bibl.-Nr. 21, Gesamtausgabe Dornach 1976.

45 *von universitärer Seite aus karikiert worden ist:* Durch den Anatomieprofessor Dr. Hugo Fuchs, Göttingen, in einer Replik auf zwei Vorträge, welche Dr. W. J. Stein und Dr. E. Kolisko zur Verteidigung gegen zwei Artikel im Göttinger Tageblatt über «Anthroposophie als Wissenschaft» in Göttingen hielten. Fuchs sprach karikierend von Kopf-, Brust- und Bauchsystem des Menschen. (Nach dem Bericht der Zeitschrift «Dreigliederung des sozialen Organismus» 2. Jg., Nr. 5, August 1920). Vgl. Rudolf Steiner, «Abwehr eines Angriffs aus dem Schoße des Universitätswesens», in «Aufsätze über die Dreigliederung des sozialen Organismus und zur Zeitlage 1915–1921», Bibl.-Nr. 24, Gesamtausgabe Dornach 1961, S. 447.

51 *Blut ist ein ganz besonderer Saft:* Nach Goethes «Faust», 1. Teil, Studierzimmer, Faust und Mephistopheles. Vgl. den Vortrag «Blut ist ein ganz besonderer Saft» im Bande «Die Erkenntnis des Übersinnlichen in unserer Zeit», Bibl.-Nr. 55, Gesamtausgabe Dornach 1959. Als Einzelausgabe letzte Auflage Dornach 1975.

52 *William Harvey,* Folkestone 1578–1658 Hampstead. Physiologe und Professor der Anatomie, London. Entdecker des großen Blutkreislaufes. «De motu cordis et sanguinis» (1628).

55 *auf sich selbst, auf das, was man ... mit seinem Göttlichen als Mathematisches ... findet:* Ein Stenogramm hat «auf sich selbst, was man ... mit seinem Göttlichen als das Abbild des Mathematischen ... findet».

57 *Giordano Bruno*, Nola 1548–1600 Rom. Dominikaner 1563–1576, führte ein Reiseleben. Hauptwerke entstanden am englischen Hof zur Zeit der Königin Elisabeth I. (deutsch in 6 Bänden durch Kuhlenbeck, 1880–1891). Nach Italien zurückgekehrt, wurde er unter dem Vorwurf ketzerischer Lehren eingekerkert und erlitt in Rom nach achtjähriger Haft den Feuertod. Vgl.: «Die Rätsel der Philosophie» sowie «Die geistige Führung des Menschen und der Menschheit», Bibl.-Nr. 15, Gesamtausgabe Dornach 1974, S. 81–88.

59 *Isaac Newton*, Sir Woolsthorpe, Lincolnshire 1642–1727 Kensington, London. Posthum als zwerghaftes Kind geboren. Auf Bauerngut aufgewachsen, besuchte er Dorf- und Kleinstadtschulen bis 1661. Nach seiner Aufnahme in die Universität schien er von mittelmäßiger Begabung bis zum «plötzlichen Aufflammen» seines Genius als Physiker, Astronom, Mathematiker, 1663–1664. Professor in Cambridge 1669–1701. Mitglied der Royal Society, London, 1672 und seit 1703 bis zum Tode deren Präsident. Hauptwerke: Gravitationsgesetz, den Keplerschen Bewegungsgesetzen rechnerisch angepaßt, 1666 entwikkelt, 1687 veröffentlicht in den «Philosophiae naturalis principia mathematica». Die Idee einer Infinitesimalrechnung kam Newton 1663; drei Jahre später hatte er die Differentialrechnung entwickelt. Seine «Optics», 1704, enthalten die Lehre der Zerlegung des Lichtes in Farben und die Emmissions-Theorie. Dann verlor Newton alles Interesse an Physik, Mathematik und auch am Schicksal und den Folgen seiner Werke. Er wendete sich chemischen und alchimistischen Experimenten zu und dem Studium von deren alten Traditionen. Im Alter beschäftigten ihn religiös-spekulative Studien. Vor seinem Tode verglich er sein Leben mit dem Tag eines am Strande mit Sand und Muscheln spielenden Kindes, welches des Weltmeeres in seinem Rücken nicht mehr gewahr wurde. Literatur: J. W. N. Sullivan, Isaac Newton 1642–1727, London 1938.

Ort, Zeit, Raum, Bewegung brauche ich nicht zu erklären: In Newtons «Philosophiae naturalis principia mathematica», 2. Auflage 1713, lautet das Scholium zur Definition VIII: «Denn Zeit, Raum, Ort und Bewegung definiere ich nicht, weil sie allen gut bekannt sind.»

60 *George Berkeley*, Disert Castle, Thomastown, Irland 1685–1753 Oxford. Englischer Philosoph und anglikanischer Missionar, seit 1734 Bischof. Hauptwerke: «Treatise Concerning the Principles of Human Knowledge», 1710; «Alciphron», über Ethik und Anschauun-

gen der Freidenker, 1732; «Siris», 1744, handelt von metaphysischen Fragen. Philosophisches Gesamtwerk durch A. A. Luce und T. E. Jessop, 9 Bände, 1948. Vgl.: «Die Rätsel der Philosophie».

60 *Berkeley sagte: Das muß man so machen:* Z. B. im Abschnitt 113 der «Principles of Human Knowledge». In der Schrift «De motu» (Von der Bewegung) steht im 43. Abschnitt: «Die Bewegung ist, obwohl sie durch die Sinne klar aufgefaßt wird, verdunkelt worden, aber nicht wegen ihres eigenen Wesens, sondern weit mehr durch die gelehrten Kommentare der Philosophen.»

63 *Der Raum ist das Sensorium Gottes:* In dem Werke «Optice» von Newton, das ist in der lateinischen Übersetzung der «Optics» von 1704, durch Samuel Clarke 1706 besorgt und durch Newton gebilligt und mit Zusätzen versehen, erscheint erst diese Formel, und zwar am Schluß des 28. der am Ende des Werkes angeführten «Probleme». Die Stelle lautet: «Wenn diese Fragen richtig beantwortet sind, ist dann nicht aus den Phänomenen festzustellen, daß es ein Wesen gibt, unkörperlich, lebendig, mit Intelligenz begabt, das im unendlichen Raum die Dinge gewissermaßen wie in seinem Sinnesorgan wahrnimmt, sie bis ins Innerste durchschaut und mit seiner alles umfassenden Gegenwart umgibt, während sonst das, was in uns empfindet und denkt, nur Bilder der Dinge durch die Sinnesorgane überliefert bekommt und in diesen seinen kleinen Orgänchen wahrnimmt und betrachtet?» Der Gedanke scheint nicht allein von Newton zu stammen, sondern wird schon bei Henry More, dem Platoniker von Cambridge, mit dem Newton befreundet war, in ähnlicher Weise entwickelt, wie auch von anderen.

daß Goethe ... in gar keinem Punkt mit Newton mitgehen konnte: Seine Polemik gegen Newtons Farbenlehre betreffend, siehe in «Goethes Naturwissenschaftlichen Schriften», herausgegeben und kommentiert von Rudolf Steiner in Kürschners «Deutscher National-Litteratur» (1883–1897), Bibl.-Nr. 1a–e (unveränderter Nachdruck in 5 Bänden, Dornach 1975): Band III, Vorrede S. XXVI: «Goethe, Newton und die Physiker» und S. 531 und 461; Band IV, 1. Abtlg., Vorrede S. X und S. 288–302, einschl. Fußnoten.

65 *Leibniz, Gottfried Wilhelm*, Leipzig 1646–1716 Hannover, Philologe, Philosoph, Mathematiker, Physiker, Jurist, Staatsmann, Arzt, Theologe, meist an fürstlichen Höfen lebend, viel auf Reisen. Erfinder der Infinitesimalrechnung 1686 – unabhängig von Newton.

65 *Berkeley wird ein Gegner der ganzen Infinitesimalrechnung*: Z. B. in der Schrift «The Analyst» (Der Analytiker, 1734, enthalten in «Schriften über die Grundlagen der Mathematik und Physik». Übersetzt und eingeleitet von Wolfgang Breidert, Frankfurt a. M. 1969).

Das Inhaltsverzeichnis ist in Form von 50 Thesen ausgeführt. Von denen lauten z. B. (7): Einwände gegen Geheimnisse im Glauben werden ungerechter Weise von denen gemacht, die sie in der Wissenschaft zulassen; (13): Die Regel für die Fluxionen der Potenzen wird durch eine unlautere Beweisführung erlangt; (22): Mit Hilfe eines zweifachen Fehlers gelangen Analytiker zu Wahrheit; aber nicht zu Wissenschaftlichkeit, wobei sie nicht wissen, wie sie zu ihren eigenen Konklusionen kommen. – Von den polemischen Auseinandersetzungen, die sich an «The Analyst» anschlossen, ist «A Defence of Free-Thinking in Mathematics» (Verteidigung des freien Denkens in der Mathematik) ein Beispiel. Man liest da etwa: «Kein großer Name auf dem Erdenrund wird mich je veranlassen, unklare Dinge für klar hinzunehmen ... Sie sprechen davon als wäre es ein Verbrechen, wenn man für möglich hält, ‹weiter als Sir Isaac Newton zu sehen oder über ihn hinauszugehen.› Ich bin allerdings überzeugt, daß Sie damit die Gefühle auch vieler anderer aussprechen. Doch gibt es noch andere ..., welche als unehrenhaft empfinden, auch des größten Mannes Mängel nachzuahmen, und die kein Verbrechen in dem Wunsche sehen, nicht nur über Sir Isaac Newton hinaus zu erkennen, sondern über die ganze Menschheit.»

68 *Relativitätstheorie:* Von Mach und Lorentz vorbereitet, von Einstein aufgestellt. Spezielle Relativitätstheorie 1905, Allgemeine Relativitätstheorie 1916. Machten Revision der Newtonschen Mechanik nötig unter Benutzung der nichteuklidischen Geometrie. Siehe auch S. 112f. in diesem Buch, und in «Die Rätsel der Philosophie», S. 590f. Vgl. Georg Unger: «Vom Bilden physikalischer Begriffe» Teil III, Stuttgart 1967, S. 100–122.

69 *Lessing, Gotthold Ephraim*, Kamenz/Lausitz 1729–1781 Braunschweig. Dramatiker, Essayist, Kritiker. Eröffnet eine neue Epoche in deutscher Literatur und Kunst. Seine letzte Schrift «Erziehung des Menschengeschlechtes» (1780) muß um der Entwicklung des Menschengeschlechtes willen wiederholte Erdenleben postulieren, insbesondere § 92f. Vgl.: «Die Rätsel der Philosophie», S. 124.

69 *Gestatten Sie am Schlusse eine halbpersönliche Bemerkung:* Anlaß dafür war eine Kontroverse in der Zeitschrift «Die Drei», Jg. 1921–1922, S. 1107 und 1114, sowie in folgendem Jg., S. 172 und 330 über die Realität der Atome. Vgl. das Diskussions-Votum Rudolf Steiners, vom 8. August 1921, das anstelle eines Vorworts in der Gesamtausgabe des «Ersten naturwissenschaftlichen Kurses» steht (s. Hinweis zu S. 11).

71 *John Locke*, Wrington bei Bristol 1632–1704 Oates, Essex; Theologe, Philosoph und Arzt. Protestantisch-puritanisch erzogen, war er in

England seines Glaubens halber verfolgt und flüchtete sich nach Holland bis nach der englischen Revolution von 1689. Von 1675–1689 arbeitete Locke mit vielen Unterbrechungen an seinem Hauptwerk «An Essay Concerning Human Understanding», 1690. Ursprünglich als kritische Darstellung der bereits bekannten Lehre von den primären und sekundären Sinnesmerkmalen geplant, wuchs es sich zu seiner Erkenntnistheorie oder Weltanschauung aus. In kultiviertem Englisch geschrieben, erschien das «Essay» zu seinen Lebzeiten in vier Auflagen. Vgl.: «Die Rätsel der Philosophie» sowie «Die Philosophie der Freiheit», Bibl.-Nr. 4, Gesamtausgabe Dornach 1973, Kap. IV, S. 69–79 und Kap. V, S. 96f. und «Die Mystik ...», Kap. über Nikolaus von Kues, S. 92f.

71 *John Locke trennt ... in zwei Teile:* In «An Essay Concerning Human Understanding» (Versuch über den menschlichen Verstand), 2. Buch, 8. Kap., Paragraph 9 und folgende.

74 *Richard Wahle,* 1857–1935, Wien. Philosophieprofessor, läßt nur Wahrnehmungen, Vorstellungen und Empfindungen gelten, lehnt alle bisherige Philosophie als Erkenntniswissenschaft ab. Das «Ich» ist für ihn: «Eine Summe flächenhafter, physiologisch begleiteter Bewußtseinsstücke, die von unbekannten Kräften ins Dasein gestellt werden.» Schriften u. a. «Das Ganze der Philosophie und ihr Ende», 1894; «Über den Mechanismus des geistigen Lebens», 1906; «Die Tragikkomödie der Weisheit», 1915; «Entstehung der Charaktere», 1928; «Grundlagen einer neuen Psychiatrie», 1931.

75 *sie entfallen einem:* Vgl. «Die Philosophie der Freiheit», Kap. IV; «Die Rätsel der Philosophie», Band 2, Kap. III und IV (auch als Taschenbuchausgabe tb 611, Dornach 1974).

Immanuel Kant, 1724–1804. Lebte in Königsberg, das er selten verließ. Philosoph, Naturwissenschafter, Mathematiker. Professor in Königsberg 1770–1794. «Kritik der reinen Vernunft», 1781. Deren populäre Fassung «Prolegomena zu einer jeden künftigen Metaphysik», 1783. Seine Ethik: «Kritik der praktischen Vernunft», 1788. Ästhetik und Natur-Teleologie behandelt die «Kritik der Urteilskraft», 1790. Schrieb die erste mechanische Kosmogonie 1755. Da sie von Laplace aufgenommen und geändert wurde (1796), spricht man von der Kant-Laplaceschen Theorie. Rudolf Steiners Auseinandersetzungen mit Kants Erkenntnis-Theorie in «Wahrheit und Wissenschaft. Vorspiel einer ‹Philosophie der Freiheit›», Bibl.-Nr. 3, Gesamtausgabe Dornach 1980 und «Die Philosophie der Freiheit», Kap. V und VII. Vgl. ferner «Die Rätsel der Philosophie» und «Mein Lebensgang», Bibl.-Nr. 28, Gesamtausgabe Dornach 1962.

75 *daß Kant gesagt hat:* Z. B. in der «Kritik der reinen Vernunft, Transzendentale Ästhetik, Allgemeine Anmerkungen»: «Wir haben also sagen wollen: daß alle unsere Anschauung nichts als die Vorstellung von Erscheinung sei; daß die Dinge, die wir anschauen, nicht das an sich selbst sind, wofür wir sie anschauen, noch ihre Verhältnisse so an sich selbst beschaffen sind, als sie uns erscheinen, und daß, wenn wir unser Subjekt oder auch nur die subjektive Beschaffenheit der Sinne überhaupt aufheben, alle die Beschaffenheit, alle Verhältnisse der Objekte in Raum und Zeit, ja selbst Raum und Zeit verschwinden würden und als Erscheinungen nicht an sich selbst, sondern nur in uns existieren können.»

August Weismann, Frankfurt a. M. 1834–1914 Freiburg i. Br., Biologe, Vererbungsforscher, Theorie der Polarität zwischen Körperzellen (Soma) und Keimplasma. – Determinanten als Vererbungsträger. Schrift: «Studien zur Descendenztheorie» 1875/76.

76 *Der Organismus hat auch das Sterbenkönnen für sich:* «Sterbenkönnen» aus «Sterben» ergänzt.

79 *«der Herren eignen Geist»:* Goethe-Zitat aus Faust I, erster Aufzug «Nacht», Gotisches Zimmer, 2. Szene: «Faust und Wagner»:

> «Mein Freund, die Zeiten der Vergangenheit
> Sind uns ein Buch mit sieben Siegeln.
> Was Ihr den Geist der Zeiten heißt,
> Das ist im Grund der Herren eigner Geist,
> In dem die Zeiten sich bespiegeln.»

80 *Henri Poincaré,* Nancy 1854–1912 Paris. Mathematiker, Astronom und Physiker. Verfasser der viel gelesenen philosophischen Schriften «Wissenschaft und Hypothese» (1902), «Der Wert der Wissenschaft» (1905), «Wissenschaft und Methode» (1909), «Letzte Gedanken» (1912). Den hier in Frage stehenden Vortrag hielt Poincaré kurz vor seinem Tode in einer Vortragsreihe «Conférences de Foi et de Vie», gedruckt im Sammelband «Le Matérialisme actuel» par MM. Bergson, H. Poincaré, Ch. Gide, Ch. Wagner, Firmin Roz, De Witt-Guizot, Friedel, Gaston Rion. Paris 1918, S. 53.

83 *Matthias Jakob Schleiden,* Hamburg 1804–1881 Frankfurt a. M. Jurist, Mediziner und hauptsächlich Botaniker. Entwickelte eine Zellbildungstheorie 1838 in «Beiträgen zur Phytogenesis».

Theodor Schwann, Neuß 1810–1882 Köln, Biologe. Begründete die Zellentheorie mit seinen «Mikroskopischen Untersuchungen über die Übereinstimmung in der Struktur und dem Wachstum der Tiere und der Pflanzen», 1839.

85 *Sechster Vortrag:* In der Nacht von Silvester auf Neujahr 1922/23 brannte das Goetheanum nieder. Es war ein aus dem Mitwirken einer großen Anzahl von Künstlern aus vielen Ländern in zehn Jahren errichteter Holzbau, an welchem sozusagen jede Fläche und Ecke künstlerisch geformt war (siehe dazu «Der Baugedanke des Goetheanum», Bibl.-Nr. 290, Gesamtausgabe Dornach 1981). Rudolf Steiner hatte den Bau, von den Grundzügen bis in die Details, entworfen, und hatte auch durch alle die Jahre die Bauarbeit geleitet. Mit dem 1. Januar mußte die Tätigkeit am Goetheanum in die sogenannte Schreinerei, ein Hilfsgebäude, das der Errichtung des Baues und der anthroposophischen Arbeit in dieser Zeit gedient hatte, wiederum verlegt werden. Für diese Arbeit selber duldete Rudolf Steiner keinen Unterbruch: Am Nachmittag des 1. Januar, nach der Brandnacht, wurde das Dreikönig-Spiel aufgeführt, wie es in der Einladung zum vorliegenden Kurs vorgesehen war. Rudolf Steiner leitete mit einer kurzen Ansprache ein, wo er u. a. die Worte sprach: «Der große Schmerz versteht zu schweigen über dasjenige, was er fühlt. ... Das Werk, welches duch die aufopfernde Liebe und Hingabe zahlreicher für die Bewegung begeisterter Freunde innerhalb von zehn Jahren geschaffen worden ist, ist in *einer* Nacht vernichtet worden. Es muß selbstverständlich gerade heute der schweigende Schmerz aber empfinden, wie unendlich Liebe und Sorgfalt unserer Freunde in dieses Werk hineingetan war. ... Da wir von dem Gefühl ausgehen, daß alles dasjenige, was wir innerhalb unserer Bewegung tun, eine Notwendigkeit innerhalb der gegenwärtigen Menschheitszivilisation ist, so wollen wir das, was beabsichtigt ist, in dem Rahmen, der uns noch gelassen worden ist, möglichst fortführen, und deshalb auch in dieser Stunde, wo sogar noch die uns so sehr zum Schmerze steigenden Flammen draußen brennen, jenes Spiel aufführen, das im Anschluß an diesen Kurs versprochen war, und auf das unsere Kursteilnehmer rechnen. Ebenso werde ich heute abend um acht Uhr hier in der Schreinerei den angesetzten Vortrag halten.» (Gedruckt in «Ansprachen zu den Weihnachtspielen aus altem Volkstum», Bibl.-Nr. 274, Gesamtausgabe Dornach 1974). Der Beginn des Kursvortrages wurde dann mit einer längeren Ansprache über den Brand eingeleitet, welche sich gedruckt findet in «Die Erkenntnisaufgabe der Jugend», GA Bibl.-Nr. 217a.

88 *daß er [der Mensch] auch außerhalb dieser Leiber [physischer und ätherischer Leib] sein kann:* Man findet die Grundtatsache dargestellt in «Die Geheimniswissenschaft im Umriß», in den Kapiteln «Schlaf und Tod» und «Die Erkenntnis der höheren Welten», hier besonders S. 318f., Bibl.-Nr. 13, Gesamtausgabe Dornach 1977.

90 *Paracelsus, Theophrastus von Hohenheim,* Einsiedeln, Kanton

Schwyz 1493–1541 Salzburg. Dr. med., Ferrara; Professor in Basel. Hervorragend als Arzt, Naturforscher und Naturphilosoph. Schreibt über Chemie, Heilkunde, Biologie, Astronomie, Astrologie, Alchymie (Metallscheidkunst) und Theologie. Die Mythen über Paracelsus als Goldmacher, Magier, Scharlatan sind nach seinem Tode erfunden und verzerrten sein Charakterbild. Werke am vollständigsten herausgegeben von Karl Sudhoff (14 Bände). Vgl.: «Die Rätsel der Philosophie». (Siehe auch Hinweis «Jatrochemie» zu S. 126.)

Helmut, Johann Baptist van, Brüssel 1577–1644 ebenda. Arzt und Jatrochemiker. Ihm gelang die Unterscheidung und Trennung von Gasen (Wasserstoff, Kohlensäure). Er prägte den Namen «Gas» für den luftförmigen Aggregatzustand. (Siehe auch Hinweis «Jatrochemie» zu S. 126.)

91 *Ich habe das ... in meinen Einleitungen zu «Goethes Naturwissenschaftlichen Schriften» dargestellt:* Vgl. Rudolf Steiner «Goethes Naturwissenschaftliche Schriften», Bibl.-Nr. 1, Gesamtausgabe Dornach 1973, welcher Band die genannten Einleitungen in sich vereinigt. Insbesondere siehe man Kap. VII, VIII, IX, X (Abschnitt 1–54), XI, XII, XV.

ausführte am Philosophischen Kongreß in Bologna: Vortrag vom 8. April 1911 am IX. Internationalen philosophischen Kongreß «die psychologischen Grundlagen und die erkenntnistheoretische Stellung der Anthroposophie», gedruckt in «Philosophie und Anthroposophie. Gesammelte Aufsätze 1904–1918», Bibl.-Nr. 35, Gesamtausgabe Dornach 1965, S. 111 ff.

94 *eine bedeutungsvolle Abhandlung, die dem Menschen ... einen Zwischenkiefer ... zuschreibt:* Vgl. «Goethes Naturwissenschaftliche Schriften», herausgegeben und kommentiert von Rudolf Steiner, Bibl.-Nr. 1 a–e (Nachdruck in 5 Bänden, Dornach 1975), Band I, S. 239–346, insbesondere S. 277–323. Ferner aus den «Einleitungen zu Goethes Naturwissenschaftlichen Schriften», Bibl.-Nr. 1, Gesamtausgabe Dornach 1973, die Kapitel I, II, III, IV, VII, X, XII, XV.

99 *Verlust des Goetheanums:* Siehe Hinweis zu S. 85.

100 *in meinem Buche ...:* «Theosophie. Einführung in übersinnliche Welterkenntnis und Menschenbestimmung», Bibl.-Nr. 9, Gesamtausgabe Dornach 1973. Dort das Kapitel «Das Wesen des Menschen» (auch als Taschenbuchausgabe tb 615, Dornach 1976).

101 *in den andern Vorträgen, in den anthroposophischen:* Die Teilnehmer am vorliegenden Kurs waren auch eingeladen zu den Mitgliedervorträgen, welche Rudolf Steiner am 23., 24., 29., 30., 31. Dezember 1922 und am 5., 6. und 7. Januar 1923 hielt. Diese Vorträge sind ge-

druckt in den Bänden «Das Verhältnis der Sternenwelt zum Menschen und des Menschen zur Sternenwelt. Die geistige Kommunion der Menschheit», Bibl.-Nr. 219, Gesamtausgabe Dornach 1976, bzw. «Lebendiges Naturerkennen. Intellektueller Sündenfall und spirituelle Sündenerhebung», Bibl.-Nr. 220, Gesamtausgabe Dornach 1966. Im gegenwärtigen Zusammenhang kommen vor allem die Vorträge vom 29. und 31. Dezember (in Bibl.-Nr. 219) in Betracht.

103 *Galileo Galilei*, Pisa 1564–1642 Arcetri bei Florenz, entdeckt Isochronismus der Pendelschwingungen, hydrostatische Waage, Gesetze des freien Falles, Trägheitsgesetz. Zahlreiche astronomische Entdeckungen mit selbstgebautem Fernrohr. Der Inquisitionsprozeß gegen ihn (1633) endigte mit dem Schweigegebot über das Kopernikanische Weltsystem. Vgl. «Die Rätsel der Philosophie» und «Die geistige Führung des Menschen und der Menschheit», S. 81–88, ferner Laurenz Müllner, Rektoratsrede «Die Bedeutung Galileis für die Philosophie», Wien 1894, wieder abgedruckt in der Zeitschrift «Anthroposophie», Jg. 1933/34, S. 29.

103 *Galilei ist ja gewissermaßen der Entdecker der Fallgesetze:* Seine «Sermones de motu gravium» (Lehrsätze über Wirkungen der Schwerkraft) enthalten das Ergebnis der Forschungen in Pisa. Sie zirkulieren nur in Abschriften, erster Druck 1854. Die endgültige Fassung ist in den «Discorsi e dimonstrazioni matematiche intorno a due nuove scienze» 1638 in Leyden erschienen. Vgl. Laurenz Müllner, Rektoratsrede (nachgewiesen in vorigem Hinweis).

104 *Es entsteht ja auch in dieser Zeit ... eine Gegnerschaft gegen Aristoteles:* Solche Gegner waren unter anderen: Bruno, Galilei und Bacon. Vgl.: «Die Rätsel der Philosophie», S. 102–106, ferner die im Hinweis zu S. 103 genannte Rede Laurenz Müllners.

107 *Johannes Kepler*, Weil der Stadt (Württemberg) 1571–1630 Regensburg. Mathematiker, Physiker, Astronom, Erfinder des astronomischen Fernrohres. Hofastronom und Mathematicus dreier Kaiser und von Fürsten und Ländern. Als Protestant verfolgt und flüchtig. Gänzlich zermürbt durch Lebenselend, starb er vorzeitig am Reichstag zu Regensburg, wo er etwas zur Sicherung seines Lebensunterhaltes zu erreichen hoffte. – Zur Berechnung seiner drei Gesetze der Planetenbewegung konnte er die Beobachtungsdaten Tycho de Brahes benutzen, dessen Nachfolger er am Hofe zu Prag geworden war. Andererseits war das kopernikanische Planetensystem der Ausgangspunkt für das Finden der drei Planetengesetze. Kepler versucht als erster die Dynamik der Planetenbahnen zu deuten und verlegt das Kräftezentrum in die Sonne. Vgl. über Kepler «Die geistige Führung des Menschen und der Menschheit», S. 52 und S. 81–88; ferner zu

den 3 Planetengesetzen: «Das Verhältnis der verschieden naturwissenschaftlichen Gebiete zur Astronomie», Bibl.-Nr. 323, Gesamtausgabe Dornach 1981.

107 *das abgesonderte Galileische Prinzip:* Die Nachschriften haben das «absolute» Galileische Prinzip. Korrigiert nach dem 12 Zeilen weiter unten folgenden Satz.

bei Newton wird ein ... Etwas konstruiert: Er setzte dabei die von ihm selber aufgestellte Mechanik der irdischen Körper – die weiterentwickelte Galileische Mechanik – und die drei Keplerschen Planetengesetze als ausreichend voraus, um das Gravitationsgesetz zu berechnen und veröffentlichte diese Berechnung in seinen «Philosophiae naturalis principia mathematica». Vgl. «Das Verhältnis der verschieden naturwissenschaftlichen Gebiete zur Astronomie», Bibl.-Nr. 323, Gesamtausgabe Dornach 1981.

109 *Galen*, Pergamon, Klein-Asien 129 n. Chr.–199 Rom. Arzt und Philosoph. Studien in Pergamon und Studienreisen nach Korinth, Smyrna und Alexandrien. Leibarzt des Kaisers Marc Aurel. 150 medizinische Schriften mit 15 Kommentaren waren grundlegend für die kommende Medizin und Arzneikunde. 125 Schriften über Philosophie, Mathematik und Jura.

richtet man den Blick auf das Selbsterleben des ätherischen Leibes: Siehe Hinweis zu S. 88, ferner auch «Ein Weg zur Selbsterkenntnis des Menschen in acht Meditationen», Bibl.-Nr. 16, Gesamtausgabe Dornach 1968 (auch als Taschenbuchausgabe tb 602, Dornach 1972).

110 *Diese Chemie ist ... noch immer so, daß ... sie von etwas ziemlich Unbestimmtem und Vagem spricht:* Das findet man in chemischen Lehrbüchern bestätigt. Diese sprechen von Chemie «als von einer vorwiegend empirischen Wissenschaft». Man kommt bei den Gesetzen nicht zu rechnerisch eindeutigen Werten, sondern zu gleitenden Zahlen, deren Grenzen in Tabellenform dargestellt werden. Daher finden sich die Verfasser chemischer Lehrbücher genötigt, im Text und Fußnoten einschränkende Wendungen anzubringen: «für gewöhnlich gilt», «im allgemeinen kann man sagen». Die chemischen Gesetze sind zum großen Teil Folgerungen aus physikalischen Gesetzen, z.B. aus den Hauptsätzen der Thermodynamik. Es gilt als unwissenschaftlich, anders als mechanistisch zu denken. Lit.: H. Remy, Lehrbuch der anorganischen Chemie, Leipzig 1954, VII. Auflage, 2 Bde. Bd. I, S. 14–23, 37f., 50f., 71–73.

112 *was man als träge Masse schildern könnte ... gibt es nicht:* Vgl. dazu auch Georg Unger: «Vom Bilden physikalischer Begriffe» Bd. I, Stuttgart 1959, S. 41–49 und «Einschaltung» S. 57.

113 Relativitätstheorie: Siehe Hinweis zu S. 68.

114 *Kundgebungen ... des Schmerzteilens:* Siehe Hinweis zu S. 85.

je weiter wir in der Menschheitsentwickelung zurückgehen: Vgl. dazu «Grenzen der Naturerkenntnis», Bibl.-Nr. 322, Gesamtausgabe Dornach 1969, fünfter und sechster Vortrag, und die in esoterischer Vertiefung des eigentlichen Kurses angefügten Vorträge sieben und acht.

116 *Johannes Scotus Erigena,* auch Eriugena, Irland 810–877 Frankreich. Vorscholastischer Philosoph, Theologe mit umfassender Sprachkenntnis. Kam aus Britannien nach Frankreich. Leitete von 845–877 die Kaiserliche Hochschule zu Paris. Übersetzung der Schriften des Dionysius Areopagita, 858 beendet. Sein Hauptwerk, 867, «De divisione naturae» (Einteilung der Natur). Lehrt aus einer platonischen Auffassung. Tritt für die Einführung der Dionysischen Hierarchien-Ordnung in der weltlichen Kirchenverwaltung ein. Vgl.: «Die Mystik ...», S. 77–87, sowie «Die Rätsel der Philosophie».

Die Schriften des sogenannten Pseudo-Dionysius des Areopagiten: Die Niederschrift in griechischer Sprache stammt aus dem fünften Jahrhundert. Dionysius war Mitglied des Areopag von Athen und Schüler des Apostels Paulus (Apostelgeschichte 17, 34). Dionysius' Aufstellung der dreimal drei Hierarchien wurde als Dogma von der katholischen Kirche adoptiert. Die lateinische Übersetzung seiner Schriften wurde enthusiastisch aufgenommen und galt noch im 17. Jahrhundert als authentisch. Vgl.: «Die Rätsel der Philosophie», ferner: «Die Philosophie des Thomas von Aquino», S. 47 und «Ursprungsimpulse der Geisteswissenschaft», Bibl.-Nr. 96, Gesamtausgabe Dornach 1974, S. 252. Vgl. auch Otto Willmann, «Geschichte des Idealismus», Bd. II, § 59.

119 *schilderte ich auch ... die griechischen Philosophen:* In «Die Rätsel der Philosophie», S. 35–65.

Thales von Milet, um 650–560 v. Chr.

Heraklit vom Ephesos, etwa 550–480 v. Chr.

121 *die Leute, die ... noch vom Denken, Wollen sprachen:* Vgl. die in der Schrift «Die Mystik ...» besprochenen Persönlichkeiten.

123 *Das Physikalische, das Chemische:* Statt das «Physikalische» haben die Nachschriften das «Physische».

123 *das Wärmehafte:* Das Stenogramm hat «Wärmehältige» oder «Wärmehäftige».

124 *Jakob Böhme,* Altseidenberg Görlitz 1575–1624 Görlitz, Mystiker.

Von Beruf Schuster. – Erste Schrift «Aurora», 1612. Weitere Schriften ab 1619, trotz Verbot. Vgl. «Die Rätsel der Philosophie».

126 *Jatrochemie:* Name abgeleitet von gr. «iatros», Arzt. Arbeitete mit naturentnommenen Heilmitteln, in Weiterentwicklung der Heilweise des Paracelsus, 1493–1541, anfangs unter Beibehaltung seiner Anschauungen über Sulfur, Merkur und Sal. Die jatrochemische Schule entstand noch zu Paracelsus' letzten Lebensjahren, entartete um die Mitte des 17. Jahrhunderts. An ihre Stelle trat die wissenschaftliche Chemie Robert Boyles, 1627–1691, für welche die Jatrochemie gute Vorarbeit geleistet hatte. Van Helmont, 1577–1644, war einer der Hauptförderer der Jatrochemie Literatur: Pagel, «Johann Baptist van Helmont, Einführung in die philosophische Medizin des Barock», 1930.

128 *Jatromechanik und Jatromathematik:* Im 16. und 17. Jahrhundert waren die Träger dieser Lehre fast alle Universitätsprofessoren, während die Jatrochemie von einem Bund praktischer Ärzte vertreten wurde. Das gilt aber nur für romanische Länder und England. In Italien waren die Universitäten Padua, Pisa und Rom die Hauptzentren. Man ging hier soweit, der auf Erfahrungsforschung fußenden Jatrochemie aus philosophischen Gründen jede Wissenschaftlichkeit abzusprechen. Eine Sonderstellung hatte Deutschland, wo beide Zweige nebeneinander von praktischen Ärzten gepflegt wurden.

130 *Georg Ernst Stahl,* Ansbach 1660–1734 Berlin. Arzt und Chemiker, Professor der Medizin. Vertrat den Vitalismus oder Animismus und die Hypothese der «Lebenskraft» in seinem Hauptwerk «Theoria medica vera», 1707.

131 *La Mettrie, Offray de,* St. Malo 1709–1751 Berlin. Militärarzt, Schriftsteller. Hauptwerk «L'homme machine», Leiden 1748. Seit 1746 als Atheist verfolgt, fand er Asyl bis an sein Lebensende am Hofe König Friedrichs II. in Berlin, der ihn zum Mitglied der Akademie ernannte.

131 *Holbach, Dietrich, Baron von,* Heidesheim, Rheinpfalz 1723–1789 Paris. Sein Hauptwerk «Système de la nature ou des lois du monde physique et du monde moral» ist 1770 unter dem Decknamen Mirabaud erschienen. Er erkennt als Wirklichkeit nur bewegte stoffliche Atome an, auch für das Denken, und gründet Moral auf Eigenliebe.

132 *Thomas Hobbes,* Malmesbury 1588–1679 Hardwicke, Englischer Naturphilosoph und Humanist. «Opera philosophica» 1688. Alle Erscheinungen in Natur und Mensch, auch die psychologischen, sind Wirkungen der Bewegung von Körpern. Die sozialen Vorgänge werden auf mechanische Vorgänge zurückgeführt. Die treibende Kraft

darin ist der Egoismus des einzelnen Menschen. Den Staat, «der alles zertrampelt», nannte er «Behemoth» und sagt: «Der natürliche soziale Zustand ist der ‹Kampf aller gegen alle›».

136 *astralischen Leib, der auch im Schlafe aus ihm heraus kann:* Siehe den Hinweis zu S. 88.

wurde einstmals außen mit der Welt erlebt: Statt «mit der Außenwelt» gemäß Nachschriften.

Das ist eben Psychologie, Pneumatologie: Vgl. dazu «Anthroposophie, Psychosophie, Pneumatosophie», Zwölf Vorträge, Berlin 1909–1911, Bibl.-Nr. 115, Gesamtausgabe Dornach 1965.

137 *wenn wir bloß seine Bewegung, das heißt seine Ortsveränderung ... betrachten:* Man vergleiche die Zeichnungen S. 103, 108 mit der auf S. 137. (Diese letztere ist in den früheren Auflagen weggeblieben.)

140 *daß Sie mit Hilfe der heutigen Mechanik und Physik die Natur so betrachten:* «mit Hilfe der heutigen Mechanik und Physik» ist ergänzt.

142 *diesem Reden habe ich zweimal versucht, ein gewisses Ende zu machen:* Siehe Hinweis zu S. 91.

147 *Versuche einmal die Bewegungsmechanik am Menschen zu studieren von außen her:* Literatur: Adolf Fick (1829–1901) hat Studien am Menschen über mechanische Erscheinungen und über Wärmeentwicklung der Muskelarbeit gemacht, die 1857, 1869 und 1882 veröffentlich wurden. «Gesammelte Schriften», 4 Bände, 1903–1906.

das sagen heute schon Physiker: Im Beginne des Jahrhunderts hat Rudolf Steiner auf die Rede des Philosophen und Premierministers A. J. Balfour vom 17. August 1904 vor der British Association, gleich nachdem sie gehalten war, aufmerksam gemacht, siehe «Luzifer-Gnosis. Gesammelte Aufsätze und Berichte aus der Zeitschrift ‹Luzifer› und ‹Lucifer-Gnosis› 1903 bis 1908», Bibl.-Nr. 34, Gesamtausgabe Dornach 1960, S. 467, oder den Vortrag «Die Naturwissenschaft am Scheideweg» im Band «Die Erkenntnis der Seele und des Geistes», Bibl.-Nr. 56, Gesamtausgabe Dornach 1965. Öfter hat er auch den Vortrag von Max Planck von 1910 genannt, «Die Stellung der neueren Physik zur mechanischen Naturanschauung» (Max Planck: Physikalische Abhandlungen und Vorträge, Braunschweig 1958, Bd. 3, S. 30–46), etwa im 11. Vortrag des «Zweiten naturwissenschaftlichen Kurses», Bibl.-Nr. 321, Gesamtausgabe Dornach 1972.

148 *Es kommt darauf an, daß dies gesucht werde, nicht darauf, daß man ...:* «Es kommt darauf an» ist ergänzt von drei Zeilen weiter unten und der Satz lautet im übrigen in den Nachschriften «– daß dies gesucht werde nicht dadurch, daß man ...».

als Rechnungsmünzen oder ganze Rechnungsweisen: Statt «Rechnungsweisen» haben die Nachschriften «Rechnungen».

148 *Forschungsinstitute:* 1920 wurde in Stuttgart im Rahmen der Aktiengesellschaft «Der Kommende Tag» ein Forschungsinstitut physikalischer und chemischer Richtung, mit einer biologischen Abteilung, gegründet, welches einige Jahre später nach Dornach verlegt wurde. Die ersten Arbeiten aus dem Institut erschienen in «Der Kommende Tag, Wissenschaftliches Forschungsinstitut, Mitteilungen». Es enthält Heft 1 (1921): «Milzfunktion und Plättchenfrage» von L. Kolisko; Heft 2 (1923): «Der Villardsche Versuch» von Dr. rer. nat. R. E. Maier; Heft 3 (1923): «Physiologischer und physikalischer Nachweis kleinster Entitäten» von L. Kolisko. Spätere Arbeiten erschienen in den Bänden der «Gäa Sophia, Jahrbuch der Naturwissenschaftlichen Sektion der Freien Hochschule für Geisteswissenschaft am Goetheanum, Dornach», Bd. I (1926) und folgende.

149 *was ich gestern in einem kleineren Kreise betont habe:* Von dieser naturwissenschaftlichen Diskussion am 5. Januar existiert keine Nachschrift.

PERSONENREGISTER

(Die kursiv gesetzte Zahl gibt jeweils die Seite an, zu welcher ein biographischer Hinweis besteht)

LITERATURHINWEIS

(GA = Rudolf Steiner Gesamtausgabe)

Zur Weiterführung und Vertiefung der Darstellungen des vorliegenden Bandes sei auf folgende Ausgaben von Rudolf Steiner verwiesen:

Schriften

Goethes Naturwissenschaftliche Schriften. Sämtliche Einleitungen zur Herausgabe in «Kürschners Deutsche National-Litteratur» (1883–1897), GA Bibl.-Nr. 1.

Goethes Naturwissenschaftliche Schriften, in fünf Bänden mit den Einleitungen und Kommentaren von Rudolf Steiner. Nachdruck aus «Kürschners Deutsche National-Litteratur» 1883–1897. GA Bibl.-Nr. 1a–e.

Grundlinien einer Erkenntnistheorie der Goetheschen Weltanschauung, mit besonderer Rücksicht auf Schiller (1886), GA Bibl.-Nr. 2. Auch als Taschenbuch 629.

Wahrheit und Wissenschaft. Vorspiel einer «Philosophie der Freiheit» (1892), GA Bibl.-Nr. 3. Auch als Taschenbuch 628.

Die Philosophie der Freiheit. Grundzüge einer modernen Weltanschauung. Seelische Beobachtungsresultate nach naturwissenschaftlicher Methode (1894), GA Bibl.-Nr. 4. Auch als Taschenbuch 627.

Goethes Weltanschauung (1897), GA Bibl.-Nr. 6. Auch als Taschenbuch 625.

Die Mystik im Aufgange des neuzeitlichen Geisteslebens und ihr Verhältnis zur modernen Weltanschauung (1901), GA Bibl.-Nr. 7. Auch als Taschenbuch 623.

Theosophie. Einführung in übersinnliche Welterkenntnis und Menschenbestimmung (1904), GA Bibl.-Nr. 9. Auch als Taschenbuch 615.

Die Geheimwissenschaft im Umriß (1910), GA Bibl.-Nr. 13. Auch als Taschenbuch 601.

Die geistige Führung des Menschen und der Menschheit. Geisteswissenschaftliche Ergebnisse über die Menschheits-Entwickelung (1911), GA Bibl.-Nr. 15. Auch als Taschenbuch 614.

Ein Weg zur Selbsterkenntnis des Menschen. In acht Meditationen (1912), GA Bibl.-Nr. 16. Auch als Taschenbuch 602.

Die Rätsel der Philosophie in ihrer Geschichte als Umriß dargestellt (1914), GA Bibl.-Nr. 18. Auch als Taschenbücher 610 und 611.

Vom Menschenrätsel. Ausgesprochenes und unausgesprochenes im Denken, Schauen, Sinnen einer Reihe deutscher und österreichischer Persönlichkeiten (1916), GA Bibl.-Nr. 20.

Von Seelenrätseln (1917), GA Bibl.-Nr. 21.

Anthroposophische Leitsätze. Der Erkenntnisweg der Anthroposophie. Das Michael-Mysterium (1924/25), GA Bibl.-Nr. 26.

Mein Lebensgang (1923–25), GA Bibl.-Nr. 28.

Philosophie und Anthroposophie. Gesammelte Aufsätze 1904–1918, GA Bibl.-Nr. 35.

Vorträge

Die Erkenntnis der Seele und des Geistes. 15 öffentliche Vorträge, Berlin und München 1907/08. GA Bibl.-Nr. 56.

Die Philosophie des Thomas von Aquino. 3 Vorträge, Dornach 1920. GA Bibl.-Nr. 74. Auch als Taschenbuch 605.

Wege und Ziele des geistigen Menschen. Lebensfragen im Lichte der Geisteswissenschaft. 14 Vorträge in verschiedenen Städten 1910. GA Bibl.-Nr. 125.

Lebendiges Naturerkennen. Intellektueller Sündenfall und spirituelle Sündenerhebung. 12 Vorträge, Dornach 1923. GA Bibl.-Nr. 220.

Geisteswissenschaftliche Impulse zur Entwickelung der Physik I: Licht, Farbe, Ton-Masse, Elektrizität, Magnetismus. 10 Vorträge, Stuttgart 1919/20. GA Bibl.-Nr. 320.

Geisteswissenschaftliche Impulse zur Entwickelung der Physik II: Die Wärme auf der Grenze positiver und negativer Materialität. 14 Vorträge, Stuttgart 1920. GA Bibl.-Nr. 321.

Grenzen der Naturerkenntnis. 8 Vorträge, Dornach 1920. GA Bibl.-Nr. 322.

Das Verhältnis der verschiedenen naturwissenschaftlichen Gebiete zur Astronomie. Astronomischer Kurs. 18 Vorträge, Stuttgart 1921. GA Bibl.-Nr. 323.

Naturbeobachtung, Mathematik, wissenschaftliches Experiment und Erkenntnisergebnisse vom Gesichtspunkteder Anthroposophie. 8 Vorträge, Stuttgart 1921. GA Bibl.-Nr. 324.

Das Lebenswerk, welches Rudolf Steiner der Nachwelt hinterlassen hat, dürfte nach Gehalt und Umfang innerhalb der Kulturwelt wohl ohne Beispiel dastehen. Seine Schriften – die Werke und Aufsätze – bilden die Grundlage für das, was er im Laufe seines Lebens in Vorträgen und Kursen seinen Zuhörern als «anthroposophisch orientierte Geisteswissenschaft» von immer neuen Aspekten aus darstellte und ausführte. Der größte Teil dieser rund sechstausend Vorträge ist in Nachschriften erhalten geblieben. Daneben entfaltete er auch auf künstlerischem Gebiet eine große Tätigkeit, welche ihren Höhepunkt in der Errichtung des ersten Goetheanumbaues in Dornach fand. So liegen eine große Anzahl malerischer, plastischer und architektonischer Arbeiten, Entwürfe und Skizzen von seiner Hand vor. Die durch ihn gegebenen Anregungen für die Erneuerung zahlreicher Lebensgebiete beginnen in der gegenwärtigen Zeit vermehrte Beachtung zu finden.

Seit dem Jahre 1956 wird durch die «Rudolf Steiner-Nachlaßverwaltung» an der Herausgabe der *«Rudolf Steiner Gesamtausgabe»* gearbeitet, die einen Umfang von etwa 330 Bänden erhalten wird. In den beiden ersten Abteilungen erscheinen die *Schriften* und das *Vortragswerk*, während in einer dritten Abteilung das *künstlerische Werk* in geeigneter Form zur Wiedergabe gelangt.

Einen systematischen Überblick über das Gesamtwerk gibt die 1961 erschienene Bibliographie: *«Rudolf Steiner. Das literarische und künstlerische Werk. Eine bibliographische Übersicht»*, auf welche sich die im folgenden verwendete Bezeichnung «Bibl.-Nr.» bezieht. Über den jeweiligen Stand der erschienenen Bände orientiert der Katalog des «Rudolf Steiner Verlages».

Chronologischer Lebensabriß

(zugleich Übersicht über die geschriebenen Werke)

1861	Am 27. Februar wird Rudolf Steiner in Kraljevec (damals Österreich-Ungarn, heute Jugoslawien) als Sohn eines Beamten der österreichischen Südbahn geboren. Seine Eltern stammen aus Niederösterreich. Er verlebt seine Kindheit und Jugend an verschiedenen Orten Österreichs.
1872	Besuch der Realschule in Wiener-Neustadt bis zum Abitur 1879.

1879	Studium an der Wiener Technischen Hochschule: Mathematik und Naturwissenschaft, zugleich Literatur, Philosophie und Geschichte. Grundlegendes Goethe-Studium.
1882	Erste schriftstellerische Tätigkeit.
1882–1897	Herausgabe von Goethes Naturwissenschaftlichen Schriften in Kürschners «Deutsche National-Litteratur», fünf Bände (Bibl.-Nr. 1 a-e). Eine selbständige Ausgabe der Einleitungen erschien 1925 unter dem Titel *Goethes Naturwissenschaftliche Schriften* (Bibl.-Nr. 1).
1884–1890	Privatlehrer bei einer Wiener Familie.
1886	Berufung zur Mitarbeit bei der Herausgabe der großen «Sophien-Ausgabe» von Goethes Werken. *Grundlinien einer Erkenntnistheorie der Goetheschen Weltanschauung mit besonderer Rücksicht auf Schiller* (Bibl.-Nr. 2).
1888	Herausgeber der «Deutschen Wochenschrift», Wien (Aufsätze daraus in Bibl.-Nr. 31). Vortrag im Wiener Goethe-Verein: *Goethe als Vater einer neuen Ästhetik* (in Bibl.-Nr. 30).
1890–1897	Weimar. Mitarbeit am Goethe- und Schiller-Archiv. Herausgeber von Goethes Naturwissenschaftlichen Schriften.
1891	Promotion zum Doktor der Philosophie an der Universität Rostock. 1892 erscheint die erweiterte Dissertation: *Wahrheit und Wissenschaft. Vorspiel einer «Philosophie der Freiheit»* (Bibl.-Nr. 3).
1894	*Die Philosophie der Freiheit. Grundzüge einer modernen Weltanschauung. Seelische Beobachtungsresultate nach naturwissenschaftlicher Methode* (Bibl.-Nr. 4).
1895	*Friedrich Nietzsche. Ein Kämpfer gegen seine Zeit* (Bibl.-Nr. 5).
1897	*Goethes Weltanschauung* (Bibl.-Nr. 6). Übersiedlung nach Berlin. Herausgabe des «Magazin für Literatur» und der «Dramaturgischen Blätter» zusammen mit O. E. Hartleben. (Aufsätze daraus in Bibl.-Nrn. 29-32.) Wirksamkeit in der «Freien literarischen Gesellschaft», der «Freien dramatischen Gesellschaft», im «Giordano Bruno-Bund», im Kreis der «Kommenden» u. a.
1899–1904	Lehrtätigkeit an der von W. Liebknecht gegründeten Berliner «Arbeiter-Bildungsschule».

1900/01	*Welt- und Lebensanschauungen im 19. Jahrhundert,* 1914 erweitert zu: *Die Rätsel der Philosophie* (Bibl.-Nr. 18). Beginn der anthroposophischen Vortragstätigkeit auf Einladung der Theosophischen Gesellschaft in Berlin. *Die Mystik im Aufgange des neuzeitlichen Geisteslebens* (Bibl.-Nr. 7).
1902–1912	Aufbau der Anthroposophie. Regelmäßige öffentliche Vortragstätigkeit in Berlin und ausgedehnte Vortragsreisen in ganz Europa. Marie von Sivers (ab 1914 Marie Steiner) wird seine ständige Mitarbeiterin.
1902	*Das Christentum als mystische Tatsache und die Mysterien des Altertums* (Bibl.-Nr. 8).
1903	Begründung und Herausgabe der Zeitschrift «Luzifer», später «*Lucifer-Gnosis*» (Aufsätze in Bibl.-Nr. 34).
1904	*Theosophie. Einführung in übersinnliche Welterkenntnis und Menschenbestimmung* (Bibl.-Nr. 9).
1904/05	*Wie erlangt man Erkenntnisse der höheren Welten?* (Bibl.-Nr. 10). *Aus der Akasha-Chronik* (Bibl.-Nr. 11). *Die Stufen der höheren Erkenntnis* (Bibl.-Nr. 12).
1910	*Die Geheimwissenschaft im Umriß* (Bibl.-Nr. 13).
1910–1913	In München werden die *Vier Mysteriendramen* (Bibl.-Nr. 14) uraufgeführt.
1911	*Die geistige Führung des Menschen und der Menschheit* (Bibl.-Nr. 15).
1912	*Anthroposophischer Seelenkalender. Wochensprüche* (in Bibl.-Nr. 40, und selbständige Ausgaben). *Ein Weg zur Selbsterkenntnis des Menschen* (Bibl.-Nr. 16).
1913	Trennung von der Theosophischen und Begründung der Anthroposophischen Gesellschaft. *Die Schwelle der geistigen Welt* (Bibl.-Nr. 17).
1913–1923	Errichtung des in Holz als Doppelkuppelbau gestalteten ersten Goetheanum in Dornach/Schweiz.
1914–1923	Dornach und Berlin. In Vorträgen und Kursen in ganz Europa gibt Rudolf Steiner Anregungen für eine Erneuerung auf vielen Lebensgebieten: Kunst, Pädagogik, Naturwissenschaften, soziales Leben, Medizin, Theologie. Weiterbildung der 1912 inaugurierten neuen Bewegungskunst «Eurythmie».

1914 *Die Rätsel der Philosophie in ihrer Geschichte als Umriß dargestellt* (Bibl.-Nr. 18).

1916–1918 *Vom Menschenrätsel* (Bibl.-Nr. 20). *Von Seelenrätseln* (Bibl.-Nr. 21). *Goethes Geistesart in ihrer Offenbarung durch seinen «Faust» und durch das «Märchen von der Schlange und der Lilie»* (Bibl.-Nr. 22).

1919 Rudolf Steiner vertritt den Gedanken einer «Dreigliederung des sozialen Organismus» in Aufsätzen und Vorträgen, vor allem im süddeutschen Raum. *Die Kernpunkte der sozialen Frage in den Lebensnotwendigkeiten der Gegenwart und Zukunft* (Bibl.-Nr. 23). *Aufsätze über die Dreigliederung des sozialen Organismus* (Bibl.-Nr. 24). Im Herbst wird in Stuttgart die «Freie Waldorfschule» begründet, die Rudolf Steiner bis zu seinem Tode leitet.

1920 Beginnend mit dem Ersten anthroposophischen Hochschulkurs finden im noch nicht vollendeten Goetheanum fortan regelmäßig künstlerische und Vortragsveranstaltungen statt.

1921 Begründung der Wochenschrift «Das Goetheanum» mit regelmäßigen Aufsätzen und Beiträgen Rudolf Steiners (in Bibl.-Nr. 36).

1922 *Kosmologie, Religion und Philosophie* (Bibl.-Nr. 25). In der Silvesternacht 1922/23 wird der Goetheanumbau durch Brand vernichtet. Für einen neuen in Beton konzipierten Bau kann Rudolf Steiner in der Folge nur noch ein erstes Außenmodell schaffen.

1923 Unausgesetzte Vortragstätigkeit, verbunden mit Reisen. Zu Weihnachten 1923 Neubegründung der «Anthroposophischen Gesellschaft» als «Allgemeine Anthroposophische Gesellschaft» unter der Leitung Rudolf Steiners.

1923–1925 Rudolf Steiner schreibt in wöchentlichen Folgen seine unvollendet gebliebene Selbstbiographie *Mein Lebensgang* (Bibl.-Nr. 28) sowie *Anthroposophische Leitsätze* (Bibl.-Nr. 26), und arbeitet mit Dr. Ita Wegman an dem Buch *Grundlegendes für eine Erweiterung der Heilkunst nach geisteswissenschaftlichen Erkenntnissen* (Bibl-Nr. 27).

1924 Steigerung der Vortragstätigkeit. Daneben zahlreiche Fachkurse. Letzte Vortragsreisen in Europa. Am 28. September letzte Ansprache zu den Mitgliedern. Beginn des Krankenlagers.

1925 Am 30. März stirbt Rudolf Steiner in Dornach.

RUDOLF STEINER GESAMTAUSGABE

Überblick über das literarische und künstlerische Werk

Erste Abteilung: Die Schriften

I. Werke

Goethes Naturwissenschaftliche Schriften, eingeleitet und kommentiert von R. Steiner, 5 Bände (Bibl.-Nr. 1a-e); separate Ausgabe der Einleitungen (Bibl.-Nr. 1)

Grundlinien einer Erkenntnistheorie der Goetheschen Weltanschauung (Bibl.-Nr. 2)

Wahrheit und Wissenschaft. Vorspiel einer «Philosophie der Freiheit» (Bibl.-Nr. 3)

Die Philosophie der Freiheit (Bibl.-Nr. 4)

Friedrich Nietzsche, ein Kämpfer gegen seine Zeit (Bibl.-Nr. 5)

Goethes Weltanschauung (Bibl.-Nr. 6)

Die Mystik im Aufgange des neuzeitlichen Geisteslebens und ihr Verhältnis zur modernen Weltanschauung (Bibl.-Nr. 7)

Das Christentum als mystische Tatsache und die Mysterien des Altertums (Bibl.-Nr. 8)

Theosophie. Einführung in übersinnliche Welterkenntnis und Menschenbestimmung (Bibl.-Nr. 9)

Wie erlangt man Erkenntnisse der höheren Welten? (Bibl.-Nr. 10)

Aus der Akasha-Chronik (Bibl.-Nr. 11)

Die Stufen der höheren Erkenntnis (Bibl.-Nr. 12)

Die Geheimwissenschaft im Umriß (Bibl.-Nr. 13)

Vier Mysteriendramen: Die Pforte der Einweihung – Die Prüfung der Seele Der Hüter der Schwelle – Der Seelen Erwachen (Bibl.-Nr. 14)

Die geistige Führung des Menschen und der Menschheit (Bibl.-Nr. 15)

Anthroposophischer Seelenkalender (in Bibl.-Nr. 40)

Ein Weg zur Selbsterkenntnis des Menschen (Bibl.-Nr. 16)

Die Schwelle der geistigen Welt (Bibl.-Nr. 17)

Die Rätsel der Philosophie in ihrer Geschichte als Umriß dargestellt (Bibl.-Nr. 18)

Vom Menschenrätsel (Bibl.-Nr. 20)

Von Seelenrätseln (Bibl.-Nr. 21)

Goethes Geistesart in ihrer Offenbarung durch seinen «Faust» und durch das «Märchen von der Schlange und der Lilie» (Bibl.-Nr. 22)

Die Kernpunkte der sozialen Frage in den Lebensnotwendigkeiten der Gegenwart und Zukunft (Bibl.-Nr. 23)

Aufsätze über die Dreigliederung des sozialen Organismus und zur Zeitlage 1915-1921 (Bibl.-Nr. 24)

Kosmologie, Religion und Philosophie (Bibl.-Nr. 25)

Anthroposophische Leitsätze (Bibl.-Nr. 26)

Grundlegendes für eine Erweiterung der Heilkunst nach geisteswissenschaftlichen Erkenntnissen. Von Dr. Rudolf Steiner und Dr. Ita Wegman (Bibl.-Nr. 27)

Mein Lebensgang (Bibl.-Nr. 28)

II. Gesammelte Aufsätze

Gesammelte Aufsätze zur Dramaturgie 1889-1901 (Bibl.-Nr. 29)

Methodische Grundlagen der Anthroposophie. Gesammelte Aufsätze zur Philosophie, Naturwissenschaft, Ästhetik und Seelenkunde 1884-1901 (Bibl.-Nr. 30)

Gesammelte Aufsätze zur Kultur- und Zeitgeschichte 1887-1901 (Bibl.-Nr. 31)

Gesammelte Aufsätze zur Literatur 1886-1902 (Bibl.-Nr. 32)

Biographien und biographische Skizzen 1894-1905 (Bibl.-Nr. 33)

Luzifer-Gnosis. Grundlegende Aufsätze zur Anthroposophie und Berichte aus der Zeitschrift «Luzifer» und «Lucifer-Gnosis» 1903-1908 (Bibl.Nr. 34)

Philosophie und Anthroposophie. Gesammelte Aufsätze 1904-1918 (Bibl.Nr. 35)

Der Goetheanumgedanke inmitten der Kulturkrisis der Gegenwart. Gesammelte Aufsätze aus der Wochenschrift «Das Goetheanum» 1921-1925 (Bibl.-Nr. 36)

III. Veröffentlichungen aus dem Nachlaß

Briefe – Wahrspruchworte – Bühnenbearbeitungen – Entwürfe zu den Vier Mysteriendramen 1910-1913 – Anthroposophie. Ein Fragment aus dem Jahre 1910 – Gesammelte Skizzen und Fragmente – Aus Notizbüchern und -blättern (Bibl.-Nrn. 38-47)

Zweite Abteilung: Das Vortragswerk

I. Öffentliche Vorträge

Die Berliner öffentlichen Vortragsreihen («Architektenhaus-Vorträge») 1903/04 bis 1917/18 (Bibl-Nrn. 51-67)

Öffentliche Vorträge, Vortragsreihen und Hochschulkurse an anderen Orten Europas 1906-1924 (Bibl.-Nrn. 68-84)

II. Vorträge vor Mitgliedern der Anthroposophischen Gesellschaft

Vorträge und Vortragszyklen allgemein-anthroposophischen Inhalts – Evangelien-Betrachtungen – Christologie – Geisteswissenschaftliche Menschenkunde – Kosmische und menschliche Geschichte – Die geistigen Hintergründe der sozialen Frage – Der Mensch in seinem Zusammenhang mit dem Kosmos – Karma-Betrachtungen (Bibl.-Nrn. 91-244)

Vorträge und Schriften zur Geschichte der anthroposophischen Bewegung und der Anthroposophischen Gesellschaft (Bibl.-Nrn. 251-263)

III. Vorträge und Kurse zu einzelnen Lebensgebieten

Vorträge über Kunst: Allgemein-Künstlerisches – Eurythmie – Sprachgestaltung und Dramatische Kunst – Musik – Bildende Künste – Kunstgeschichte (Bibl.-Nrn. 271-292)

Vorträge über Erziehung (Bibl.-Nrn. 293-311)

Vorträge über Medizin (Bibl.-Nrn. 312-319)

Vorträge über Naturwissenschaft (Bibl.-Nrn. 320-327)

Vorträge über das soziale Leben und die Dreigliederung des sozialen Organismus (Bibl.-Nrn. 328-341)

Vorträge für die Arbeiter am Goetheanumbau (Bibl.-Nrn. 347-354)

Dritte Abteilung: Das künstlerische Werk

Reproduktionen und Veröffentlichungen aus dem künstlerischen Nachlaß

Originalgetreue Wiedergaben von malerischen und graphischen Entwürfen und Skizzen Rudolf Steiners in Kunstmappen oder als Einzelblätter

Die Bände der Rudolf Steiner Gesamtausgabe sind innerhalb einzelner Gruppen einheitlich ausgestattet. Jeder Band ist einzeln erhältlich. Ausführliche Verzeichnisse können beim Verlag angefordert werden.